全国高等职业教育规划教材

工程机械 售后服务管理

李文耀 等编著

化学工业出版社

·北京·

本书内容共分9章，全面介绍了工程机械售后服务项目、服务流程和各项服务管理。第1～3章分别介绍了工程机械维修服务现状、特约维修服务中心的建立程序、工程机械售后服务管理；第4～7章分别介绍了三包服务、零配件、故障件经营与管理和旧机回收再制造；第8、9章分别介绍了机械专用油、其他产品的销售管理。为方便教学与实际结合，书后附有大量企业实际应用表格和单据。

本书适合高职高专工程机械运用与维护专业和工程机械技术服务与营销专业学生使用，同时可作为工程机械生产制造公司驻外中心、海外中心和特约维修服务中心培训的参考资料，亦可作为工程机械售后服务在职人员的工作参考书和培训用书。

图书在版编目（CIP）数据

工程机械售后服务管理/李文耀等编著. —北京：化学工业出版社，2014.3（2022.4重印）
全国高等职业教育规划教材
ISBN 978-7-122-19514-2

Ⅰ.①工… Ⅱ.①李… Ⅲ.①工程机械-售后服务-高等职业教育-教材 Ⅳ.①F407.405

中国版本图书馆 CIP 数据核字（2014）第 007973 号

责任编辑：韩庆利　　　　　　　　　　文字编辑：陈　喆
责任校对：王素芹　　　　　　　　　　装帧设计：张　辉

出版发行：化学工业出版社（北京市东城区青年湖南街13号　邮政编码100011）
印　　装：北京七彩京通数码快印有限公司
787mm×1092mm　1/16　印张13½　字数331千字　2022年4月北京第1版第4次印刷

购书咨询：010-64518888　　　　　　　售后服务：010-64518899
网　　址：http://www.cip.com.cn
凡购买本书，如有缺损质量问题，本社销售中心负责调换。

定　　价：39.00元　　　　　　　　　　　　　　　　　　　　版权所有　违者必究

前　言

在当今市场经济条件下，差异化服务营销已经成为众多企业纵横市场的一项战略举措。5P后市场概念提出，使后市场为广大经销商、服务商创造的利润增加。无论是盈利能力，还是服务质量，均处于行业领先地位，为公司和渠道伙伴开辟了一片新的发展领域。为使工程机械售后服务的各项工作规范化、系统化，提高服务质量，适应我国现代工程机械的发展形势以及提高工程机械技术教育，我们编写了本书。

在国际成熟的工程机械服务市场中，大部分的利润都来自于服务、配件、工程机械金融及二手工程机械。这预示着该行业还拥有巨大的发展空间。随着工程机械售后服务管理的不断完善，工程机械行业将不断推进品牌国际化发展进程，提升企业参与全球竞争的能力，打造全球领先、拥有核心技术、可持续发展的装备制造产业集团，为广大产业链伙伴搭建更加广阔的发展平台。

工程机械售后服务管理是产品营销与管理的一个分支，研究的内容主要侧重原理和方法，它必然同许多学科如经济科学、技术科学、社会学、心理学、数学、计算机科学等相关联，吸收和运用与之有关的研究成果。因此它是一门广泛吸收多学科知识的边缘科学，同时它又具有很强的实践性，属于应用科学。为推进工程机械售后服务管理，维护公司产品良好的市场信誉，更好地为用户提供及时、周到、满意的服务，建立布局合理、快速高效的服务网络，本书将重点介绍目前我国工程机械售后服务的现状，市场状况，存在的主要问题以及解决方案；特约维修售后服务中心的建立的条件、过程，建立后如何进行日常服务管理；工程机械售后服务中心组织机构、岗位设置和服务策略，售后关系的开发技巧、跟进策略及优化管理；售后的三包服务规定，工程机械零销及再制造发动机的常规保养规范；配件的采购原则和方式管理，进货量的计算控制，进货点的选择以及配件营销平衡测算，代理商的营销手段；旧发动机回收鉴定与再制造技术，再制造发动机的销售管理；业务员需要的基本素质，专用油销售技巧，业务流程管理以及其他产品的销售管理。

本书适合高职高专工程机械运用与维护专业和工程机械技术服务与营销专业学生使用，也可作为工程机械生产制造公司驻外中心、海外中心和特约维修服务中心培训的参考资料。

本书由山西交通职业技术学院李文耀等编著。具体编写分工如下：李文耀（第1章，第3章3.1~3.3，第5、9章），朱江涛（第2、4章），高舒芳（第3章3.4~3.6，第6章），杨文刚（第7章），孙志星（第8章）。李文耀负责全书的统稿、修改和定稿工作。

在本书编写过程中，得到山西通宝工程机械销售有限公司、山西三一晋湘工程机械有限公司、山西沃源建筑机械设备有限公司、山西小松工程机械有限公司等多家单位和个人的大力支持，在此表示衷心感谢！

本书配有电子课件，可赠送给使用本书作为授课教材的院校和老师，如有需要可发邮件到 hqlbook@126.com 索取。

由于编著者水平有限，书中难免有不足之处，望广大读者指正。

编著者

目 录

1 工程机械维修服务现状 ········· 1
  1.1 工程机械服务阶段 ········· 1
  1.2 工程机械售后服务体系 ········· 3
    1.2.1 工程机械售后服务的内容 ········· 3
    1.2.2 工程机械售后服务的模式 ········· 5
    1.2.3 工程机械售后服务的评价与考核 ········· 7
  1.3 中国工程机械售后服务存在的问题及解决方案 ········· 8
    1.3.1 工程机械售后服务存在的问题 ········· 8
    1.3.2 工程机械售后服务问题的解决方案 ········· 10
  1.4 工程机械售后服务未来的发展 ········· 14
  课后习题 ········· 17

2 特约维修服务中心的建立程序 ········· 18
  2.1 特约维修服务中心的建立 ········· 18
  2.2 特约维修服务中心分级管理办法 ········· 19
  2.3 特约维修服务中心工作程序 ········· 23
  2.4 特约维修服务中心服务管理标准与规定 ········· 24
  2.5 工程机械生产制造公司专用维修工具与设备 ········· 29
  课后习题 ········· 32

3 工程机械售后服务管理 ········· 33
  3.1 售后服务管理概述 ········· 33
  3.2 售后部组织机构及岗位设置 ········· 34
  3.3 服务政策与业务程序 ········· 35
  3.4 售后关系开发技巧 ········· 40
  3.5 售后跟进策略 ········· 41
  3.6 优化工程机械设备售后的现场管理 ········· 45
  课后习题 ········· 48

4 三包服务规定及发动机维护保养规范 ········· 49
  4.1 工程机械的三包服务 ········· 49
  4.2 工程机械发动机保养、维护规范 ········· 50
  4.3 零销发动机、再制造机保养与维护规范 ········· 53
  4.4 三包服务费用结算管理办法 ········· 58
  课后习题 ········· 63

5 工程机械生产制造公司故障件中心库管理办法 ········· 64
  5.1 管理细则 ········· 64
  5.2 故障件产生及处理 ········· 66
  5.3 故障件管理费用结算 ········· 69

5.4　考核 …………………………………………………………………………… 70
　　课后习题 …………………………………………………………………………… 70
6　配件的经营与管理 …………………………………………………………………… 71
　　6.1　工程机械生产制造公司配件销售系统 ………………………………………… 71
　　6.2　配件经营企业进货点的选择和进货量的控制 ………………………………… 72
　　6.3　配件售后服务 …………………………………………………………………… 75
　　6.4　配件采购的原则和方式 ………………………………………………………… 78
　　6.5　配件销售管理 …………………………………………………………………… 81
　　6.6　测算配件经营流通费和盈亏平衡点 …………………………………………… 90
　　6.7　代理商的配件营销 ……………………………………………………………… 94
　　课后习题 …………………………………………………………………………… 99
7　再制造发动机销售管理 ……………………………………………………………… 100
　　7.1　发动机再制造技术 ……………………………………………………………… 100
　　7.2　废旧发动机回收鉴定 …………………………………………………………… 105
　　7.3　旧机的回收标准 ………………………………………………………………… 108
　　课后习题 …………………………………………………………………………… 111
8　专用油的销售管理 …………………………………………………………………… 112
　　8.1　业务员所需要具备的基本素质 ………………………………………………… 112
　　8.2　润滑油加油站销售技巧 ………………………………………………………… 116
　　8.3　润滑油销售流程管理 …………………………………………………………… 120
　　8.4　润滑油销售业务流程 …………………………………………………………… 124
　　8.5　业务流程图表 …………………………………………………………………… 129
　　课后习题 …………………………………………………………………………… 139
9　其他产品的销售管理 ………………………………………………………………… 140
　　9.1　新产品的营销管理 ……………………………………………………………… 140
　　9.2　新产品配件投放、退回管理办法 ……………………………………………… 141
　　9.3　专属技术产品管理办法 ………………………………………………………… 142
　　9.4　市场沟通制度 …………………………………………………………………… 143
　　9.5　用户培训基地管理 ……………………………………………………………… 144
　　课后习题 …………………………………………………………………………… 146
附件 ………………………………………………………………………………………… 147
附表 ………………………………………………………………………………………… 151
参考文献 …………………………………………………………………………………… 207

1 工程机械维修服务现状

> **学习目标**
> - 了解工程机械售后服务的作用
> - 掌握工程机械售后服务的四个阶段的具体内容
> - 掌握工程机械售后服务的模式
> - 了解工程机械售后服务的现状

1.1 工程机械服务阶段

随着中国工程机械行业的发展,作为工程机械产品不可分割的重要组成部分,售后服务日益受到工程机械制造商和用户的重视,越来越多的制造商将售后服务作为公司发展的一个重要环节,甚至提升到品牌战略的高度来看待,尤其在产品技术和质量趋同化的情况下,售后服务已作为用户选择品牌购买产品时的一个重要依据。为此,各个制造商对产品的售后服务越来越重视,尤其是国外著名工程机械制造商进入中国,给中国工程机械售后服务带来了全新的服务理念和服务模式。从根本上促进和提高了中国工程机械行业售后服务的整体水平。

按照服务的不同阶段,可以将工程机械服务分为售前服务、售中服务、售后服务和全流程服务四个阶段。

1) 售前服务

售前服务是工程机械服务的第一个阶段,主要包括产品的广告宣传及产品的技术交流。其中广告宣传包括在行业网站、行业杂志、行业报刊以及行业展览会的广告宣传;产品的技术交流包括制造商或者代理商举办的各种形式的技术交流会、用户恳谈会、用户座谈会、对制造商工厂实地考察等方式。

售前服务的作用是使用户对制造商的企业规模、实力、管理水平、企业文化等有一个全面的了解,对制造商或代理商所销售产品的种类、规格型号、先进性、技术性能特点、产品价格以及售后服务等方面有一个全面的了解和掌握,使用户根据需要和自身实力确定购买意向,制定购买决策。对制造商或代理商来说,也是一种变被动销售为主动销售的重要转变,通过售前服务,制造商或代理商对用户的规模、实力、资金、信用等各种资信情况有一个全面的了解,并对用户的资信进行评估,采取相应的销售政策。在工程机械行业产品销售由20世纪90年代之前的卖方市场转变为如今的买方市场后,售前服务变得越来越重要,也越来越受到制造商和代理商的重视。

2) 售中服务

售中服务是工程机械服务的第二个阶段,主要包括制造商或代理商同用户之间购销合同的洽谈和签订、安排设备的生产及运输工作。在售前服务完成后,就进入售中服务阶段。

当用户通过对制造商及其产品的了解，确定购买意向后，制造商或代理商根据用户的工程和需求，结合用户现有设备，站在用户的角度给用户一个比较合理的设备选型建议，使用户的设备采购能够在有限的采购资金下获得最大的工作效率和使用效益，使用户感觉到制造商或代理商是真正为用户着想。

在洽谈和签订合同时，应该明确双方的权利和义务，对产品规格型号、价格、付款方式、交货期限、运输及保险、交货地点、产品验收、质量保证期、技术培训、零部件供应、售后服务承诺、争议的解决及方式等主要条款进行明确，并尽量为用户提供方便；当不能达到用户的一些特殊要求时，要客观说明情况，取得用户的谅解，使合同签订能够顺利完成。

在合同签订完成后，制造商要认真履行合同条款，合理安排生产及运输，提前或在合同规定的交货期限内交货。

3）售后服务

售后服务是工程机械服务的第三个阶段，也是最重要的一个阶段，主要是制造商或代理商履行合同的各项售后服务条款的服务。售后服务主要包括产品的安装调试、交接验收、技术培训、质量保证期内的免费维护保养、零备件供应、质量保证期外的有偿维修服务等。

工程机械售后服务的作用主要体现在以下几个方面。

① 作为产品质量的重要组成部分，是产品质量的延伸和重要体现。

② 减少设备故障率，缩短因设备故障的停机时间，保证用户购买设备的使用价值及利益实现。

③ 提高用户满意度，增强已购买用户对产品的信任度和忠诚度。

④ 作为新用户购买设备时的重要考虑因素，促进销售。

⑤ 通过售后服务的技术质量分析，及时发现重大质量问题，并及时采取措施，使制造商和用户的损失减少到最低程度。

⑥ 通过售后服务的技术质量分析，获得产品技术及质量信息，为产品技术改进和产品质量的提高提供依据。

⑦ 为零部件采购部门向零部件配套厂家的质量索赔提供依据。

⑧ 作为解决制造商同用户关于产品质量方面争议的重要依据。

⑨ 在产品出现重大质量问题时，给予用户重大工程延误造成损失赔偿的依据。

⑩ 通过质量保证期外的有偿维修服务，促进零部件销售，在为制造商和代理商创收的同时，保证用户设备的正常使用，解决用户的后顾之忧。

⑪ 有效提高公司的品牌形象以及产品的品牌形象。

4）全流程服务

如今，工程机械服务已经不单单是售前、售中、售后服务三个阶段，工程机械服务已经升级到产品全寿命服务和对用户的全流程服务阶段。如果仅仅停留在产品服务阶段，而不去关注用户的个人及企业的发展，那结果只会是在一定时期内增加了销售数量，而不会实现企业和用户长期共赢的局面。

只有用户成功，才有企业的发展。此时，与用户可以不谈销售，但不能不谈双方的持续发展，可以帮助用户进行人力资源培训，设备检修或者为用户企业发展提供各种支持，这才是必须要做的。在不考虑企业战略层面时，企业应从核心技术、创新能力、服务细节等方面入手，提升核心竞争力。

一方面，要加大产品研发的投入。在市场低迷时，竞争会更加激烈，要保持自己的市场份额，必须加大新产品的研发力度和提升的产品可靠性。国产工程机械经过多年的发展，产品技术、可靠性、外观质量均有不同程度的提高，但大部分机型中，产品综合性能及质量依然与国际知名品牌存在一定的差距，尤其在液压系统、电控系统和综合可靠性方面具有明显差距。统筹安排如何提升核心竞争力，从产品研发经费投入、人力资源培养、制造设备革新提升等方面进行全面提高，从而提升产品的整体可靠性和质量。同时，加大创新力度，研发新产品，摆脱产品同质化竞争，做技术的引导者而不是跟随者，这样，不仅可以提高企业的抗风险性，而且还可以拓展企业的业务范围，成就新的经济增长点。

另一方面，要加强服务细节建设。在大环境不景气的时候，很少有新用户进入工程机械领域，这样必然会导致企业开发新用户的难度。如何更好地维护和保持现有用户群体，助力用户健康发展，从而使用户产生新的购买力，应成为当下工程机械企业必须面对的新课题。

1.2 工程机械售后服务体系

在市场激烈竞争的今天，随着消费者维权意识的提高和消费观念的变化，消费者在选购产品时，不仅注意到产品实体本身，在同类产品的质量和性能相似的情况下，更加重视产品的售后服务。因此，企业在提供价廉物美的产品的同时，向消费者提供完善的售后服务，已成为现代企业市场竞争的新焦点。

工程机械售后服务，就是在生产企业、经销商把产品（或服务）销售给消费者之后，为消费者提供的一系列服务，不仅包括产品运送、安装调试、维修保养、零配件供应、业务咨询、客户投诉处理、问题产品召回制、人员技术培训以及调换退赔等内容，还包括对现有客户的关系营销，传播企业文化，例如建立客户资料库、宣传企业服务理念、加强客户接触、对客户满意度进行调查、信息反馈等。在追踪跟进阶段，推销人员要采取各种形式的配合步骤，通过售后服务来提高企业的信誉，扩大产品的市场占有率，提高推销工作的效率及效益。

1.2.1 工程机械售后服务的内容

工程机械售后服务一般包括以下内容。

1) 设备的安装调试、交接验收

设备到达用户使用现场时，制造商或售后服务代理商的售后服务人员应及时到达设备现场，对设备进行安装、调试以及交接验收，并对用户的操作人员进行简单的操作和维护保养培训。

该项服务包括以下内容。

① 对设备机型、机号、数量、随机工具、随机零部件及随机技术资料等的确认。

② 对该合同用户的单位名称或业主姓名、地址、施工地点、联系电话及设备操作、管理人员的联系方式等信息确认。

③ 负责设备的安装、调试，使设备处于完好的可使用状态。

④ 按照设备的验收标准逐项检验，经用户确认全部合格后交付用户。

⑤ 对设备的操作人员进行现场操作及维护保养知识培训。

2) 产品在质量保证期内的维护保养及维修

制造商或售后服务代理商在承诺的质量保证期内，负责兑现合同所承诺的对设备的定期免费维护保养，故障排除及维修，非用户操作使用不当所造成损坏的零部件给予免费更换，以及因设备本身有严重质量问题时对整机给予免费更换，对因产品质量问题造成用户工期的重大延误，给予用户合理的补偿。

该项服务包括以下内容。

① 设备的定期维护保养。按照合同规定的售后服务承诺，定期到用户设备作业现场进行免费保养和维护。

② 了解和检查设备的使用情况，对设备的使用状态进行记录。

③ 对用户使用过程中的不当操作及维护保养进行纠正。

④ 对用户投诉及时做出答复，在承诺的时间内派出服务人员到达现场进行故障检测并排除故障。对有质量问题的零部件进行免费维修或更换。

⑤ 对确因产品重大质量问题而严重影响使用的设备，按照承诺给予部件或者整机更换。

⑥ 对因产品严重质量问题给用户造成重大工期延误，给予用户合理的补偿。

3) 技术培训

工程机械制造商一般都具有专门的技术培训中心，承担对制造商的服务人员、代理商的服务人员以及最终用户的操作人员、设备管理人员及维修技术人员的培训。有的实力雄厚的代理商具有技术培训机构设置，对所辖区域的用户进行培训。制造商或者售后服务代理商的培训部门应该具有年度培训计划和课程设置，满足各种层次培训需求。

① 培训计划。制造商或有培训机构的代理商应在每年末制定下一年度的培训计划，培训计划应包括以下内容。

a. 制定年度技术培训计划，包括培训的组织、对不同培训对象培训的期次、计划培训学员人数及培训教师设置。

b. 培训时间及课时计划，培训内容及课程安排。

c. 用户特殊培训要求的培训计划。

② 培训对象。技术培训包括对以下人员的培训。

a. 制造商的售后服务人员。

b. 售后服务代理商的售后服务人员及维修技术人员。

c. 用户的设备操作人员、设备管理人员以及维修技术人员。

③ 培训的内容及课程设置。根据不同的培训对象进行不同层次的培训，比如对制造商和售后服务代理商的技术服务人员、用户的操作人员、维修技术人员以及设备管理人员制定相应的操作、维修及设备管理方面的培训。

无论哪种培训，都应该包含以下内容，不同的只是培训的侧重点有所不同。

a. 在设备制造商的生产现场进行参观学习，在生产现场给学员讲解产品的基本结构、工作原理、加工工艺、装配过程等，使学员对产品的结构、生产过程有一个直观的了解。

b. 在专门的培训中心，通过解剖主要零部件实物或模型，结合培训资料、投影、光盘等进行产品的结构、工作原理讲解。

c. 主要零部件实物分解及装配训练。

d. 维护保养、故障分析判断及维修理论讲解，故障分析判断及排除实际操作训练。

e. 设备管理知识讲授。

  f. 整机操作实习训练。
  g. 理论及实际操作考试。
  ④ 培训的地点。在合同规定或者双方约定的地点进行培训，培训的地点一般包括以下两种。
  a. 在制造商培训中心或者经制造商授权的售后服务代理商的培训机构进行技术培训。
  b. 在用户设备施工现场进行技术培训。
  4）备件供应
  一般情况下，备件供应体系包括制造商对服务代理商的备件供应、制造商对用户的备件供应，根据制造商的售后服务体系模式不同而有所差异。目的是满足最终客户的零部件需求。制造商一般采取下列模式对零部件进行管理，满足市场对零部件的需求。
  ① 在制造商工厂所在地的零部件中心有90%～100%的零部件种类和充足的库存量。
  ② 制造商根据市场产销量及市场分布情况，在全国分区域建立区域性零部件供应中心，这些区域性零部件供应中心的零部件库存种类一般应达到整机零部件的80%～90%，并保证规定数量的库存量。
  ③ 制造商售后服务代理商的零部件库存的种类一般应达到整机零部件的70%～80%，并保证规定数量的库存量。
  ④ 制造商工厂的零部件中心对区域性零部件供应中心、售后服务代理商的零部件仓库进行库存零部件种类和库存量的远程管理和监控，保证其零部件的种类和库存量始终达到规定的要求。
  ⑤ 制造商零部件中心对区域性零部件中心及代理商零部件仓库进行不定期检查，保证其零部件的品质。
  ⑥ 制造商工厂零部件中心对区域零部件供应中心和售后服务代理商的零部件的价格进行指导和监控。
  5）质量保证期外的服务
  ① 在质量保证期外，制造商或售后服务代理商对用户进行有偿维修服务。
  ② 在质量保证期外对用户的零备件供应，保证零备件的纯正品质及合理的价格。
  ③ 质量保证期外的用户回访。通过回访，听取和收集用户关于产品技术、质量及售后服务的意见和建议，达到改善和提高产品的技术水平和产品质量，提高售后服务水平的目的。

1.2.2　工程机械售后服务的模式

  制造商根据自身实力、发展阶段、经营目标以及销售体系建立相应的售后服务体系和售后服务模式。一般来说，完善的售后服务体系应包括售后服务网络、技术培训体系、备件供应体系、售后服务评价及激励机制等。
  随着中国工程机械代理商的发展，中国工程机械制造商的销售及售后服务的体系和模式发生了根本的变化。根据现阶段制造商同代理商的不同合作方式，中国工程机械制造商的销售模式分为长期战略合作伙伴型模式、制造商管理型模式以及松散型合作模式三种。根据销售模式，可以将中国工程机械售后服务模式分为长期战略合作伙伴型服务模式、制造商管理型服务模式和制造商服务型模式。售后服务代理商有两种：一种是同时具有销售与售后服务功能的代理商，另一种是专门的售后服务代理商，其中以同时具有销售和售后服务功能的代理商占多数。

1）长期战略合作伙伴型服务模式

制造商与代理商的规模和实力都比较强,具有长期合作伙伴关系,相互具有较高信任度和忠诚度,制造商产品的售后服务全部采用代理的方式。在目前中国工程机械市场,主要是外国独资、合资制造商同外资代理商的合作模式。

2）制造商管理型服务模式

制造商的规模比较大,实力比较强。代理商规模和实力比较小。合作时间比较短,制造商产品的售后服务绝大多数采用代理的方式。在目前中国工程机械市场,主要是产销量比较大的外国独资、合资制造商以及实力比较雄厚、产销量比较大的国内制造商同国内代理商的合作模式。

3）制造商服务型模式

制造商分两种:一种是实力比较强,产销量比较小的外国独资、合资制造商;另一种是规模和实力都比较小,产销量也小的国内制造商。制造商产品的售后服务基本由制造商自己来完成。

三种售后服务模式的比较见表1.1。

表1.1 中国工程机械售后服务模式比较

项目	长期战略合作伙伴型服务模式	制造商管理型服务模式	制造商服务型模式
制造商特征	规模大,实力很强;有独立的售后服务部门设置;充足的服务人员及服务措施;具有专门的培训中心,负责对代理商的技术服务人员及用户进行技术培训;具有专门的零部件供应中心,保证对售后代理商和最终客户的零部件供应	规模较大,实力较强;有独立的售后服务部门;具有专门的培训中心,对代理商及客户进行技术培训;在制造商工厂有零部件供应中心,有的还设有区域性零部件中心,保证零部件的充足供应	规模较小,产销量很小;一般有独立的售后服务部门设置;有的具有专门的培训机构设置;在制造商工厂有零部件供应中心,有的在其全国各地的办事处或分支机构存有一定零部件
售后服务代理商特征	规模较大,实力较强,资金雄厚;具有专门的售后服务部门设置;具有专门的培训中心,对所在辖区域用户进行技术培训;具有充足的维修人员配备,服务设施完善;具有较大的零部件仓库及库存	规模实力相对较小,资金有限;具有一定的售后服务人员配备;服务设施比较完善;具有零部件仓库,保证制造商所规定的种类和数量的仓库量	大多数没有售后服务代理商,制造商自己进行售后服务
相互关系	具有长期合作关系,强调互相平等与尊重,重视利益共享与共同发展;相互信任度和忠诚度高,注意相互支持与支援	合作时间较短,制造商处于优势和支配控制地位,制造商对代理商的管理具有引导和控制性	制造商产品产销量比较小,制造商同代理商的关系比较松散
制造商对售后服务代理商的选择	注意代理商的规模、实力、经营理念、是否具有售后服务部门机构设置、维修人员的数量和素质、服务及维修设施的完备性、服务投入、零部件仓库及零部件管理能力、维修场地及设施等	按照制造商标准并结合当地情况选择售后服务代理商。以中国省级行政区域划分,一般一个省选择一个或多个售后服务代理商;服务代理商必须具有专门的维修服务人员、服务设施、零部件仓库	大多数制造商自己进行售后服务,只有少数有售后服务代理商

续表

项目	长期战略合作伙伴型服务模式	制造商管理型服务模式	制造商服务型模式
制造商售后服务体系模式	售后服务全部由售后服务代理商进行,制造商不直接进行售后服务;制造商具有专门的培训中心,负责对代理商的技术服务人员及一些用户进行技术培训,具有培训机构的售后服务代理商负责对所辖区域的用户进行培训;制造商具有零部件供应中心,保证对售后代理商和最终客户的零部件供应	大多数制造商由售后服务代理商负责售后服务;制造商具有专门的培训中心,对代理商的技术服务人员及用户进行技术培训;在制造商工厂有零部件供应中心,有的还设有区域性零部件供应中心,保证零部件的充足供应	大多数制造商自己进行售后服务。只有少数有售后服务代理商。制造商具有专门的培训中心,直接对用户进行技术培训;在制造商工厂有零部件供应中心,有的在其全国各地的办事处或分支机构存有一定零部件
制造商对售后服务代理商的业务管理	售后服务以代理商各自所管辖区域划分,服务费用一般从制造商应收代理商的设备款项中扣除。对从外区带机进入的施工设备,由施工所在地的区域负责服务,服务业绩计入施工所在地代理商	从售后服务人员配置及服务的技术水平、用户满意度等方面对代理商进行引导和控制。制造商在各地设有办事处或分支机构,配有专门的服务人员,对售后服务代理商进行售后服务管理;售后服务以代理商进行售后服务;售后服务以代理商各自所管辖区域划分	制造商在各地设有办事处或分支机构,并配有售后服务人员。售后服务一般由各地办事处或分支机构配备的服务人员进行服务
制造商对售后服务代理商的支持	协助代理商进行预存设备管理及维护保养;技术培训支持;服务信息共享;对代理商的售后服务活动随时做出反应并及时支持	制造商在各地有办事处或分支机构驻有技术服务人员,进行售后服务支持;技术培训支持;样机管理与维护保养;在制造商工厂配有技术专家,对代理商的售后服务随时进行支援	制造商负责进行售后服务,对最终用户进行技术培训,并负责用户的配件供应
制造商对售后服务代理商的评定	每年度对所有代理商进行服务、技术培训、备件仓库及其管理能力、服务人员配置及能力、零部件销售能力、用户满意度等项评价,确定代理商下年度售后服务目标计划;如果代理商服务业绩不好时会施以援助,采取措施改善代理商综合服务能力,确保代理商良好的售后服务能力	每年度根据用户满意度、服务能力对售后服务代理商进行一次综合评价,确定售后服务代理商级别;制定代理商下年度售后服务目标;对业绩好的代理商予以奖励,对达不到制造商标准的代理商降低其售后服务级别,较长时间不能达到制造商要求的将取消其服务代理商的资格	制造商售后服务部门对其在各地办事处或分支机构的售后服务人员进行评价,根据评价情况对服务人员进行重新配置和调整

1.2.3 工程机械售后服务的评价与考核

1) 工程机械售后服务的评价方法

工程机械售后服务评价的方式是——顾客满意度。顾客满意度既是制造商对自身售后服务体系的评价方式,也是对售后服务代理商评价及考核的方式之一,同时也是售后服务代理商对自身服务人员评价考核的一种方式。最重要的,顾客满意度也是用户对工程机械制造商产品售后服务评价的重要方式。另外,中国工程机械行业协会和消费者协会定期对中国工程机械制造商产品进行顾客满意度评价,对产品质量和售后服务都优异的制造商颁发质量和服务满意企业或满意产品证书。

(1) 产品质量和服务满意度评价的内容　产品的技术先进性;产品本身的质量,即产品的可靠性;售前、售中、售后及全流程服务的质量。

(2）售后服务评价的主要内容　售后服务的及时性；售后服务的效率，即维护保养与维修的工作效率；售后服务人员的技术水平及服务态度；零部件供应的及时性；技术培训的能力及培训效果。

（3）售后服务评价——顾客满意度调查的方式

① 电话调查。即由专门的调查人员以电话调查的方式，通过对用户跟踪访问，对售后服务各项工作的质量进行调查。

② 用户访问。即制造商或代理商以用户回访的方式，对售后服务质量进行调查。

（4）顾客满意度调查表　顾客满意度调查必须由专门的机构和人员来完成，一般制造商或者代理商都将顾客满意度调查工作分配给产品服务部来完成。在进行顾客满意度调查时，必须及时同销售部门及售后服务人员加强联系，建立详尽准确的客户档案；根据顾客满意度调查的内容制定简洁实用的顾客满意度调查表，顾客满意度调查表一般应包括以下主要内容。

① 客户的单位名称、地址、联系方式、设备负责人姓名及被调查人姓名、职务及联系方式。

② 用户购买设备的型号、数量、机号、购买时间。

③ 产品的可靠性。

④ 产品售后服务的及时性。

⑤ 备件供应的及时性。

⑥ 技术培训的课程设置及培训效果。

⑦ 售后服务人员的工作态度、工作效率、是否给用户提出过无理要求。

⑧ 用户对改进产品技术、质量、售后服务质量的意见和建议。

2）工程机械售后服务的考核

（1）制造商每年度对售后服务体系进行评估，包括对现有售后服务人员及能力、技术培训能力、零备件供应是否能适应市场的变化等项进行评估，并根据市场变化和预测进行适时调整，采取具体措施加以改进。如增加售后服务人员的数量，增加维修车辆、监测及维修工具，增加培训的期次、增强培训效果、完善零部件供应体系、提高零备件管理水平等。

（2）制订下年度售后服务目标。

（3）对售后服务代理商进行评价考核，对业绩好的售后服务代理商进行奖励，对下一年度采取更加优惠的政策，比如实行更加优惠的零部件供应价格；对业绩不好的代理商进行分析，帮助其找出薄弱环节，建议加以改进并给予援助，提高其售后服务的整体水平。

1.3　中国工程机械售后服务存在的问题及解决方案

1.3.1　工程机械售后服务存在的问题

随着中国工程机械行业的飞速发展，工程机械售后服务越来越受到制造商、售后服务代理商以及用户的重视，许多有实力的工程机械制造商和代理商将售后服务提升到了市场竞争战略的高度。应该说经过近三十年，尤其近十年的发展，加上国外工程机械独资、合资制造商及外资代理商的进入，给中国工程机械行业带来了先进的服务意识和服务理念，使中国工程机械制造商和售后服务代理商的整体服务意识和服务能力有了长足的改善和提高。

根据工程机械行业对包括售后服务的及时性、故障排除的效率、备件供应的及时性、售后服务人员的技术水平和服务态度、对用户的技术培训的效果等方面的用户满意度调查，中国工程机械售后服务的用户整体满意度调查结果见表1.2。

表1.2 中国工程机械售后服务的用户整体满意度调查结果

满意程度	很满意	基本满意	不满意	很不满意
所占比例/%	15	65	15	5

由以上中国工程机械售后服务满意度调查结果可以看出，中国工程机械售后服务的现状有了较大程度的改善和提高。大部分用户对工程机械售后服务基本满意，也基本体现了中国工程机械售后服务的现状。然而，同国外发达国家相比，中国工程机械的制造商和售后服务代理商还有很长的路要走，还有很多需要改进和完善的地方。

对目前中国工程机械售后服务现状进行分析，售后服务存在的问题主要集中在以下几个方面。

1) 售后服务的及时性

影响售后服务及时性的原因是多方面的，主要有以下几点。

① 制造商或售后服务代理商对售后服务的重视程度不够，在售后服务上的投入不足，造成售后服务人员、服务车辆、监测及维修工具等数量的不足，从而影响了售后服务的及时性。

② 售后服务体系不够健全完善，没有对售后服务系统进行及时调整，或者调整的力度不够，造成售后服务及时性差。比如，20世纪90年代以来，工程机械行业发展很快，例如挖掘机、装载机、压路机、摊铺机、叉车等产品的产销量增长幅度比较大。由于产销量的加大，制造商在售后服务人员、售后服务代理的数量、零部件供应中心的数量等方面应作相应调整。

③ 制造商同零部件供应商之间的推诿，或者零部件供应商的售后服务不及时，影响售后服务的及时性。

2) 售后服务工作效率影响因素

影响售后服务工作效率的原因主要有以下几点。

① 售后服务人员的技术水平不高，制造商或售后服务代理商对服务人员的技术培训投入不足。

② 对售后服务投入不够。比如对检测设备的投入不足，不能适应当前售后服务需求。

③ 对售后服务人员要求一人多能，造成售后服务人员技术专业化程度不高，影响服务效率。

④ 没有形成代理商服务人员、制造商服务人员、技术专家三级服务人员的梯级结构。

3) 零部件供应的及时性

影响零部件供应及时性的原因主要有以下几个方面。

① 制造商或者售后服务代理商资金实力有限，不能保证零部件的保有量，满足不了市场需求。

② 制造商没有形成制造商工厂零部件供应中心—区域性零部件供应中心—售后服务代理商零部件仓库这样一个完善的梯级零部件供应体系。

③ 对零部件供应体系缺乏有效的管理，零部件供应体系的零部件库存种类、库存量不能达到规定要求，没有适时调整补充，影响零部件供应的及时性。

4) 售后服务人员的技术水平及服务态度

影响售后服务人员的技术水平及服务态度的因素主要有以下几个方面。

① 对售后服务人员缺乏培训，使得售后服务人员不能及时排除故障，影响设备及时正常投入运行。

② 没有对售后服务人员按照所服务的产品进行专业化划分。

③ 售后服务人员缺乏敬业精神，不能吃苦耐劳，工作积极性和主动性差，故意拖延时间。

④ 售后服务人员的待遇不高。

5) 技术培训能力及效果

影响制造商或者代理商技术培训能力及效果的原因主要有以下几个方面。

① 没有专门的技术培训中心。

② 对技术培训的投入不足，培训手段落后。比如，缺乏专门的培训教材，缺乏运用理论教学、光盘及投影等的电化教学、实物模拟、实物解剖、实际操作训练等形式多样的立体式技术培训手段。

③ 技术培训的计划和课程设置不合理，或者不能适应当前用户的需要。

④ 技术培训教师的人员不够、培训技术水平不高。比如培训教师要么只有理论知识而缺乏实际维修经验，要么只有实际经验而缺乏专业理论知识，影响技术培训效果。

⑤ 缺乏技术培训的灵活性。比如，有些用户要求到设备现场进行技术培训的要求得不到满足。

6) 质量保证期外的服务

影响质量保证期外的服务的因素主要有以下几点。

① 对质量保证期外的售后服务重视程度不够。

② 质量保证期外服务的投入不足，缺乏必要的维修服务人员、维修场地、维修装备。

③ 质量保证期外服务的有偿维修服务维修费收费不合理。

④ 零部件的管理存在问题，不能保证零部件的纯正品质及供应量。

⑤ 零部件的价格不合理。

1.3.2 工程机械售后服务问题的解决方案

1) 加强售后服务的战略意识

随着工程机械行业的飞速发展，工程机械行业的竞争也日趋激烈，各个制造商为了提升销售量和市场占有率，纷纷将技术、质量、价格、售后服务作为市场竞争的发展战略，其中技术和质量竞争战略是企业长期的根本性战略，需要制造商具有雄厚的规模实力、技术开发能力及大的投入，非短期内能够到达。尤其对国内国营和民营制造商来说，技术开发和创新的实力和能力还非常有限，还有一段很长的路要走。对国内的外商独资、合资公司来说，其产品在技术先进性、质量方面各有千秋，在同等档次产品的市场竞争中难分高下；而价格竞争战略在企业战略中只是一个短期行为，操作不当不但会伤及自身的发展，而且会影响整个行业的良性发展，像前两年装载机行业的价格战就是一个很典型的例子；而售后服务被行业认为是提高公司及产品品牌形象、获取竞争优势的一个重要手段。

因此，制造商和售后服务代理商应该将售后服务作为公司获取竞争优势、提升公司和产品品牌形象的一个重要的发展战略。

例：中国家电行业巨头海尔集团就是将技术创新、产品质量、售后服务作为公司三个最重要的发展战略，海尔集团的"海尔人就是要创造感动"的服务理念值得中国工程机械行业借鉴。

2）加大售后服务的投入

从表面上看，售后服务部门是企业支出、消耗利润的部门，不能为企业直接产生利润。加大对售后服务的投入势必影响企业的利润，因此有些制造商总是不太愿意对售后服务进行合理的投入，造成售后服务的及时性、售后服务的效率受到影响，从而影响企业的品牌形象，到头来影响产品的销售，最终影响公司的发展。

在这一方面，作为中国工程机械行业发展最快的后起之秀、中国工程机械行业民营企业的代表——三一重工，在售后服务方面的做法很值得借鉴和学习。

例：三一重工在售后服务方面按照"三多一先"的原则进行了资源的优先投入。一是人员配置多：现有服务人员320名，占整个企业员工总数的10%，这一比率是行业内平均水平的4倍；二是服务项目多：其售后服务的常规内容已扩展到15项之多，其中一半开创了行业服务的先河；三是资金投入多：其每年用于服务体系建设的投入约占销售总额的3.5%，是行业平均水平的3倍；四是硬件领先：其投资2000多万元建造的用户培训中心在业内属最高档次，同时还致力于其运作的规范和高效。三一重工的快速发展与其在售后服务方面的大力投入是分不开的。

因此，无论工程机械制造商还是代理商，都应该加大售后服务方面的投入，比如在售后服务人员的数量、售后服务人员的培训、通信及服务车辆、监测及维修工具、技术培训硬件设施、零备件中心建设及管理水平等方面加大投入。一方面能很好地兑现售后服务承诺，另一方面可以提升售后服务的水平和档次，增加用户对产品的美誉度、可信度及忠诚度，有效提升产品市场竞争力，进而达到提升产品品牌形象，提高产品的销售量和市场占有率的目的。

3）注重不同时期售后服务目标的明确化

每年或者特定阶段，工程机械制造商或者售后服务代理商都要制订相应的售后服务目标。然而，在售后服务目标的制订上，许多企业往往更趋向于制订定性式的目标，缺乏量化的目标。给用户的感觉多是一种没有实际内容的口号式目标。而且，制造商或售后服务代理商对自身售后服务体系的运作、管理、考核也有一定难度。因此，制造商或代理商应该对阶段性的售后服务目标尽量量化，一方面便于自身的管理与考核，同时也提升了用户对制造商或售后服务代理商售后服务的可信度。

例：大宇重工在2001年的总经理经营方针中的第一条："开展《33运动》"。即："3项零缺陷（配件工序成品）；300h内无故障；3天内故障处理完毕。"这种明确量化的关于售后服务目标的经营方针具有很好的借鉴作用。

4）建立和健全售后服务的预警及反应机制

作为制造商，应该注重售后服务技术质量分析，建立售后服务的预警及反应机制。为此，必须有专门的人员每月进行产品售后服务技术质量分析，为技术开发、生产、零部件配套等部门提供第一手产品技术及质量信息，为产品技术及质量的提高提供依据。同时，对频繁或大面积出现某一质量问题，比如某一批零部件由于设计不合理、材质使用不当、加工工艺不合理或未达到工艺要求、配套零部件批量产生质量问题等，而严重影响设备使用；或者具有重大安全隐患时，就要及时果断采取措施，对本批设备有严重缺陷的部分进行整改，对有质量缺陷的零部件进行全部免费维修或更换，将公司和用户的损失降低到最低限度，给用户一个负责任的公司形象，赢得消费者的信赖和好评。

例：跨国公司的召回制度就是对自己产品的一个负责任的表现。美国汽车公司宣布公司将召回约 78 万辆 2000 年和 2001 年出产的雪弗莱、奥兹莫比尔和庞蒂克汽车。这些被召回的汽车主要在美国和加拿大销售，其中美国有 67.1 万辆，加拿大有 8.8 万辆。通用公司表示，通过售后服务的技术和质量分析发现，这些车的示警灯切换器在行驶中会随着温度突然改变而出现故障，从而导致汽车示警灯和前后转向指示灯出现断续性的故障，甚至可能停止工作，造成危险，通用公司将为这些汽车免费更换转换器。通用汽车公司这种为用户负责任的做法值得中国工程机械行业学习和借鉴。

5) 注重出口产品的售后服务

自 20 世纪 90 年代初以来，国内比较有实力的工程机械制造商相继取得了自营进出口权，使得其产品的出口变得更为便利，而且，根据现阶段中国企业发展趋势看，只有真正在国内和国际两个市场都取得成功的企业才算得上是真正有发展前途的企业。为此，中国的工程机械制造商想方设法扩大产品出口，开拓海外市场。然而售后服务却成了一个比较大的难题，对于国内的外国独资、合资工程机械制造商来说，在进入中国之前，其母公司在世界范围内已经建立了比较完善的销售和售后服务网络，这些独资、合资制造商在海外市场产品的售后服务，完全可以通过内部协调，借助母公司在世界范围的销售和服务网络，完成其在海外市场所销售产品的售后服务。对国内的国营、民营和私营制造商来说，情况就不同了。从 20 世纪 90 年代以来，只有少数实力雄厚的制造商在一些国家发展了自己的销售和服务代理商，设立了一些办事处或分支机构，但数量毕竟有限，而多数国营和民营企业由于实力的限制，还没有在海外建立销售和服务代理商，或者还没有在海外建立办事处或分支机构。这样就给这些公司出口产品的售后服务带来了一定的难度，既影响了售后服务的及时性、加大了售后服务的成本，也影响产品的出口。为了很好地解决这个问题，以下的运作方式可以为企业解决出口产品售后服务问题提供一些有益的建议。

(1) 收购国外的工程机械公司　通过收购国外的工程机械公司，既有利于自身产品品牌的发展，拓展了自身产品种类，同时也可以充分利用被收购公司在海外完善的销售和售后服务网络，达到在海外销售和完成售后服务的目的。

(2) 同国外公司缔结战略联盟　通过同国外公司结成战略联盟，充分利用对方的销售和售后服务网络资源，达到销售和售后服务的目的。

例：三一重工和美国迪尔公司结成的战略联盟，就很好地解决了三一重工在海外销售和售后服务的问题。为了实现在中国市场的战略目标，迪尔公司利用三一重工在中国的销售和售后服务网络，在中国销售迪尔的产品并提供售后服务；三一重工利用迪尔公司在海外的销售及售后服务网络，在海外销售三一重工的产品并提供售后服务。

这种互利式的战略联盟，既达到了销售和服务的目的，又节省了因建立销售和服务网络所需要的人员、时间以及巨额的网络建立和管理成本，不失为一种双赢的战略联盟。对于国内比较有实力的工程机械制造商来说，三一重工和迪尔公司缔结的这种战略联盟有很好的可操作性和借鉴意义。

(3) 在国外发展销售和服务代理商，建立办事处、分公司等分支机构　对于有些实力不足已同国外公司建立战略联盟或收购国外公司的国内制造商来说，根据自身条件和发展阶段，有选择性地在一些国家发展销售和服务代理商，或者建立办事处、分公司等分支机构。派驻专门的售后服务人员负责技术和售后服务支持，完成售后服务。

(4) 加大对国外用户的技术培训力度、增加用户购买设备时的零部件储备　对于未在国外建立销售和服务代理商、办事处和分公司等分支机构的国内制造商来说，通过加大对国外用户的技术培训力度，比如延长国外用户的培训时间、增加实际维修实习等，可以提高用户对产品维护保养及维修的能力，减少设备故障率；另外，在国外用户购买设备时，建议用户增加常用易损件的储备，减少用户设备出现故障时等待的零部件发运时间。

6) 提升售后服务部门的重要地位

在国内制造商传统的意识里，同技术开发、生产和销售部门相比，售后服务部门只是辅助部门，在企业的经营工作中处于从属地位。随着售后服务在企业战略位置的提高，售后服务部门的地位有较大程度的提高，售后服务人员的待遇和地位随之也有所改善。但是，相对销售人员来说，售后服务人员的工资及其他福利待遇普遍比销售人员低。销售人员除了基本工资高一些外，还有销售业绩奖励，而售后服务人员除了基本工资外，大多没有其他奖励，这从某种意义上影响了售后服务人员的积极性和主动性。由于售后服务人员的工作大都在环境比较恶劣的施工工地上完成，具有一定的危险性。因此，除适当提高售后服务人员的基本待遇以外，还可以根据售后服务人员的工作量、工作效率和工作态度等作综合评价，给予一定的奖励；同时，可以考虑给售后服务人员增加意外伤害保险等待遇，提高售后服务人员工作的积极性和主动性。

7) 注重质量保证期外的维修服务

当前，中国工程机械制造商或售后代理商大多都比较重视质量保证期内的售后服务，然而，对售后服务的延伸——质量保证期外的服务重视的不多。这是基于以下两方面的原因，一是制造商或售后服务代理商重视不够，认为质量保证期外的维修服务是用户自己的事情，不属于售后服务的范畴；二是制造商或售后服务代理商实力有限，缺乏相应的维修技术人员、维修场地及对维修设备的投入。

其实，注重质量保证期外的维修服务具有以下优点。

① 增加售后服务的延伸服务，保证用户设备的使用效率，解决用户的后顾之忧，最大程度保障用户设备的增值和收益。

② 增强客户对产品的美誉度和品牌忠诚度，增强用户再购买的信心，促进整机销售。

③ 质量保证期外的维修服务为有偿服务。通过收取合理的维修费用，为公司创收。

④ 促进零部件的销售，为公司创造效益的同时，保证用户购买的是纯正的零部件。

8) 重视零部件配套厂家产品售后服务的及时性

在售后服务过程当中，经常出现整机制造商或者其售后服务代理商在售后服务过程中，因为零部件配套厂家售后服务不及时，或者由于双方在故障责任、质量保证期的期限上产生分歧，造成相互推诿而影响设备售后服务及时性的现象。一般情况下，制造商的零部件配套产品的投诉程序为：用户—整机厂售后服务人员—整机厂售后服务部门—整机厂零部件采购部门—零部件配套厂的销售部门—零部件配套厂售后服务部门—零部件配套厂售后服务人员。这样一个复杂的信息反馈程序，不但严重浪费时间，而且影响用户设备的及时维修和工程进度。因此，整机制造商一定要处理好零部件配套厂家的售后服务问题，对于提高自身服务及时性和效率具有至关重要的作用。

一般，整机制造商通过采取以下措施，可以改善零部件配套厂家售后服务的及时性。

(1) 同零部件配套厂家签订售后服务协议，明确零部件配套厂家产品的质量保证期以整机质量保证期为准。

（2）在零部件配套厂家的产品出现质量问题时，整机制造商或者其售后服务代理商的售后服务人员有权先行维修或者更换零部件，再向零部件配套厂家索赔。

（3）要求零部件配套厂家在整机制造商工厂常年驻有售后服务人员，除随时解决整机生产过程中的质量问题外，也保持同整机制造商售后服务部门的及时沟通。减少中间沟通环节，提高服务效率。

（4）整机厂要求并协助零部件配套厂建立完善的售后服务网络，提高服务的及时性。

9）解决好设备跨区域售后服务问题

对于设备在质量保证期内跨区域施工时的售后服务，制造商应该有明确的规定，制造商的售后服务部门应该做好区域售后服务代理商之间的内部协调，防止内部扯皮现象的发生；另外，有些设备在质量保证期内，由于设备转卖造成设备所有者及施工工地发生变化，对于这种情况，售后服务人员要注意用户变更信息的跟踪，做好售后服务工作。

10）重视售后服务创新

注重售后服务的创新，采取创造性的模仿和借鉴，能达到事半功倍的效果。同时，注重售后服务创新的激励机制，能有效促进售后服务的不断创新。

可以借鉴以下方面的服务创新。

① 每年的淡季，制造商进行2~3次全国范围的售后服务巡检、用户回访或者质量万里行活动。

② 实行半军事化售后服务管理模式。

③ 售后服务人员统一着装、售后服务车辆统一标志。

④ 售后服务代理商可以根据自身实力和条件，采取比制造商更为优越的售后服务措施。比如：制造商规定，在接到用户投诉时24h内做出答复，48h内售后服务人员到位，72h内故障排除完毕；而代理商可以根据自身条件，规定12h内做出答复，24h内售后服务人员到位，48h内故障排除完毕。既增加顾客满意度，同时增加了代理商自身的竞争水平。

11）售后服务人员的专业化

随着工程机械制造商的发展，许多制造商根据自身实力和发展阶段，采取多品种系列、多规格的多元化发展战略，一方面增加产品的种类系列，展示公司实力；同时，降低因产品种类少造成的经营风险。而在产品售后服务方面，对售后服务人员的数量、服务人员的培训却缺乏投入，售后服务人员要从事不同种类产品的售后服务，售后服务人员的专业化程度不高，影响维护保养与维修服务的效率。这在目前国内的国营和民营制造商中有一定普遍性，应引起重视。而国外独资、合资公司在这一方面做得比较好，比如：让一个售后服务人员只负责一种产品系列的服务，而不会让其再从事其他种类产品的售后服务。

12）具有一定售后服务的灵活性

设备购买用户大多都是通用性用户，但也有一些特殊用户，比如军队用户。在和平时期，军队通常大批量采购工程机械产品，作为一种军用战略物资储备。根据军方规定，在和平时期的军用工程机械作为战备物资库存，必须在5年后才能作为通用设备使用，造成了购买设备没有使用就超过了设备的质量保证期。在这种情况下，制造商的售后服务策略就要具有一定的灵活性，比如在设备储备期定期为设备进行保养维护；延长军方设备采购的质量保证期；适当增加军方设备的零部件供应等。

1.4　工程机械售后服务未来的发展

当今中国的工程机械行业越来越像家电行业，从之前的零首付到买挖掘机、摊铺机、压路机等大型设备送小汽车再到如今的团购设备，工程机械行业营销方式可谓日新月异、与时俱进。市场热闹的背后往往隐藏着难言的风险和苦衷，工程机械行业内已经有很多人预警市场秩序的混乱将导致企业的盈利空间及品牌形象双受损。

在当前工程机械行业受困于宏观调控而市场需求降低时，我们应从技术创新、制度创新、管理创新等方面寻找出路，而不应仅仅停留在低价营销层面上，这样才能为企业带来新的利润增长点。

据估算，中国装载机的市场保有量超过 100 万台、挖掘机保有量超过 60 万台，所以在中国的工程机械行业，服务同样大有可为。目前，我国大多数的工程机械企业也把售后服务放置于非常重要的地位，例如：很多企业都推出服务万里行，为客户送关怀，并要求服务人员或代理商通过标准化、超值化的服务来降低用户的使用成本，最终提高用户的赢利能力和购买能力等。但实际的情况是，在中国的大多数工程机械企业中，保外服务与配件销售都还存在着很大的增长空间。据统计，在美国、日本等成熟的市场中，企业整机销售收入和后市场服务收入（包括保外服务、配件供应、大修和二手机业务）的比例达到 64∶100，而在中国市场，两者之比则是 350∶100。我们对比中国主流工程机械企业与卡特、小松的配件销售占比也可以发现，卡特、小松的比例远高于中国的企业。所以，我们中国的工程机械企业需要重新对售后服务进行定位——从促进主机的销售、维护品牌形象，向为企业创造新的价值转变。

提升工程机械企业的保外服务与配件销售收入，应主要从以下五方面着手。

1）加大对服务的投入，扩充服务网络的覆盖率

对服务的资源投入与其他任何投资相类似，都需要一定的回报周期，不可能立竿见影。而我国工程机械企业的代理商一般规模不大，服务人员并不多，在地级市所部署的服务网点密度一般能保证服务半径在 150km 左右，但这些代理商往往同时兼营其他诸如装载机、压路机等产品，甚至同时代理其他品牌的工程机械产品。所以在有限的资源投入情况下，只能疲于应付保内的维修与点检，根本无法顾及保外服务，这就使很多用户被迫寻找其他的小型维修店进行保外维修。从以上分析可以看出，加大对服务的投入力度，是提升保外服务的前提。

例：就目前国产品牌的挖掘机性能与质量而言，一名代理商的维修服务人员能够负责的任务大概是 15 台挖机，每台服务车能够覆盖的在用挖掘机的平均数量大概在 20 台。

2）提升服务人员的能力

在目前国内各企业普遍争抢具有理论实践经验的优秀人才，尤其是民营代理商企业的待遇不高的情况下，整个工程机械行业的维修与服务队伍始终存在数量与质量的缺口。这就要求厂商与代理商共同投入去招聘、培训服务维修人员，并通过有竞争力的薪酬激励体系逐步形成具备能力的维修服务人员梯队。技术娴熟、专业性强的维修服务人员可以明显地提高服务维修效率、提高客户的满意度，增加了用户在质保期外对授权代理商的忠诚度，同时专业的讲解也容易促成原厂配件的销售。

例：小松在中国选择代理商一般都要求其具备一定的规模，而小松在常州投资 6000 万

元创建的培训中心,是中国地区领先的工程机械专业培训基地,其功能是负责培训小松代理商和大用户的工程技术人员以及小松的内部技术人员,除理论教学外,更加注重现场操作。由于小松代理商服务人员的能力非常强,保证了小松在销售主机产品时可以给关键客户提供更个性化、延长的预防性维护保养服务,使客户有权选择更加适合自己的"套餐"而实现使用价值,同时也就使客户具有了品牌黏性。

3)配件采购管理,构筑利润壁垒

目前,中国工程机械厂商普遍还没有发动机、液压件的制造能力,在销售旺季,我们往往是排队等待供应商的发货,所以对核心部件的采购还谈不上管理。即使对一般的结构件,由于主机厂商在理念上或操作上并没有重视归类管理,造成了副厂件的泛滥,甚至有的授权代理商也公开销售副厂件,这无疑会对主机厂的配件收入带来非常大的负面影响。

例:卡特彼勒工程机械产品的很多核心部件都是自己生产的,即使不是自己生产的,卡特也要与供应商签订严格保密协议,并明确规定同类产品不得向其他厂商或代理商销售。而且由于卡特产品的个性化设计,也使得其部件较难被外界模仿,从而在很大程度上屏蔽了副厂件对卡特配件利润的冲击。另外,卡特彼勒通过VMI管理体系,对配套厂商实施管理,保证库存成本降低的同时又不会影响配件对市场的供应。

4)加强下游渠道的配件库存管理

据了解,即使是国内领先的工程机械厂商,也时常会出现,服务人员到达故障现场等配件的现象。当客户抱怨不断的时候,现场服务人员有时也无奈地推荐客户使用副厂件,使本应留住的收入损失掉。

例:卡特的理念是快速地为全球任何角落的用户提供所需的零配件。卡特彼勒在全球拥有29个配件配送中心,其中上海为卡特彼勒在中国地区的配送中心。卡特彼勒负责建立全球配送中心及各区域配件配送中心,其他各级网络由卡特彼勒视为资产的代理商自行建立。全球配送中心实行集中式库存管理,统一进行库存控制,区域配送中心为各个区域的代理商提供零配件和补充库存。

5)信息化管理

信息化管理是整个售后服务及配件销售成熟发展的基本保障。目前,虽然国内很多工程机械企业在设备上已经安装了GPS,但是距离全面的服务信息化管理还有很长的路要走,由于厂商与代理商及用户之间的信息不对称,自然使厂商对用户的使用与维修无法系统了解,更无法引导或掌控客户在保外服务与配件购买方面对厂商的忠诚度。

例:2003年,小松就开发了KOMTRAX售后服务系统,通过信息化手段加强了对代理商服务过程的监督管理与指导,该系统把小松生产工厂、代理商、客户等有机联系起来。代理商可以对各种配件的库存情况一目了然,在下订单以后,产品何时能到货也能做到心中有数,以提升用户的满意度。小松车辆上装的GPS,可以把车辆工况数据和位置信息汇总到数据库服务器中,而且KOMTRAX系统中记录有发动机的工作时间、年度负荷情况、车辆的报警与事故、各项保养维修等历史记录信息,从而使维修服务人员可对机器提出合理的工作安排建议及保养维护建议。这种基于信息化系统的差异化服务,很容易让服务人员获得用户的信任,也就自然将保内服务延伸到保外。

家电行业的领军人物张瑞敏,早在21世纪初就提出,海尔要从制造业向服务业转型,要在中国的每个县、每个乡拥有提供服务的能力。现在也许正是我们工程机械行业向家电行业学习领先的服务理念，并合理应用于日常经营中的合适时机。

课后习题

1. 工程机械售后服务的作用？
2. 工程机械售后服务的模式？
3. 工程机械售后服务的内容？
4. 工程机械售后服务的评价方法？
5. 工程机械售后服务的现状？

2 特约维修服务中心的建立程序

> **学习目标**
> - 了解工程机械特约维修服务中心的建立原则
> - 掌握特约维修服务中心分级管理办法
> - 掌握特约维修服务中心服务管理标准

2.1 特约维修服务中心的建立

工程机械售后服务是指工程机械作为商品销售出去以后，由制造商、销售商、维修商、配件商等服务商为客户及其拥有的工程机械提供的全过程、全方位服务。工程机械售后服务的直接服务对象是客户，间接服务对象是工程机械。提供服务的主体是制造商、经销商、维修商、配件商等服务商，每一个主体都在自己的经营范围内提供相应的服务。工程机械代理商作为经营组织，是维系制造商与最终用户的桥梁。

工程机械售后服务的经营方式分为两种：一种是工程机械销售与服务一体化的方式，以工程机械特约销售服务站为主体，集整车销售、维修服务、配件供应、信息反馈为一体。另一种是工程机械销售与服务相分离的方式，如汽车城的发动机品牌专卖店及其指定的特约维修厂。其中工程机械特约销售服务站的方式是我国工程机械售后服务业的主导经营方式。

1) 工程机械特约维修服务中心建立原则

工程机械特约维修服务中心应建立在产品保有量相对密集、市场潜力大的地区，在产品保有量大的地区可实行多个特约维修服务中心制。

特约维修服务中心之间的距离：在内地或产品较密集地区，服务半径控制在70km以内；边远或产品较分散地区，服务半径控制在150km以内。

2) 特约维修服务中心建立条件

承建单位主观上愿意为工程机械制造公司搞好售后服务工作，并能够严格按照工程机械制造公司的管理制度执行。同时，承建单位必须是独立的企业法人单位或持有法人委托书的二级法人单位，有国家工商局正式批准的营业执照，具有独立账号，能独立行使对外经营业务，在当地相关行业具有较高的信誉，管理水平高，经济效益好。而且，承建单位应具备必需的设备、厂房、库房、办公场所、交通工具等，有一定的经济实力，能有一定的服务配件储备（5万元以上），备有服务电话和传真机、有上网条件，开通24h售后服务热线。

特约维修服务中心必须配备4名以上技术维修服务人员，具备较丰富的机械维修经验，能够承担全天候外出服务任务。服务车在醒目位置上标有"××服务"字样。

以从事发动机维修服务为主,要具备相关修理行业的资质条件,像维修船舶动力、发电设备动力、工程机械发动机和农用发动机等。

3) 特约维修服务中心建立程序

凡有建立工程机械制造公司维修服务中心意向的单位,应向工程机械制造公司驻当地维修服务中心提交书面申请报告及相关资料,由维修服务中心及时将报告及相关资料提报工程机械制造厂客户服务中心备案。工程机械制造公司的驻外机构根据整体布局进行初步考察推荐、由工程机械制造厂客户服务中心审批签订协议确定。同时,工程机械制造公司客户服务中心或委派各地维修服务中心对申请建立单位进行实地考察,并由负责考察部门写出考察报告及填写附表1提交工程机械制造公司客户服务中心。

工程机械制造公司客户服务中心审批后,公布建立特约维修服务中心的单位名单,与其签订有关协议,并颁发证书及相关资料,特约维修服务中心建立程序流程见图2.1。由工程机械制造公司客户服务中心或所属维修服务中心,对新建特约维修服务中心进行服务理念、维修技能、管理制度、服务政策等方面的培训。

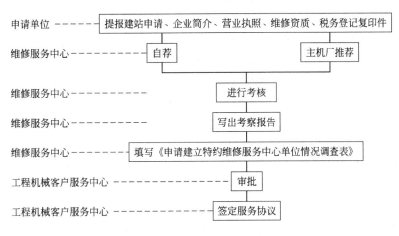

图 2.1 特约维修服务中心建立程序流程

2.2 特约维修服务中心分级管理办法

为了适应激烈的市场竞争,规范服务行为,提高用户满意度,以优质的服务工作巩固和开拓市场,在服务网络中引入工程机械生产制造公司专业服务——"5P"后市场,以促进特约维修服务中心提高服务管理水平。从而建立特约维修服务中心服务工作评价体系,对其工作进行全面、动态的综合评定。

特约维修服务中心分为:"中心站"、"重要站"、"达标站"三个级别。

1) 双方权利和义务

(1) 工程机械生产制造厂商的权利和义务

① 权利。工程机械生产制造厂商有权对特约维修服务中心的服务工作进行安排调度,对特约维修服务中心的服务行为按规定进行费用核算,对服务工作进行监督和考核,并作出相应的奖惩。

同时，工程机械生产制造厂商有权根据特约维修服务中心的实际工作状况，决定是否终止特约维修服务关系，并收回标牌，清理有关账目和资产，也可以根据实际情况需要，通过协商或法律途径解决双方纠纷。

② 义务。工程机械生产制造厂商应对特约维修服务中心的技术维修人员进行免费培训，经考核合格后，发放有关证书，并对经过培训的人员建立档案信息；根据特约维修服务中心的等级标准，投放一定数量的配件，作为售后三包服务周转配件；向特约维修服务中心提供必要的技术资料，及时向特约维修服务中心通报产品质量及技术改进情况；及时对特约维修服务中心进行服务费的结算和兑付；向特约维修服务中心提供必要的技术支持和帮助，认真听取特约维修服务中心的意见和建议，并努力加以改进和实施；对特约维修服务中心的工作进行客观、公正、合理的考核和评价，在销售主机、"5P"后市场产品方面，对特约维修服务中心提供一定的优惠政策。

(2) 特约维修服务中心的权利和义务

① 权利。特约维修服务中心有权根据《特约维修服务中心工作程序》、《工程机械制造厂商产品三包服务规定》，处理工程机械制造厂商产品的售后维修服务；有权享受主机、配件、专用油方面的优惠政策；有权对服务工作存在的问题提出批评和改进建议。

② 义务。特约维修服务中心应不断提高服务人员的技术和服务水平。对新产品的维修技术根据工程机械制造厂商的安排派员工参加培训。从事工程机械制造厂商售后维修服务的人员须经单位统一培训、考核，经考核合格者，由工程机械制造厂商颁发服务上岗证。持有服务上岗证的人员离开服务岗位，特约维修服务中心应书面通知工程机械制造厂商客户服务中心备案并负责收回服务上岗证，上交工程机械制造厂商客户服务中心，服务资格即刻终止。

特约维修服务中心应认真负责指定区域内工程机械制造厂商产品的服务工作，接待用户必须热情、诚恳、周到。对用户的来函、来电、来访应认真做好记录，及时处理，并将处理意见反馈到工程机械制造厂商驻外维修服务中心或客户服务中心。接到用户服务信息或工程机械制造厂商当地维修服务中心调度后，迅速做出反应，履行工程机械制造厂商对用户的承诺，服务及时到位。特约维修服务中心应积极协助工程机械制造厂商服务人员完成服务工作，配合工程机械制造公司进行用户走访、市场调研等工作。接受工程机械制造厂商的监督、指导和管理。对工程机械制造厂商技术服务人员及有关人员的工作应坦诚提出改进意见，对违规、违纪现象进行投诉举报。积极参加工程机械制造厂商举办的有关活动及会议。

三包服务所需配件及经销的配件必须从工程机械制造厂商进货。不得经销使用假冒伪劣产品，一经查实，将终止特约维修服务协议。

2) 考核标准

工程机械生产制造公司特约维修服务中心严格按照《工程机械生产制造厂商特约维修服务中心管理手册》中发动机制造厂商"5P"后市场——专享服务、专有配件、专用机油、专属技术产品、专业再制造的规范和要求进行评价，同时结合区域特点、特约维修站服务对象等对工程机械生产制造厂商特约维修服务中心进行分级管理。按照上一年业绩，结合区域差异，评价出一定数量的中心站和重要站，制订今年分别可以享受的工时激励。对达标站中前几名晋升为重要站；对重要站中的前几名晋升为中心站；同时对中心站的后几名降级为重要站、重要站中的后几名降为达标站。具体分级管理要求见表2.1。

表 2.1 特约维修服务中心分级管理要求

项目		中心站	重要站	达标站
专享服务	总体要求	工程机械生产制造公司核心维修站、配件销售渠道,是宣传和树立工程机械生产制造公司企业品牌形象、建立工程机械生产制造公司服务品牌的示范基地,是客户得到全天候及时、有效服务的保证	工程机械生产制造公司区域市场内的重要维修站、配件销售渠道,是客户得到全天候及时、有效服务的保证	工程机械生产制造公司区域市场内的维修站、配件销售渠道
	占地总面积	6000m² 以上	4000m² 以上	3000m² 以上
	修理车间面积	800m² 以上	600m² 以上	400m² 以上
	服务管理主管	专职一名	专职一名	一名
	备品管理主管	专职一名	专职一名	一名
	技术鉴定员	专职一名	专职一名	一名
	信息调度员	专职一名	专职一名	一名
	维修技术员	15 人以上	10 人以上	5 人以上
	★发动机精修车间	有		
	维修资质	一类大修资质(边远地区达到二类)	二类以上大修资质	
	培训教室	有		
	培训设备	有		
	★服务车辆	两部以上	一部以上	
	★形象建设	有明显工程机械生产制造公司标志,在交通主干道树立工程机械生产制造公司与维修站共同的广告牌	在办公、修理车间等场所有明显工程机械生产制造公司标志	在办公、修理车间等场所有明显工程机械生产制造公司标志
	国Ⅲ维修资质	取得工程机械生产制造公司维修资质	取得工程机械生产制造公司维修资质	
	★维修一次成功	99%以上	98%以上	97%以上
	★服务投诉	年小于1起	年小于1起	年小于1起
	★服务时效	满足工程机械生产制造公司服务时效要求	满足工程机械生产制造公司服务时效要求	
专有配件	★配件采购数量	周期内三包用量的4倍以上	周期内三包用量的2倍以上	周期内三包用量的1倍以上
	★配件储备数量	周期内三包用量的4倍以上	周期内三包用量的2倍以上	周期内三包用量的1倍以上
	★配件储备合理	储备合理,满足三包要求	储备合理,基本满足三包要求	满足常见故障的三包需要
	★配件的正宗性	严禁在渠道内销售、摆放非渠道内产品	严禁在渠道内销售、摆放非渠道内产品	严禁在渠道内销售、摆放非渠道内产品
专用机油	★机油采购数量	周期内三包用量的4倍以上	周期内三包用量的2倍以上	周期内三包用量的1倍以上
	★机油储备数量	周期内三包用量的4倍以上	周期内三包用量的2倍以上	周期内三包用量的1倍以上
	★机油的正宗性	严禁在渠道内销、摆放非渠道内产品	严禁在渠道内销、摆放非渠道内产品	严禁在渠道内销、摆放非渠道内产品

续表

项目		中心站	重要站	达标站
专属技术产品	专属检测设备	满足工程机械生产制造公司服务要求	满足工程机械生产制造公司服务要求	
	专属后市场产品	积极推广和安装	积极推广和安装	
专业再制造	销售再制造产品	20万元/年以上	10万元/年以上	

注：1. 带★项为重点考核项目。

2. 中心库维修站配件、专用油销售是其结算周期内三包用量的10倍以上。

3）服务政策

（1）"中心站"特约维修服务中心 有权对所划定区域内的所有工程机械生产制造公司产品进行售后服务工作（自销自包站、船电站除外），负责对划定区域内特约维修服务中心及新建站、客户进行培训，有权对所划定区域内三包整机的鉴定及更换实施服务。有权对划定区域内如曲轴、缸体等大修类实施保修服务，工时费结算系数为1.2。

（2）"重要站"特约维修服务中心 根据系列划分分别负责卡车、工程机械、客车的售后服务工作，有权对所划定区域内三包整机的鉴定及更换实施服务，有权对所划定区域内如曲轴、缸体等大修类实施保修服务，工时费结算系数为1.1。

（3）"达标站"特约维修服务中心 根据厂家、系列划分分别负责各个主机厂家卡车、工程机械、客车的售后服务工作；由驻外中心或客户服务中心委托或允许，可以实施所划定区域厂家服务类型内除更换整机、曲轴、缸体等大修类以外的三包服务工作，工时费结算系数为1。

4）等级评定和考核项目

由特约维修服务中心根据评定标准提出等级申请，各工程机械生产制造公司驻外服务中心提出具体意见，总部根据动态考核及综合评定情况划分等级。

（1）对特约维修服务中心的动态分级管理考核内容

① 考核部门：客户服务中心、维修服务中心。

② 考核频次：服务中心、维修服务中心对特约维修服务中心每两个月考核一次。

③ 量化考核：100分制，低于80分，降级并缴纳5000元网络管理费。

④ 否决项：若辖区内有媒体曝光等重大投诉，降级并缴纳1万~2万元网络管理费。

（2）主要考核项目

① "5P"后市场——专享服务：服务量（15分）、一次服务合格率（10分）、及时性（10分）、服务态度（5分）、形象符合度（5分）。总计45分。

② "5P"后市场——专有配件：配件储备总量（10分）、配件储备合理性（5分）、配件销售量（15分）。总计30分。

③ "5P"后市场——专用机油：机油储备总量（5分）、机油销售（10分）。总计15分。

④ "5P"后市场——专属技术产品：应用推广。总计5分。

⑤ "5P"后市场——专业再制造：再制造发动机及再制造配件的销售、服务、推广。总

计 5 分。

2.3 特约维修服务中心工作程序

1) 特约维修服务中心的基本问题

（1）特约维修服务中心隶属　特约维修服务中心日常三包服务业务，归属所在辖区工程机械生产制造公司维修服务中心管理。客户服务中心对特约维修服务中心和工程机械生产制造公司服务中心行使管理、监督稽查权。

（2）职责　特约维修服务中心负责用户信息的收集、维修服务的网上报单、维修服务的实施、故障件的鉴定、包装及发送。同时，维修服务中心负责本片区特约维修服务中心的管理、调度，辖区内配件的组织及协调，重大问题的分析、处理、报批手续，整机更换的实施监督。

客户服务中心负责整个服务网络的管理、协调和调度，收集售后信息、协调和组织实施重大故障处理、整机更换的审核及整机的组织发运手续、三包费用的审核结算手续、三包故障件的接收鉴定及追索手续。

工程机械生产制造公司负责组织各地中心库和维修站所需配件的调拨及发运手续。

2) 维修服务工作程序

（1）特约维修服务中心工作内容　特约维修服务中心接到用户、主机厂、工程机械生产制造公司驻外维修服务中心、客户服务中心等传递的售后服务信息后，应详细询查机械故障情况，必要时把信息反馈到所属维修服务中心；在 0.5h 内将信息输入服务信息管理系统，查询出该用户的相关资料，分析确定所需更换的配件，确认可以进行服务后，进行服务信息系统内的维修预约，生成维修预约单并提交到所属单位的维修服务中心（即办事处），经维修服务中心审核、批准派工后方可进行派员服务，并将处理方案反馈到信息源。同时严格按照工程机械生产制造公司服务承诺要求执行，即特约维修服务中心所在城市 3h 内，一般地区 24h 内，边远地区 48h 内到达故障现场，并按照工程机械生产制造公司服务时效要求，提供快捷、优质、周到的服务。超出服务权限需提交《发动机故障分析处理审批报告》（见附表 2）的，按照要求及时提交审批。

在信息传递各环节中，各节点传递时间不能超过 0.5h，包括维修预约的提交和批复，特殊情况可电话沟通后先行处理，对外出服务超过 200km，要向驻外中心提出申请。服务完毕后，按规定完整、翔实填写《工程机械生产制造公司售后服务处理单》（见附表 3，以下简称《处理单》）和《售后服务记录单》（见附表 4，以下简称《记录单》），务必经用户签字认可并按照环保及安全相关法规处理好服务现场。

在故障处理完毕 3 天内，将处理单输入服务信息系统，生成维修记录单后提交到所属单位维修服务中心。服务费用结算管理、审核监督，经工程机械生产制造公司维修服务中心审核提交至客户服务中心，由客户服务中心进行审批并核算服务费用，由维修服务中心按结算周期进行费用汇总。特约维修服务中心接到要求服务的信息后，应建立服务信息管理台账。

（2）售后单据、表格的填写、处理　在签约《产品售后服务承诺书》（见附件 1）的基础上，社会服务性质特约维修服务中心的服务人员应在每次服务完毕后，按照规定认真填写《处理单》、《记录单》，并由用户签字认可；特约维修服务中心应在服务完成的 3 天内，将服务信息录入系统，网上提交所属维修服务中心；并将提交时产生的处理单号记录到《处理单》上；《处理单》第二联整理好。在双月份月末交寄工程机械生产制造公司维修服务中心保存，以备查证；《处理单》的其他联保存好以备以后的查证。

（3）各种单据及三包故障件的返回　社会服务性质特约维修服务中心，由站长负责将当期发生故障件的《处理单》（手工单）第一联、《故障件返回清单》（提交后，从网上自动生成，由维修服务中心提供），按顺序整理清点、审核、签字并加盖公章，故障件必须拴好标签，经所属维修服务中心服务管理员，进行核对确认。办理交接，由所属维修服务中心服务管理员将《处理单》（手工单）第一联（包括已发生和未发生故障件的《处理单》第一联）、《故障件返回清单》（提交后，从网上自动生成，由维修服务中心提供）及"三包"故障件共三项，一般地区在每双月份1日前、边远地区每双月份15日前（到达日），返回工程机械生产制造公司客户服务中心鉴定部。

2.4　特约维修服务中心服务管理标准与规定

1）自销自包服务管理

（1）加强自销自包特约维修服务中心的服务管理，凡属自销自包式服务的发动机，不能由社会式特约维修服务中心进行维修服务，特殊情况须经当地维修服务中心批准。

（2）自销自包服务卡，采用网上报单与手工报单。

（3）自销自包式特约维修服务中心不能进行社会式服务。

（4）自销自包式特约维修服务中心不能进行维修服务的机器，自销自包费用应扣除；若售后服务前通知驻外中心，按每台自销自包费用扣除；若维修技术不过关或中途放弃服务，应按实际产生的费用扣除。

（5）自销自包服务站销售到外地没有能力服务的整机，必须及时通知当地办事处并报总部审批转出，否则在工程机械出现故障时，除扣除本台机械的自销自包服务费用外，本次故障维修费用仍由未转出的责任单位承担。

2）服务管理流程控制

每次进行维修服务应当填写维修单，驻外中心或客户服务中心对其进行审核、批准后，方可进行维修服务，特殊情况下电话请示驻外中心或客户服务中心；维修完毕3天内，把维修服务信息录入信息系统并提交到所辖维修服务中心，所辖维修服务中心在2个工作日内提交到客户服务中心，客户服务中心在2个工作日内核算完成或退回，退回的处理单必须在2个工作日重新提交核算完毕或作废，表2.2为服务流程管理。

表2.2　服务流程管理

客户来电	来电客户资料分析	派工	迅速通知	过程控制	报完工	回访
客户在使用设备出现故障时，无论在本区域还是在国内其他区域，均可拨打400免费服务电话以获取快捷的服务	将客户信息与客户电话号码关联，只要是关联过的电话，客户来电时系统就会自动弹出与该来电相对应的客户资料，如：客户单位名称、来电人姓名、设备编号、维修记录等	服务调度指导客户排除故障，在故障不能排除时派出离客户最近且技能最合适的服务工程师上门服务	向服务工程师发出派工通知，通知服务人员为客户服务	服务工程师收到通知后，立即出发为客户服务或与客户约定上门服务时间（见图2.2）	服务工程师为客户排除故障后，请客户签字确认并报总部完工	客服代表回访客户，了解服务工程师服务的及时性

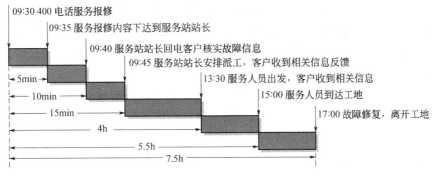

图 2.2 报修过程控制

对外出服务超过 200km 的，要向驻外中心提出申请。

服务费用结算管理、审核监督。客户服务中心费用核算员对每张检修单核算服务费用前，对处理单逐一核对、审查，由驻外中心进行费用统计汇总由相关负责人签字认可后，寄送总部，相应费用核算员核对签字，由费用统计员进行汇总、审核，由费用核算中心经理审核。

3) 服务派差管理

(1) 执行"一站式服务"模式。与主机厂配套的汽车、工程机械等产品服务，必须让与主机厂并网的特约维修服务中心去维修服务，如该特约维修服务中心服务能力不足或配件不全放弃服务，特约维修服务中心必须写出书面资料报办事处备案。同时把信息传递给主机厂，这种特约维修服务中心对整车的性能熟悉、维修技能全面，避免不是公司产品质量问题，产生不必要的费用。

(2) 主机厂代理商销售的机器，一般应坚持在区域内"谁销售谁服务"的原则，特殊情况应由当地办事处报总部协调后处理。

(3) 服务派差按照属地管理制度执行，但应遵循服务及时性、准确性、快捷性原则，安排技术好、最快到达的特约维修服务中心去处理。

4) 服务时效管理

(1) 在接到用户要求提供服务的信息后，做到维修服务中心所在城市 3h，一般地区 24h，边远地区 48h 到位，为用户提供快速、有效的优质服务，到位时间超过 6h 给予客户 300 元补偿。维修站必须储备常用配件。

(2) 若急需调拨三包配件，应及时书面通知驻外中心或客户服务中心。

加急调拨配件（不包含常用配件）的运费按照最高额度核心站 3000 元/年，重要站 2000 元/年，一般站 1000 元/年执行，超出部分由需要单位自行承担。

维修站因常用件（详见附表 13）储备不全造成的客户投诉和时效赔偿，由责任维修站承担相应损失；中心库必须储备辖区内市场所需工程机械生产制造公司的配件，以满足辖区内的服务需求，因配件中心库储备不全造成的额外运费和客户投诉及时效赔偿，由中心库承担，客户服务中心每月向备品公司及中心库追索。

(3) 因批量改制等原因造成的调件，运费由工程机械生产制造公司承担。

5) 服务管理

(1) 考核维修质量　实行维修服务事故追究制。凡是因为维修质量造成的无效维修服务或质量故障扩大，一切费用由责任单位承担。

对尝试性分析、判断故障原因时，更换的零部件，当确定不是起因件时，必须把原零件装机；因维修技术水平低或管理水平低造成的重复服务、无效服务，不予结算服务费用。

特约维修服务中心承担的三包期外的维修，所产生的故障及产生的一切纠纷，由特约维修服务中心自行承担责任。

（2）维修信息录入　加强维修服务信息的登录，控制无效信息录入、保证维修服务信息的及时录入，机器维修完毕后，3天内必须输入信息系统，否则，按无效服务信息处理。工程机械企业的维修报告单、换件申请单详见附表7～附表9。

特约维修中心如遇信息系统内资料信息缺失的情况，必须通知辖区所属中心转客户服务中心，由总部负责维护处理后，特约维修服务中心根据要求及时补录。

故障件和整机更换的考核除按照本章有关规定处理外，同时参照第5章《工程机械生产制造公司故障件中心库管理办法》和附件2《关于对整机退换非正常责任追偿的管理办法》。

6）服务权限、让步索赔权限分类管理

（1）特约维修服务中心对高压油泵、机体、曲轴等价值较高零部件进行索赔更换，或超过5000元的维修服务索赔要向驻外中心提出申请，超过10000元的索赔要通过驻外维修服务中心向客户服务中心书面申请。整机索赔要向主管领导请示，经过整机索赔评审小组审批。

（2）主机厂对发动机零部件的保修规定长于工程机械生产制造公司的，不让步索赔。

（3）对批量整机三包期延长的让步索赔，须报总部审批，需在检修单上注明；对单台整机三包期延长的让步索赔，驻外中心主任审批，须报总部备案，需在检修单上注明，原则上不能超过3个月。

（4）对进口件、机体、曲轴等价值较大的零部件原则上不让步索赔。

（5）对外协零部件、较小自制件的让步索赔，原则上不超过1个月，驻外中心批准，需在检修单上注明。

（6）对用户使用责任、保养方面的让步索赔，5000元以下，驻外中心批准，需在检修单上注明；10000元以上，报总部审批。

（7）对超出服务权限需报总部审批的，填写《发动机故障分析处理审批报告》（附表2）逐步报批后方可进行服务。

7）服务管理人员现场服务指导、鉴定

（1）加强与用户的直接沟通，重视用户走访，切实深入服务一线，了解用户的要求、建议、意见。分析服务存在的问题，现场服务稽查。避免服务人员与用户的脱离、避免服务管理人员脱离服务一线。

（2）每月服务总结中，必须有走访的内容，必须填写用户走访调查表。

（3）辖区内的大用户，服务管理人员要建立用户档案。

（4）更换整机、重大故障处理，服务管理人员必须到达服务现场，进行分析、鉴定。并将鉴定的结果以书面的形式反馈给客户服务中心，便于总部与主机厂的沟通。

8）特约维修服务中心回避制度

（1）工程机械生产制造公司销售服务人员不能以任何形式建立工程机械生产制造公司特约维修服务中心。

① 工程机械生产制造公司销售服务人员不能以直接、参股、委托管理等方式，建立特

约维修服务中心、从特约维修服务中心中获利。

② 工程机械生产制造公司销售服务人员不能雇人依托特约维修服务中心，从事售后服务。

（2）工程机械生产制造公司销售服务人员的亲属朋友、工程机械生产制造公司人员不能以直接、参股、委托管理等方式在外地建立特约维修服务中心。

① 不允许工程机械生产制造公司销售服务人员的亲属朋友、或亲属朋友雇人依托特约维修服务中心，从事售后服务。

② 特约维修服务中心或代理商不能以任何形式私自在外地建立特约维修服务中心或特约维修服务中心分站。

9）主机厂内服务管理

主机厂内，维修服务时，若没有配件更换，不要填写检修单。主机厂或主机厂代理商库存超过1年的柴油机或整车，应进行检查与整修。库存超过2年的柴油机，主机厂没有明确说明，不予三包。主机厂库存处理的整车，明确不三包的，工程机械生产制造公司不予三包。

10）服务管理人员、特约维修服务中心违规行为处罚

处理类别：通报批评、罚（扣）款、停止服务（3个月、6个月、1年）、终止特约维修协议；其中罚（扣）款除扣除当次服务费用外再按照服务费金额10倍以下罚款，造成损失特别巨大的，按照损失额的10%~60%罚款。造成用户严重投诉或媒体曝光的处以5万~50万元罚款。

违规类别可分为一般违规、严重违规、特别严重违规三种，违规的处罚方式详见表2.3。

表2.3 违规处罚方式

违规类别	违规表现	违规处罚
一般违规	拒绝服务;不能按时到位及时处理;用户投诉影响较轻;擅自跨区域服务;向用户索贿;欺骗用户;服务态度恶劣;私自给用户延保;与用户串通骗保;技术水平差造成故障扩大;因配件等原因影响服务;使用非正宗配件;向渠道外销售国三配件;错判误判;手写处理单无客户签字;处理单填写不规范;服务信息录入系统不及时;信息反馈不及时;未及时按要求上报各类报告、报表;不服从服务管理及调度;让用户免费提供烟、酒、饭、住宿等;服务值班电话无人值守等	通报批评、罚（扣）款、停止服务
严重违规	造假服务单或故意错报服务单内容以骗取服务费,费用在4000元以下的;用户投诉;年度连续发生一般违规行为3次以上或一般违规造成损失和影响较大的	罚（扣）款、停止服务
特别严重违规	用户投诉造成恶劣影响或媒体曝光;造成损失数额巨大;造假服务单或故意错报服务单内容以骗取服务费,费用在4000元以上	罚（扣）款、停止服务、终止特约维修协议

以上严重违规，所涉及特约维修服务中心同时是整车厂服务站的，客户服务中心同步通报整车厂，联合整车厂进行同步处理。

11）配件、油品、销售、使用及三包

（1）工程机械生产制造公司的特约维修服务中心，销售的配件只能是工程机械生产制造

公司的正宗配件，否则视作违规并处罚；配件不得销售给非直接用户，否则视为违规并处罚。

（2）配件只允许在渠道内使用和销售，只有得到工程机械生产制造公司授权的中心库和特约维修服务中心，才能经营和使用配件，对跨区销售、渠道外销售和经营非渠道内产品，一经查出，第一次处以5倍罚款。第二次除5倍罚款外，同时取消授权资格。具体管理参照第6章《配件的经营与管理》。

（3）为杜绝假冒伪劣及副厂配件，维修服务中心将特约维修服务中心管理责任明确到人，全国各中心库每月×号前向备品公司、客服中心、维修服务中心提报特约维修服务中心配件采购报表。特约维修服务中心每月×号前向维修服务中心提报配件库存报表。维修服务中心服务管理员每月×号前做出分析报客服中心，由客服中心、备品公司组织稽查小组分期、分批对全国各区域维修站配件库存进行实物稽查。若第一次发现有副厂件现象，处以10倍金额罚款，对已是授权维修站的取消资格，对尚不是授权维修站的取消发展资格；若第二次发现副厂件现象，直接予以撤站。采购报表和分析报告每漏报一次对责任单位（人）处以1000元罚款，连续漏报每一次在上一次基础上加倍罚款。

（4）驻外中心、备品资源公司、客户服务中心定期对中心库及专卖店产品收发存进行核对，发现有渠道外销售或不能有效证明的，对差额数量进行10～20倍罚款。

（5）为杜绝在服务过程中使用非工程机械生产制造公司专用机油，保证发动机正常运行，维修服务中心将特约维修服务中心管理责任明确到人，全国各中心库每月×号前向油品公司、客服中心、维修服务中心提报特约维修服务中心油品采购报表。特约维修服务中心每月×号前向办事处提报油品库存报表。维修服务中心服务管理员每月×号前做出分析报客服中心，由客服中心、油品公司组织稽查小组分期、分批对全国各区域维修站油品库存进行实物稽查。若第一次发现使用非工程机械生产制造公司专用机油或不按规定要求使用，处以10倍金额罚款；对已是授权维修站的取消资格，对尚不是授权维修站的取消发展资格。若第二次发现，直接予以撤站。采购报表和分析报告每漏报一次对责任单位（人）处以1000元罚款，连续漏报每一次在上一次基础上加倍罚款。

（6）特约维修中心为客户做由工程机械生产制造公司承担费用的维修或强保必须使用工程机械生产制造公司正宗配件、专用机油，否则引起的质量事故工程机械生产制造公司概不承担，并扣除相关费用；如特约维修中心不能为客户妥善解决，则由工程机械生产制造公司直接处理，从责任特约维修中心账款中扣除。

（7）用户使用假冒伪劣产品，三包期内，所造成的相关的柴油机故障，工程机械生产制造公司不予三包。

（8）销售的配件三包只索赔配件，不核算服务费用；其中基础件在三包期内出现质量问题，经驻外中心服务人员现场确认并留有有效照片，三包计算工时费。磕碰伤造成的配件损坏不属于配件三包范畴，属商务管理范畴。对基础件收货，各特约维修中心必须进行必要的检查验收，否则后果自负。

（9）配件三包时，必须把销售发票和清单复印件、鉴定报告附在检修单上。

（10）对因三包故障件（尤其是起因件）保管不善、错判误判、非正宗配件，造成无法办理索赔及进行故障分析的，将不予结算所发生的服务费用与配件费用。

（11）维修站或经销商私自从外协厂或其他社会途径采购的配件不予三包。在三包期内的还要对为客户提供非渠道配件的单位处以配件10倍罚款（紧急情况下如遇无渠道内的易损件配件，要报请驻外中心或客户服务中心批准，正宗配件到达后联系客户换上，工程机械生产制造公司对二次服务均予以认可）。

2.5 工程机械生产制造公司专用维修工具与设备

针对特约维修服务中心维修设备不能满足维修需要，经驻外办事处确认普遍存在维修设备少、简陋，维修工具缺乏的现状，公司考察维修检测设备及工具市场，集中批量采购，以平价销售给特约维修服务中心。例如：油泵试验台、清洗机、万用电表、翻转架等；发动机用密封胶等也将按配件产品管理。

根据特约维修服务中心分级结果，对不同的特约维修服务中心维修服务权限、范围、内容进行分类，配备的设备与工具也随之不同。如中心站级别的特约维修服务中心各种设备应该配备齐全。常备的工具清单见表2.4。

表2.4 工程机械维修常备工具清单

序号	名称	品牌	编号及规格	单位	数量	单价/元	金额/元	备注
1	摇臂台钻	浙江西菱	Z3032X7P	台	1	14860	14860	
2	二氧化碳焊机	焊霸	500	套	1	11800	11800	带瓶、管、接头、枪头、表
3	卧式千斤顶	常熟通润	TR50001（TR8056A）	个	1	3280	3280	
4	充电器	郑州	硅整流（6~48V）	套	1	2950	2950	
5	打气泵	上海力彪	Z-1.6/10	套	1	15800	15800	佩带高压管50m(1in)（冬季喷灌管道排空）
6	手电钻	江苏东成	JIZ-FF-16A	把	1	425	425	
			JIZ-FF05-10A	把	1	245	245	
7	真空补胎枪			套	1	18	18	
8	铁锤(8lb)	河北遵化		把	1	40	40	
	铁锤(5lb)			把	1	23	23	
	铁锤(3lb)			把	2	19	38	
	铁锤(2lb)			把	2	17	34	
	铁锤(1lb)			把	1	13	13	
9	尖嘴钳	世达	70102	把	3	57	171	
10	梅花扳手	国产	5.5-32	套	2	75	150	
11	皮带冲		3-IP	套	1	55	55	
12	活动扳手(18in)	世达	47207	把	1	330	330	
	活动扳手(10in)		47204	把	1	88	88	
	活动扳手(8in)		47203	把	1	74	74	
	活动扳手(6in)		47202	把	1	63	63	
	活动扳手(4in)		47201	把	1	55	55	

续表

序号	名称	品牌	编号及规格	单位	数量	单价/元	金额/元	备注
13	铁皮剪	世达	93302	把	1	86	86	
14	锉(平)	世达	03912	把	1	33	33	
			03920	把	1	36	36	
	锉(圆)		03972	把	1	32	32	
	锉(半圆)		03932	把	1	45	45	
			03940	把	1	51	51	
	锉(方)		03952	把	1	30	30	
			03960	把	1	35	35	
15	金刚石整形锉	世达	03830	套	1	78	78	
16	钢锯弓	世达	93405	把	2	85	170	
17	钢直尺	天津	1m	把	1	26	26	
18	钢三角尺			把	1	15	15	
19	台虎钳	北京燕南	200mm	台	1	450	450	
20	台虎平口钳	大连	125mm	台	1	495	495	
21	钳式滤清器扳手	世达	97426	把	1	78	78	
22	线尾工作灯			套	1	59	59	10m线
23	工具柜	世达	95119	个	1	3999	3999	
24	冲击螺丝批	世达	09603	套	1	159	159	
25	冲击刀	世达	09161	套	1	90	90	
26	十字螺丝刀	世达	62301	把	2	33	66	带铁头
			62313	把	2	20	40	带铁头
27	一字螺丝刀	世达	62221	把	2	33	66	带铁头
			62213	把	2	20	40	带铁头
28	切割机	浙江洛奇	J3G3-400	台	1	1280	1280	
29	开口扳手	上海	5.5-32	套	2	65	130	
30	水平尺	宁波	精品800	把	1	65	65	
31	电焊机	焊霸	BX1-500	套	1	6020	6020	带线、线卡、防护罩等
32	角磨机	博士	GWS5-100	台	1	465	465	
			GES14-150CI	台	1	1395	1395	

续表

序号	名称	品牌	编号及规格	单位	数量	单价/元	金额/元	备注
33	钢丝钳	世达	70302	把	2	55	110	
			70323	把	2	105	210	
34	尖嘴钳	世达	72402	把	3	89	267	
	链条型大力钳		71701	把	2	145	290	
35	公斤扳手		10kg	把	1	45	45	
36	普通剪刀			把	3	6	18	
37	电烙铁	国产	150W	套	1	55	55	带焊丝、焊膏
38	游标卡尺	哈尔滨	200	把	1	248	248	
39	卷尺	宁波	3m	个	3	6	18	
40	断螺钉取出器	世达	2.5-8	套	1	40	40	
41	丝锥工具	浙江		套	1	180	180	
42	工具箱	世达	95117	个	3	185	555	
43	吊链	上海金力狮	HSZ-3	套	1	385	385	
44	活塞环压缩器	世达	97502	个	1	83	83	
45	台式砂轮机	浙江洛奇	$\phi 250mm$	台	1	485	485	
46	管钳	世达	70813	把	1	71	71	
			70815	把	1	99	99	
			70816	把	1	150	150	
47	三角拉马	世达	90634	个	1	220	220	
			90638	个	1	660	660	
48	提升机	广州	四柱四轮定位	套	1	58750	58750	
49	扒胎机			套	1	11800	11800	
50	液压钳		240mm	把	1	395	395	
51	铆钉枪			把	1	68	68	
52	废机油收集器	常熟通润	TRG2020	个	1	1180	1180	
53	工作台		2m×0.8m	个	1	2480	2480	
54	线轴	公牛		个	1	498	498	50m
55	重型弯杆			根	1	45	45	
56	重型小变大			个	1	30	30	
57	重型套筒		41	个	1	26	26	
			42	个	1	33	33	
			46	个	1	35	35	
			50	个	1	40	40	
			55	个	1	48	48	
			60	个	1	58	58	
58	柴油发电机	太原重美	Tzh2-30kW	台	1	19830	19830	冬季管道排空

课后习题

1. 特约维修服务中心的建立条件？
2. 特约维修服务中心的考核办法？
3. 维修服务工作流程？
4. 备件的管理方法？
5. 列举出 5~7 个工程机械维修最常用的工具。

3 工程机械售后服务管理

> **学习目标**
> - 掌握工程机械售后服务的内容
> - 掌握工程机械的售后部组织机构及主要职责
> - 掌握服务体系岗位设置
> - 掌握车间的大修流程

3.1 售后服务管理概述

为规范售后服务工作，满足用户的需求，提高用户对产品的满意度和信任度，提高产品的市场占有率，工程机械售后服务单位需制定售后服务管理制度和工作流程。

1) 售后服务内容

售后服务内容根据合同及技术协议的要求，对保修期内因产品的制造、装配及材料等质量问题造成各类故障或零件损坏，无偿为用户维修或更换相应零配件。对保修期外的产品，通过销售中心报价（包括零配件、人员出差等费用）迅速、果断排除故障，让用户满意。对合同中要求进行安装调试的，在规定的时间内，组织人员对产品进行安装调试及对用户、工作人员进行培训。定期组织人员对重点销售区域和重点客户进行走访，了解产品的使用情况，征求用户对产品在设计、装配、工艺等方面的意见。

2) 售后服务的标准及要求

（1）售后服务人员必须树立用户满意是检验服务工作标准的理念，要竭尽全力为用户服务，绝不允许顶撞用户以及与用户发生口角。

（2）在服务中积极、热情、耐心解答用户提出的各种问题，传授维修保养常识，用户问题无法解答时，应耐心解释，并及时报告售后服务总部协助解决。

（3）服务人员应举止文明，礼貌待人，主动服务，和用户建立良好的关系。

（4）接到服务信息，应在24h内答复，需要现场服务的，在客户规定的时间内到达现场，切实实现对客户的承诺。

（5）绝不允许服务人员向用户索要财务或变相提出无理要求。

（6）服务人员对产品发生的故障，要判断准确，及时修复，不允许同一问题出现重复修理的情况。

（7）服务人员完成工作任务后，要认真仔细填写"售后服务报告单"，必须让用户填写售后服务满意度调查表。

（8）对于外调产品，或配套件的质量问题，原则上由售后服务总部协调采购部由外协厂家解决。

（9）重大质量问题，反馈公司有关部门予以解决。

（10）建立售后服务来电来函的登记，做好售后服务派遣记录，以及费用等各项报表。

3.2 售后部组织机构及岗位设置

1）售后部部门组织架构

售后部部门组织架构见图3.1。

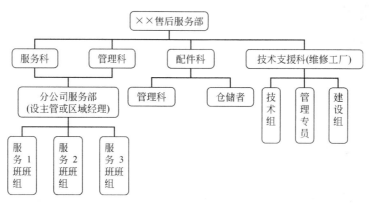

图3.1 售后部部门组织架构

2）售后服务部各部门主要职责

（1）售后服务部 接受公司总经理的领导，对本部门的各项工作负责，负责部门的成本预算及控制。督促和组织各科室、各分公司服务、配件工作，协调各科室的人员、车辆及工作。

公司成立服务科、服务部、总经理三级处理机制，客户投诉、抱怨在每一级停留不超过24h，对投诉及抱怨，建立24h处理故障制。总经理办公室专设服务助理，强化用户回访工作，快速处理用户反映的情况，并对月服务进行汇总。

（2）服务科 严格遵守公司的各项法律、法规及各项管理制度和规章制度，负责管辖区域内机器的预验、转移、防锈运转、交付、定检、保养、维修等所有现场服务及相关的管理工作，并负责对核心客户的专门服务工作。

完成公司下达的服务扩展效益指标（包括配件销售、附件销售、主机销售信息提供等）。提供其他品牌的信息，积极提出对公司工作改进的建议。

（3）管理科 建立客户档案，负责公司内部及客户服务信息的收集、派工、跟踪、反馈，应对公司的服务热线，调查客户满意度，并对服务人员进行动态管理，维修用件数据收集并整理提供给配件科，管理服务工作的预警系统，做好售后部预算系统及管控体系，负责服务工程师奖金核算，负责公司服务费申请和索赔费结算，负责工具资料管理及服务单据处理等工作，负责有疑难故障时向制造公司召请服务工程师。

（4）技术支援科 负责区域内的服务工作中难处理的故障的技术支援，负责区域内服务工作的分管和督导，负责技术咨询及现场技术支援，为分公司提供支持，协助分公司处理故障，公司的服务技术培训，公司服务策略推进，修订完备各项服务政策，6个月定期到分公司系统检查工作。具体检查内容：工作日志、工具单据、表格、车辆、配件等，汇总报公司总经理。

（5）配件科 公司配件进、销、存的管理与经营，分公司配件经营督导，外购件采购与管理，维修换件的管理，赠送件的统计及发放，大修工厂的筹建工作等。

3) 服务体系岗位设置

服务体系岗位企业的设置应根据企业自身的特点来进行，图3.2为××重型机械公司售后服务部的岗位设置。

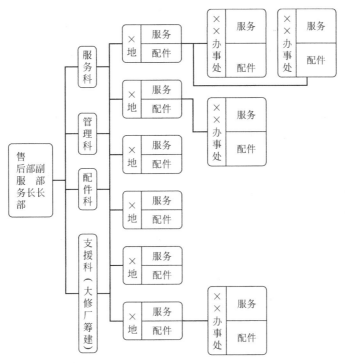

图3.2　××重型机械公司售后服务部的岗位设置

3.3　服务政策与业务程序

1) 责任范围

除非国家法律另有规定，公司总是保证在保修期内对整机因产品质量出现的任何故障，将通过修理或更换零部件的方式解决，公司不承担本保证书未明确表述的责任（包括由于设备故障附带造成的经济上或道义上的损失）。

若整机上的零部件因为滥用、疏忽、不正确使用或不按《使用说明书》中的规定进行保养、操作，不配合服务人员工作、不听从劝告或未经批准进行改装、加装而导致机器故障或失效，该机将丧失保修期内的一切权利。

（1）保证期限和保证内容。严格按照《使用说明书》，正常使用的情况下，如挖掘机整机主要结构件：动臂、斗杆、回转平台、行走车架（铲斗除外）、发动机、主泵、控制阀、油缸、行走机构、回转机构、回转齿圈、空调压缩机的质量保证期限为12个月或2000h；加装破碎锤和小于13t的挖掘机质量保证期限为9个月或1500h；工作装置各滑动轴承（与铲斗连接除外）、皮带、发电机、启动马达的质量保证期限为3个月或500h。这些情况中以自机器向第一位最终用户交货之日起，或者机器累计运转的时间为准计算（所有计时均指机载计时器的读数），以最先达到者为质量保证期限终止。

(2) 除外条款。虽然在保修期内，但属于下列情况之一的，不予以保证。

① 由于事故，使用不当，疏忽或者自然灾害造成的损坏或缺陷。

② 未经公司的书面认定，使用非公司提供的零件或安装附属件所造成的损坏或缺陷。

③ 非售后服务部服务人员或指定的维修人员实施更换、改变或改造机器及其任何零部件，从而影响到机器的性能、稳定性和机器的用途。

④ 一般不至于影响机器稳定性、可靠性和使用性能的轻微故障。

⑤ 机器的保养，如发动机清洗、散热器的清洁、消耗件的更换、机器润滑以及制动调试等。

⑥ 易耗品如：油料、冷却液、玻璃、反光镜、各种滤芯、油脂、油杯、皮带、密封垫、橡胶件、保险丝、线缆、炭刷、灯具、锁具、黄油嘴、喷油嘴、高压燃油泵柱塞、出油阀、铲斗、斗齿、与铲斗相连接的销轴、轴套及相关零件、履带板、履带板螺栓、蓄电池、收音机、点烟器及其他类似部件。

⑦ 拒绝使用原厂提供的维护保养零配件的，故意损坏 GPS、计时器等，从发现之日起，公司有权终止一切服务与保养指导。

2）基本服务政策

(1) 交付服务及培训：服务工程师向用户交付产品时，须向用户讲解、演示机器的操作、保养及基本维修正确方法，按公司的要求办理相关交机手续建立联络渠道。

(2) 定期维护：服务工程师必须在保证期间内对机器用户实施 5 次定期上门维护保养和可以在保证期外进行 2 次定期上门维护保养。第 1 次，交机后 50h；第 2 次，交机后 250h；第 3 次，交机后 500h；第 4 次，交机后 1000h；第 5 次，交机后 2000h。保证期外的 2 次保养分别为：交机后 2 年或 4000h，以先到为准；交机后 3 年或 6000h，以先到为准。在实行上述服务时以公司呼叫中心下达的订单和客户签字的服务报告作为结算依据。

(3) 维修服务：服务工程师在接到公司下达的质量保证期内用户的维修服务订单时，原则上须 24h 内到达现场并以最快的速度给予正确的处理。

(4) 技术改进：对于已经交付使用的产品，生产厂商认为有必要进行改进并向代理公司发出《技术文件》和下达技术改进订单时，代理公司必须在生产厂商指定的时间内组织实施。

(5) 保外有偿服务：服务工程师在接到区域质量保证期外用户的维修服务订单时，不论该机是否属代理公司销售，服务工程师都应迅速、满怀诚意地完成客户付费订单，并收回服务费用。

(6) 实施特优服务：按生产厂的服务部要求，加大索赔预算，建立特优服务基金，初步确定建立平均 2000 元/台，服务部可按客户情况申请无货服务索赔预算，并将预算分解到月特优服务的指标，由总经理控制。

3）服务政策

(1) 参照所在公司的基本服务政策。

(2) 服务担当工程师制度：设立区域服务主管（或区域经理）、服务担当分班组，负责该地区所有用户有关于服务或配件乃至其他方面的问题，并由其负责处理直至问题解决，协助区域经理的日常工作。

(3) 服务资格：服务工程师应取得重机服务资格证，公司提供的所有服务均由重机公司认可的，取得重机服务资格的服务工程师实施。

(4) 满意度回访：在用户接受服务的 3 天内，由服务科进行电话跟踪回访，调查工程师的服务质量。

(5) 投诉电话：服务部长投诉电话接受公司内其他部门或客户的直接投诉，也可以投诉总经理办公室回访专线。

4) 服务管理制度

(1) 日常工作短信管理

① 服务人员每天从事每件服务工作必须填写派工单，特别情况可电话请示及发送工作短信请示后再完成任务，后补派工单。

② 服务人员工作短信方案格式。

服务人员编辑短信时必须按照以下方案格式发送，否则短信系统将接收不到服务，A挖掘机，B工作时数，C故障位置及现象，D联系人，E联系电话，F服务内容，G其他（是否收费等）

例1：今天给盐城客户张三维修软管漏油，联系电话13912345＊＊＊，机号是LYS820C1060＊＊＊，工作小时为1450h。

编辑系统短信内容如下：

服务，A LYS820C1060＊＊＊，B1450，C盐城，D张三，E13912345＊＊＊，F维修软管漏油，G收费300元

注意：每个英文字母前用逗号隔开，其他地方不允许有逗号，如果G备注里字数很多需用符号隔开，除了逗号，别的符号都可以用，但一条短信结束不允许加任何符号！

例2：当天没有具体服务，在公司整理资料/促销/援助法务/开展销会/休息等，则写在备注一栏中。

编辑系统短信内容如下：

服务，A，G整理资料

例3：如果一条信息里想输入两台机器的服务内容，例如给张三做完维修软管漏油，接着又给李四的机器做了定检和保养。

则编辑系统短信内容如下：

服务，A LYS820C1060＊＊＊，B1450，C盐城，D张三，E13912345＊＊＊，F维修软管漏油，G收费300元，A LYS820C1061＊＊＊，B250，C无锡，D李四，E138123456＊＊，F定检　保养

(2) 短信格式说明

① 每个字段都要和模板一致，字段内的字母代号ABC或abc大小写都可以。

② 服务信息平台每日根据服务信息统计工作量并进行回访客户；月底将根据短信做分公司和个人的服务工作量统计，作为公司考核依据。

③ 处罚规定：不发/迟发/漏发/错发当日工作信息的服务人员将扣除岗位工资××元/次；回访发现乱收费或服务态度不好的，扣除本月岗位工资，每次扣1分。

5) 业务程序

(1) 差旅费报销审批流程（见图3.3）。

(2) 售后服务请款流程（见图3.4）。

(3) 用户服务信息处理流程（见图3.5）。

(4) 用户服务资料归档。

① 整理客户资料、建立客户档案。客户送车进厂维修养护或来公司咨询、商洽有关汽

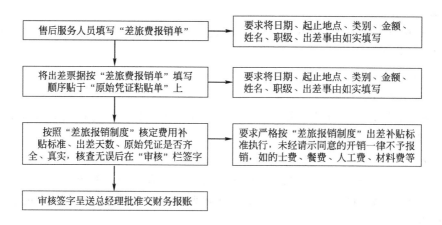

图 3.3　差旅费报销审批流程

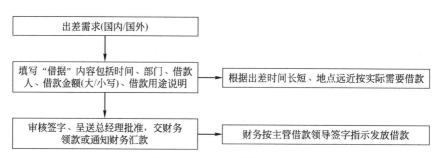

图 3.4　售后服务请款流程

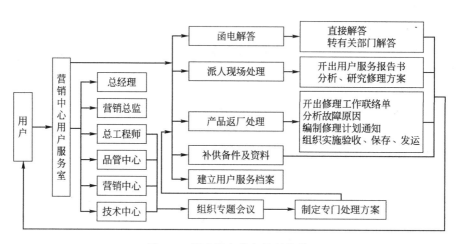

图 3.5　用户服务信息处理流程

车技术服务，在办完有关手续或商谈完后，业务部应于 2 日内将客户有关情况整理制表并建立档案，装入档案袋。客户有关情况包括：客户名称、地址、电话、送修或来访日期、报修车辆的车型、车号、车种、维修养护项目，保养周期、下一次保养期，客户希望得到的服务，在本公司维修、保养记录。

② 根据客户档案资料，研究客户的需求。业务人员根据客户档案资料，研究客户对汽车维修保养及其相关方面的服务需求，找出"下一次"服务的内容，如通知客户按期保养、通知客户参与本公司联谊活动、告知本公司优惠活动、通知客户按时进厂维修或免费检测等。

③ 与客户进行电话、信函联系，开展跟踪服务。业务人员通过电话联系，让客户得到以下服务。

a. 询问客户用车情况和对本公司服务有何意见。
b. 询问客户近期有无新的服务需求需我公司效劳。
c. 告知相关的汽车运用知识和注意事项。
d. 介绍本公司近期为客户提供的各种服务、特别是新的服务内容。
e. 介绍本公司近期为客户安排的各类优惠联谊活动，如免费检测周，优惠服务月，汽车运用新知识晚会等，内容、日期、地址要告知清楚。
f. 咨询服务。
g. 走访客户。

一般情况，客户进厂后业务接待人员当日要为其建立业务档案，一车一档案袋。档案内容有客户有关资料、客户车辆有关资料、维修项目、修理保养情况、结算情况、投诉情况，一般以该车"进厂维修单"内容为主。老客户的档案资料表填好后，仍存入原档案袋。

工作要求：建立档案要细心，不可遗失档案规定的资料，不可随意乱放，应放置在规定的固定档案柜内，由专人保管。归档流程如图3.6所示。

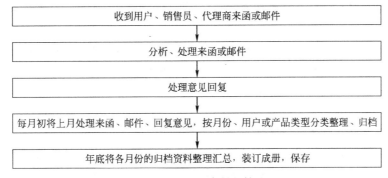

图 3.6　用户服务资料归档流程

（5）用户服务售后配件生产计划、发货流程（见图3.7）。

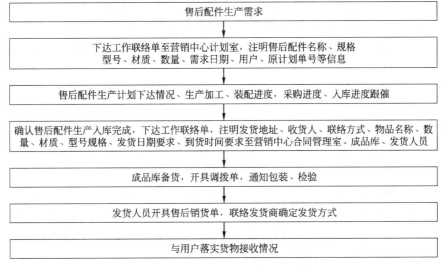

图 3.7　用户服务售后配件生产计划、发货流程

3.4 售后关系开发技巧

售后服务不是一副"猛药",不适宜在短期内让销量猛增(抽奖之类的活动可以达此目的)。它更像是一副长期服用的滋补品,建树在于吸引顾客的注意力和忠诚度,减少营销成本,提高利润率,所以后劲十足。

售后服务是产品技术含量增加、市场经济高度发达的产物。在激烈的竞争中,商家不仅将产品本身,还将相应的服务价值一并提供给消费者。在中国,售后服务的概念兴起不久,商家似乎都希望做"钱货两清"的交易,被逼搞售后服务实属无奈。

只有有远见的企业,才认识到售后服务,以及这种行为所代表的顾客(客户)关系的战略意义。拥有一批稳定的、忠诚的顾客,实际是企业在未来竞争中立于不败之地的基石。

举例说明:房地产业在可以预见的一个历史时期内,将是中国经济发展的支柱产业之一。随着人们消费能力的稳步提高和市场经济体制的逐步完善,大众消费者消费房产的能力也在逐步攀升。假设你是一位房地产经纪人,有一对年轻的白领夫妇,通过你的服务,即将购买他们人生的第一套房产。这对年轻夫妇在他们未来的岁月里,至少还有购置两到三套房产的潜力。对你来说,这就意味着还有4~5次的房产交易服务机会!也就是说,如果你能维持住和这对夫妇的售后关系,他们就可以稳稳当当地给你几千到几万元的回报!

这还是光他们自己,假如你懂得这个关系的重要性,从接触开始,积极、细心地推进这层关系,假如你展开持续的、完善的沟通规划,使人家一直感到受到真正的重视与欣赏,我可以保证,他们还会向你推荐更多的潜在顾客。

这还只是一个顾客,假如你有5个、10个……这样的顾客,想想看。营销界的"客户股"、"终生价值"概念就是这么流行的。

要使你的"客户股"升值,要使"终生价值"最大化,你也得持续地加强你与客户之间的关系。所以,良好的沟通顺理成章地成为达成目标的重要方法。你需要以使顾客受尊重和关怀为核心,制定一个完整的、长期的售后关系沟通规划,并付诸实施。最理想的状态,你可以使你的每一个新顾客成为你、你的产品或服务的活广告。

要维系良好的售后关系,定期(最好是每周)的沟通是必要的。你也许会问,我每天那么多事情要处理,忙得团团转,怎么保证每周沟通一次。的确,每个人的具体情况不同,很难做个千篇一律的限定,说必须什么时候进行一次联系,只能各人根据自己的实际情况灵活安排。

不过,沟通函件是一种可以提高时间效率、维系售后顾客关系的很好手段,大家都可以借鉴使用。这里就介绍几类常用的沟通函件。

① 致谢函。交易结束的当天,你就得寄发这么一封信件。这种方式在中国还很新鲜,流行的做法是,交完钱、签完合同,就对人家说拜拜了,然后就回复到陌生人的关系,街上撞着了都不会理睬。

② 大人物的问候函。这里的大人物,指的是你公司的"大人物"。如果你的企业不大,这个人物就是企业的总裁或总经理。如果是大企业,那就是一个高级管理人员。它应该是在销售结束后的10~15天之内寄发,内容是从公司最高层的角度,表示对顾客的问候、感谢。透过这种方式,使顾客感受到你们的重视。

③ 手写贺卡。你或你的同事了解到顾客的任何好消息,生日、获奖、升职、孩子出生、

考上大学，买了车等，所有关于顾客自己、家庭、亲友的好消息，都要立即去张贺卡，要手写的。这些动作看起来很小，顾客收到了会很高兴。

④ 常规的商务通信函件。除上面这些形式的沟通函件，你自然还可以寄发常规的商务信函、营销材料、定期的通信、新闻邮件等。

在数据库技术、自动化处理技术发达的今天，规划并实施出这么一套完整的、长期的售后关系开发方案并非难事。最重要的是，这套方案可远远拉开你与竞争对手的距离，使你拥有厚实的竞争优势，从而产生更多的销量、更可观的利润。

3.5 售后跟进策略

在推销中，推销员经常面临两种结果：与顾客达成交易，或是成交失败。对推销员而言，成交固然可喜，成交失利也不必气馁。成交后还有许多工作需要推销员去做；成交失利，也并不表明从此永无成交希望，只要处理得当，仍能创造出成交机会。所以，推销员无论是否与顾客达成交易，都要进行"跟进"。

跟进，是指在成交阶段后（无论成交与否），推销员对顾客所持的一种态度和进一步提供的服务。跟进的作用表现在以下三个方面。

① 希望顾客因成交而使需要（或问题）获得真正的满足（或解决），为日后重复购买奠定基础。

② 希望顾客在成交失败后能对推销员及企业留下美好深刻的印象，为今后推销成功创造机会。

③ 希望推销员在成交失败之后，能痛定思痛，检讨错误，为今后改进推销、提高成功机会作参考。

1) 成交时的跟进策略

"跟进"是"成交"不可或缺的连续行为，两者必须配合适当才能使推销达到满足顾客需要的目标。成交只是顾客和推销员对推销建议所达成的一时合意，真正要使顾客在成交后获得满足，推销员要做多方面的跟进服务。

① 表示感谢。在成交后，推销员要利用适当的时机和方法，向顾客表示感谢。致谢的时间最好在交货后两至三天内；致谢的方法可用书信、电话或亲自登门向顾客表示谢意。

② 检验交货。如果推销员亲自去交货，在交货之前应先自行查验，如有瑕疵，立即更换，如有缺少，理应补足，以免送至顾客处，造成不良印象。由其他人送货时，推销员应与负责交货人员密切联系，在货未出门之前先做好检查和核对（订单），避免发生问题。

交货完毕后，另用电话或书信向顾客询问是否满意，若有问题发生，应及早解决。这种检验交货的跟进行动有三个好处：一是保证满意交货，二是维持企业信誉，三是避免因交货失误而引发顾客不满。

③ 测试安装。对于需要技术性专人负责安装的机械或工程等，推销员在安装过程中除应注意其安装进度和工程情况外，还应在安装完毕后，亲自或另请专人复验，若有疑难问题被顾客发现和提出，推销员应代为设法解决，务必使其运转正常。

④ 训练养护。顾客对于新上市或结构复杂的商品，多半所知有限，在成交后，需要推销员给予使用操作指导和说明，否则小则导致故障，使商品应有的功能无法全面发挥，大则造成伤害或危害生命等不幸事件。另外，商品日常的维护、保养和修理的简单知识，亦需推

销员传授。

这种售后指导顾客的服务，是推销员应负的责任，在某些特殊商品推销方面，常被视为商品实体的延伸部分，不能有丝毫马虎和忽视。

⑤ 请证信函。当顾客对一切跟进表示满意之后，推销员不妨趁机请求顾客对其所购买的商品及服务，进行评价，并出具书面证明。顾客满意的证明，对今后说服其他顾客具有极大的作用。

⑥ 建立联系。推销员与顾客建立长期的业务关系，需要通过售后跟进来建立。跟进不但是既有推销业绩的保证，而且为日后扩大销售奠定了基础。

⑦ 诱导顾客重复购买。顾客重复购买，是上次跟进策略成功使顾客对商品和服务满意所引发的连续购买决策，也是上次顺利成交后，由于推销员采取跟进策略成功，使顾客满意，所给予再一次购买的保证。所以，重复购买，既是顾客前次购买满意的结果，也是下次再买的先决条件。

2）成交失败时的跟进策略

成交失败对于许多推销员而言，似已成为不可挽回的死局，但优秀推销员往往能死中求生、败中求胜、化不利为有利。转化之道，关键在"外究内省"。

所谓"外究"，就是探讨成交失败的外部原因。推销员可直接向顾客询问其不购买的原因。这些原因，有的属于推销员个人可以改变调整的，有些则是推销员个人无法解决的。如产品价格、交易条件等，在某些限度内，推销员可以依顾客需求，做适当的调整；但若成交失败是因商品本身引起的，如商品品种、质量、式样、包装等不符合顾客的需求，则推销员就无能为力了。不过，推销员是企业的信息员，他的职责之一就是及时搜集了解顾客的需求情况，并及时地反馈给企业。

其次，所谓"内省"，是指推销员自我检讨面谈中可能犯了哪些过失，以致成交失败。成交失败必有原因，检讨失败原因，汲取教训，有益于今后的成功。

推销员可以就整个推销进程做一个全面彻底的检讨。

① 是否准确地了解和把握了顾客的需求和购买动机，在推销过程中运用的诉求与顾客的需求和购买动机是否相一致。

② 接近时是否能引起顾客"注意"反应和"眼看"、"耳闻"的决策行为。

③ 面谈时能否激发顾客购买欲望。

④ 当顾客提出异议时，推销员自己是否能应用转化技巧予以妥当化解，并加深对推销员自身、企业及推销建议的信心。

⑤ 在成交阶段，推销员是否能熟练运用各种成交策略和技巧，诱导顾客立即采取购买行动。

⑥ 推销员个人的"态度、仪表、风范"，表现得是否恰如其分。

诸如此类问题，推销员皆须一一加以深刻反省，如有不当，就要尽快设法改正或补救，以利成交。

推销原本是一项兼具科学和艺术双重性质的工作和任务，需要推销员不断地观察、评估、研究、实践和检讨，这样方能提高业绩。

在成交失败之后，推销员还要善于采用跟进策略，努力转败为胜。

在成交失败后，推销员常持有两种不同的态度，或是就此放弃，或是继续跟进。前者不足取，因为在失败之后就放弃，和推销应是"积极、主动、进攻"的性质不相符。在失败后，推销员采取跟进策略，有可能创造出新的成交机会。推销员在成交失败之后的跟进策略可分为：

① 重新检讨顾客。包括重估顾客的购买需要和动机、顾客购买行为的再探讨、准顾客条件的再审查、顾客拒买理由的再分析等。尤其最后一项，更需彻底明断。

例如，顾客若因一时手头拮据而无其他严重拒买理由时，推销员就值得再跟进回访，继续保持联系，以期在不久的将来能收起死回生之功，转成交失利为成功。

再如推销员若发现顾客对推销建议的兴趣，并不因成交失败而稍减，而是希望在某些障碍（如交货期、包装、付款条件等）消除后再做商谈。那么，推销员亦可考虑继续进行回访，设法突破障碍，实现成交。

跟进回访前的再检讨顾客，推销员不能过于主观，更不宜太过于情绪化，而是一种需要客观分析、理智判断的过程，推销员的个人修养和经验，不足以应付时，不妨请求他人，必要时可直接向顾客求教，亦能产生有利的结果。

② 合理计时。这是指推销员在跟进回访时，回访次数的多少和每次回访时间的长短分配而言。

这个问题可从两方面检讨，一是所推销的商品的性质，二是以特定产业常被接受的访问比率而定。

某些产品结构简单、价值低，经过一两次面谈就能成交，而且每次所谈时间并不长。但有些产品结构复杂，价格也高，必须经过多次长时间地洽谈、报价、建议、修正等，才能完成交易。前者，跟进回访的次数少，时间亦短，而后者则非经过长期多次跟进回访，恐难见成效。

③ 更新策略。推销员既因成交失利而跟进回访，就表示原来所采用的推销策略和技巧有不利或值得商榷之处，必须改弦更张另行设法翻新布局，用新资料或新诉求对顾客进行试探。推销员在跟进回访时，若依然陈腔旧调，必然难以引起顾客的注意和兴趣。倘若推销员依然不能使顾客对商品产生兴趣，不妨提出小量试用、部分代购的建议（假定商品能分割），先行建立前卫据点。这是一种试图让顾客亲身试验产品的有效方法，胜过任何口舌说明。有些推销员就是在顾客先接受试用、试销之后才成交的。

3）四级回访跟进策略

为使回访服务进一步完善，使回访服务环节在原有的基础上得到提升和延伸，就必须从过去单层次的回访提升到交叉性、多层次的四级回访。只有完善营销服务、提高品牌形象、同时完成信誉资源的开发、顾客档案的收集建立，形成以顾客服务为中心、联动其他职能部门运转的新的市场机制，才能既为公司提供战略决策依据，又为营销活动提供支持。

建立四级回访的目的：使销售人员、技术维修人员和用户之间实现有效沟通、联络感情；通过交叉回访，建立工作人员相互监督的机制，提高服务质量；通过三级、四级回访，销售人员、技术维修人员接受市场工作人员的指导监督，了解用户对服务的需求，向公司和工厂反馈信息，完善服务体系，使用户对企业产生信任感和安全感；建立顾客档案，开发顾客资源，实现"口碑"传播网络化。使营销服务管理规范化、程序化，易于操作；根据回访服务获取的信息，经过整理分析。向公司领导反馈情况。提供决策依据，实现市场良性循环。具体过程是，通过回访接触消费者了解信息，经过整合制定策略推向市场（消费者）。

四级回访内容包括销售回访、技术回访、督查回访和整合回访。

① 销售回访。在各经营部完成，所有参与人员需经过统一培训。

a. 销售人员回访。有电话号码的用户由商务代表在售机后3天之内100%回访，其目的是通过问候，培养销售人员与用户之间的良好感情，建立"口碑"传播网络。解答用户疑问，指导使用（完成终端培训），使顾客对企业、品牌产生信任感和安全感；公司根据调查表格获取信息。判断用户确实有故障时，提醒用户及时与技术维修人员联系。宣传推广企业形象及营销服务形象。

b. 销售主管抽查回访。销售主管通过电话、表格记录等抽查、监督回访人员的服务工作是否到位，解决一些回访人员权限以内无法解决的问题，提高用户信心。

② 技术回访。在各经营部技术维修部门完成，所有参与人员需经过统一培训。

a. 维修人员回访。有电话号码的用户，由维修工程师上户维修3天后，实现100%回访。目的之一是，问候、实现维修人员与修机用户之间的感情交流，真正消灭$100-1=0$；目的之二是，询问维修效果如何，从修机用户那里获取信息（表格记录）；目的之三是，宣传、推广企业形象。如果客户满意，感谢客户，并欢迎继续光临；如果客户不满意或者有投诉，感谢客户向你提出问题，帮助你避免同样的问题，去客户所在地解决投诉的问题，总结结果，向维修经理报告处理结果。

b. 主管领导抽查回访。主管领导通过电话及表格督查技术维修人员工作是否到位，并解决一些维修人员无法解决的问题，进一步建立有故障的用户对品牌的信息反应，归纳分析用户意见，向公司领导及市场部提供信息、建议。

③ 督查回访。这一回访由公司市场部完成。

a. 对于销售电话回访名单和技术维修电话回访名单进行20%～30%的抽查、记录。

b. 了解用户对销售服务、技术维修服务及市场宣传服务等方面的意见，以获取信息。

c. 协助销售部门和技术维修部门处理疑难服务问题。

④ 整合回访。由市场部根据销售回访、技术回访、督查回访获取的信息及意见，进行归纳、分析，制定回访策略和市场营销方案。

a. 根据市场需要，指导、协调全省回访服务工作。

b. 培训回访服务人员上岗。

c. 向公司提供有关营销服务方面的发展计划、策略。

d. 根据顾客资料，建立顾客分类档案，开发顾客资源。

e. 完成补充回访（信函、节日贺卡、上门慰问）。

f. 与媒介沟通，联合举办活动，以提升用户回访服务的社会价值，提高企业、品牌的知名度和美誉度。

4）回访的工作要求

（1）打电话时为避免客户觉得他的机械有问题，建议使用标准及标准语言顺序，发音要自然、友善。

（2）不要讲话太快，一方面给没有准备的客户时间和机会回忆细节，另一方面避免客户觉得你很着急。

（3）不要打断客户，记下客户的评语，无论批评或者表扬。

（4）维修后1周之内打电话询问客户是否满意。

（5）打回访电话的人要懂基本维修常识、懂沟通及语言技巧。

（6）打电话的时间要回避客户不方便接听电话的时间。

（7）如果客户抱怨，不要找借口搪塞，告诉客户你已经记下他的意见，并让客户相信如果他愿意，有关人员会与他联系并解决问题，有关人员要立即处理，尽快回复客户。

（8）对跟踪的情况进行分析并采取改进措施。

（9）对客户的不合理要求进行合理解释。

（10）回访比例不少于1/2。

（11）回访对象必须包括各种类型（客户类型、订单类型）的客户，对象越多越有代表性；维修费用的多少也可以作为一个衡量标准。

3.6 优化工程机械设备售后的现场管理

设备从投产到报废的全过程属于现场管理的范畴。从设备的全寿命周期来看，这个过程是最长的。它的管理工作的好坏直接反映了一个企业设备管理工作的好坏。针对目前工程机械维修中存在的主要问题，从维修制度、维修模式、维修方式、维修工艺组织、维修管理、维修技术等方面分别提出一些建议性的对策，以供商榷。

1）工程机械维修管理的现状

维修管理是一项涉及范围广、人员多又相互联系的系统性工作，如运行情况的记录，维修间隔的控制，项目的实施。这其中包含了人、作业程序、检查落实、经济性分析控制等问题，有一个环节出现问题必将影响到最终实施结果。事实上，目前的管理现状很难适应客观的要求，具体表现在以下几个方面。

① 维修管理模式不合时宜。传统的计划预期检修制，不太顾及维修的经济性要求和经济管理。因而这种管理模式是生产型的，而生产经营型的维修管理不仅要考虑设备生产的需要，更要追求维修的经济型和维修的经济管理。

② 维修管理系统不健全。各项规章制度执行不严，有些单位（尤其是基层单位）的管理机构没有全面的管理规章制度，或有制度而不能按制度执行，造成维修管理水平低下。

③ 重使用、轻管理。例如：在日常管理考核、评比中，对设备管理的考核得不到应有的重视；对维修管理的投入不足等。

④ 维修计划兑现率低。施工企业对下属机械使用单位的制约不够，使得修理计划兑现率低、施修工期难保证、修理不彻底、忽视施修质量等现象时有发生。

⑤ 管理技术相对落后。先进的计算机技术和检测技术得不到广泛应用，对于制造精度越来越高、结构越来越复杂和控制技术越来越先进的现代设备，很难凭经验及时发现故障隐患。

⑥ 安全管理不足。一些施工单位，忽视对机械设备的技术管理和安全管理，技术档案不健全，安全装置管理不当，造成一些人为的安全事故，增大了企业的负担。

⑦ 维修管理基础设施跟不上。有些较先进的设备，对配件的质量以及燃料、润滑油、液压油的质量要求较高，一些采购人员业务知识欠缺，责任心不强，购置了一些劣质配件和劣质油料，使一些较先进的机械设备，由于使用了劣质配件和劣质油料，造成机械设备的早期损坏，降低了机械设备的使用效率。

2）针对维修制度和模式的现场管理对策

工程机械的种类繁多、机型复杂、产地不一，制造工艺和材质的差异，不同机械运行状态、作业对象、作业环境及各施工单位的维修条件、操作人员技术水平等的差异，使得工程机械的维修成为一个复杂的系统工程。各种类型的工程机械在施工中的重要性及对可靠性的要求均不相同，而各种维修制度又各有所长，有一定的适用范围，故不宜千篇一律硬性推行某一种维修制度。国家和行业在维修制度的改革方面要坚持多样化、复合化、弹性化的原则，让企业自主选取适合自己的维修制度，这才是维修制度改革的最终目的。

为了避免维修过剩和维修不足的局面产生，可以根据实际情况让"不同的设备采用不同的维修模式"，让"不同的部件采用不同的维修模式"，让"相同的设备在不同的应用场合采用不同的维修模式"。

（1）不同的设备采用不同的维修模式。目前，在施工现场应用较多的土石方机械和路面机械，多为液压、电子技术较先进的进口设备。这些设备结构复杂、技术先进，发生故障后修理较为困难，应以状态监测（检测）的维修模式为主；而一些小型简单机械，如钢筋加工机械、钻探设备、木工机械、破碎设备等，因其结构简单，发生故障后损失不大，可采用事后维修模式；对有关水泥混凝土加工、运输、浇筑和沥青土加工的设备，如水泥混凝土拌和站、水泥混凝土搅拌运输车、水泥混凝土输送泵（车）、沥青混凝土搅拌站等，发生故障后将对生产和产品质量产生严重的影响，就应采用计划预防修理为主、状态修理为辅相结合的维修模式，根据生产情况适时安排有计划的维修，并按一定的标准和周期对其进行点检。

（2）不同的部件采用不同的维修模式。工程机械各个零部件的工况、运动方式、可靠度要求等都不尽相同，对于那些结构复杂、技术先进的液压动力、控制、执行元件，应采用状态监测（检测）维修模式；对于那些高速运转部件或事关安全的部件如行驶设备的转向系、制动系、发动机等，应采用计划与预防相结合的维修模式；而如铲斗、挖斗、履带行走系及车架之类的部件，可采用事后维修模式。

（3）相同的设备在不同的应用场合采用不同的维修模式。通常认为，一旦确定出某设备故障的维修模式后，便可以在所有的同类设备上应用，事实上不能这么做。这是因为，首先，同类设备（甚至是同一设备）在不同应用场合，有着不同的期望性能，如满负荷工作和降负荷工作时的要求便不一样。其次，同类设备（同一设备）在不同的现场环境下发生相同的故障可能会有着不同的故障后果。例如：单独使用的设备与配套使用的设备其发生故障后的后果是不一样的；现场有备份的设备和无备份的设备其发生故障的后果也是不一样的。这是因为在不同的现场环境下，工程对同类设备（同一设备）的可靠度要求是不一样的。

基于上述原因，从经济角度来考虑，施工企业也应该根据实际情况对相同的设备在不同的应用场合采用不同的维修模式，以得到相应的设备工作可靠度。

3）针对维修方式和工艺组织的现场管理对策

（1）针对维修方式的对策。无论各个单位的维修方式如何变化，有一点可以肯定：从长远来看，今后维修方式的发展方向是以状态监测（检测）和诊断为基础的多种维修方式的"有机"结合体。它的目标是：在条件允许的条件下尽量减少修理次数，使用恢复手段将故障排除或抑制。它的方向是：逐步过渡到设备的"异体监护"之路。

随着机械机电液一体化的出现，传统的"浴盆曲线"已经不能代替所有的故障情况了。多种故障率（失效率）的出现，使机械和零部件按照其不同的故障结构安排修理更具针对性和准确性。例如，20世纪90年代以来，工程机械的发动机、底盘传动装置、液压系统、电子操作及监控系统等，都按照其各自的故障结构模式，在运转期间采用定期、不定期的检测和诊断，初步掌握了磨损和劣化程度，因而使得将状态修理作为维修方式的主流完全成为可能。状态修理的采用，有效地防止了修理过剩或是修理不足的情况发生。随着检测技术的不断提高，状态修理在修理中占的比重会越来越大，但是不会完全取代基于时间周期结构的计划修理。对于那些大型固定设备，与安全生产紧密相关的部位，以及有些不便于采用状态监测（检测）的总成部件，仍然要适当安排周期计划性的修理与状态修理相结合。

（2）针对维修工艺组织的对策。施工现场修理的重点是对机械突发故障的现场抢修。现场抢修是指在施工现场上运用应急诊断和修复技术，以恢复施工所需的基本功能为目的，迅速地对工程机械的损坏部分进行修复，使工程机械能够完成预定的任务或撤离现场。它的特点是：时间紧迫、环境恶劣、恢复状态的多样性。现场抢修的特点决定了修理的作业方法必然是多种多样的，它既可以是现有规程上规定的修理方法，比如总成互换修理、原件修复，也可以是临时性的修理方法，如配用、粘接、焊接、捆绑、拆拼修理、旁路等。在修理的劳动组织形式上，现场抢修一般可采用传统的综合作业法（包车修理法）。

4）针对维修管理的现场管理对策

无论维修制度多么完善，维修模式多么先进，维修体制多么健全，维修方式多么适用，离开了维修管理都不能得以实现。要充分利用现代管理技术，将管理人员从繁重的劳动中解脱出来，提高工作效率，及时准确地完成管理工作；制定严格的维修管理制度，确保维修质量；做好各项组织协调工作，减少矛盾，提高效率；如当地有 RCM（以可靠性为中心的维修）服务企业，可将设备的部分维修任务移交，企业自身只承担基本维护和简单修理任务，其余由 RCM 服务企业完成。这样可以简化企业的维修管理体系。

维修的实践证明，设备越是先进复杂，维修工作就越依附于状态监测及故障诊断技术。因而维修技术的发展重点之一，就是设备状态监测及故障诊断技术，其另外一个研究重点是不解体保养技术以及现场快速修复技术。

（1）设备状态监测及故障诊断技术。我国从 20 世纪 80 年代到现在的 20 多年里，在开发、研制检测设备仪器方面取得了较大的进展。200 多家科研机构针对现代机械设备中的电气系统、电子自动监控系统的性能参数的测定等方面取得了可喜的成果。这些成果为建立以后的机械自诊断系统奠定了基础，因而从长远来看，设备的自诊断系统将成为状态监测及故障诊断技术的研究重点。在现有互联网上建立基于 VRML（虚拟现实建模语言）的设备远程监控与诊断系统。它可以让工程机械生产厂家实时了解到设备现场的运行状况参数。根据这些参数，故障诊断中心和专家就可以准确、及时地对机械的状况做出判断，并给出相应的解决办法。

（2）不解体保养技术以及现场快速修复技术。不解体保养技术以及现场快速修复技术是施工现场保证机械利用率的有效手段，因而一直是行业研究的重点。由于它们都是建立在新材料、新工艺的基础上的，因而建议行业在这些方面多做工作，以扩大不解体保养和现场快速修复的适用范围。

除了上述的对策之外，工程施工企业还可以在现场管理中从机械的使用方面入手，来减少机械的维修工作。

首先，在使用方面必须坚持实行"二定三包"制度（定人、定机、包使用、包保管、包保养），机械操作人员要做到"三懂"（懂构造、懂原理、懂性能），"四会"（会使用、会保养、会检查、会排除故障），正确使用机械，严格执行安全技术操作规程，并对机械设备实行目标成本管理，将操作者经济效益与机械使用费（如燃料电力费、维修费、保养费、工具费等）挂钩，并加强对设备管理人员的职业道德教育与培训。其次，加强对机械使用环境的控制。工程机械大部分是露天作业，作业地点经常变动，所以其性能受到作业场地的温度、气压、污染、路况及天气等因素的影响很大。不少工程施工单位由于忽视了环境因素对使用机械的影响,未采取相应的保护性或适应性措施,致使机械使用性能降低,维修工作频繁,使用寿命缩短,甚至酿成事故。如果在施工现场采取有效措施,如经常使施工便道保持平整,及时养护;雨天将便道上的水坑及时填平,露天停放的机械盖上防雨布,晴天经常洒水,减少灰尘;修施工便道时因地制宜地减少坡度等,都对减少维修工作、延长机械使用寿命有利。

课后习题

1. 工程机械服务体系岗位设置及岗位职责?
2. 服务管理制度?
3. 用户服务资料归档流程?
4. 简述三种跟进策略。
5. 工程机械现场管理存在的问题?

4 三包服务规定及发动机维护保养规范

> **学习目标**
> - 了解工程机械的三包服务的原则
> - 掌握产品型号及对应的三包期限
> - 掌握发动机保养和维护规范

4.1 工程机械的三包服务

1) 三包服务原则

用户购买工程机械生产制造公司产品或配有该公司产品的主机产品，在正常使用和维护保养情况下，由于产品制造、装配等原因造成损坏的，在"三包"期内工程机械生产制造公司对产品实行"三包"。

柴油机及零部件首先以维修为主，确实不能修复的，更换相应零部件；更换整机需达到工程机械生产制造公司更换整机的条件，并报请主管领导批准。

2) 三包期限

(1) 属工程机械生产制造公司生产的终端产品，其三包服务和保修期的起点以实际销售日期为主，并以工程机械生产制造公司销售发票和保修卡或销售商的销售发票为依据（船用主机以发动机实际调试日期开始计算三包期）。

(2) 为主机厂配套的产品，按双方协议执行；若主机厂对发动机三包有明确的规定，按照主机厂的规定执行，执行标准依据随车保修卡，对发动机三包服务没有明确标准或内容不详的，按工程机械生产制造公司的标准执行。三包服务和保修期的起点以主机产品实际销售日期为准，并以销售发票和保修卡为依据，但是主机产品销售日期超过发动机生产日期 12 个月的，发动机必须重新油封后才能进行三包。

(3) 从工程机械生产制造公司购买的配件属于原始质量原因的，总成件三包期为 3 个月，基础件为 1 年，易损件、活塞环、油封、瓦片、螺栓等装机后不再三包。基础件在三包期内出现质量问题，经驻外中心服务人员现场确认并保留有效照片，三包计算工时费。配件三包期以中心库或特约维修服务中心销售发票日期为准。属装配质量问题的工程机械生产制造公司不予三包，由装配单位承担三包。工程机械三包服务期限规定见附表 15.1～附表 15.6。

3) 不予三包的产品

(1) 因使用、维护、保养、匹配不当，造成的柴油机故障。如购买后自行运输途中装卸造成的损坏，使用条件超出产品使用说明书规定的范围，匹配不合理、超速超负荷使用等；未按产品使用说明书规定进行磨合、维护保养等；使用不符合规定的、质量低劣的油料、防冻液、三滤等。

(2) 因自行改装、调整、拆卸产品说明书中规定不允许自行调整、拆卸的部位和零件的故障。

（3）正常使用、消耗、保养所更换的机油、防冻液、滤芯、软管、皮带、喷油器偶件等。

（4）无保修卡、发票等三包凭证，又不能证明所购产品在三包有效期内的。

（5）三包凭证或发票上的产品规格型号与要求三包的产品规格型号不符，或者涂改的。

（6）发生故障后未保持损坏原状，而自行处理，使无法对故障原因做出技术鉴定的。

（7）因误操作造成的故障，或因不可抗力造成的损坏，如战争和自然灾害等。

（8）发生交通事故，对柴油机有损伤的。

4.2 工程机械发动机保养、维护规范

1）柴油机保养的周期
① 第一次检查：柴油机运行30～50h。
② 例行检查（P）：柴油机运行250h。
③ 1级保养（WD1）：柴油机运行每隔500h。
④ 2级保养（WD2）：柴油机运行每隔1000h。
⑤ 3级保养（WD3）：柴油机运行每隔2000h。
⑥ 4级保养（WD4）：柴油机运行每隔4000h。

2）检查和保养时发动机需要更换的物品及所做的工作

工程机械发动机保养项目见表4.1。

表4.1 工程机械发动机保养项目

工作项目	第一次检查	P	WD1	WD2	WD3	WD4
更换发动机机油(每年至少一次)	★	★	★	★	★	★
水泵(润滑脂润滑)	★	★	★	★	★	★
更换机滤芯	★	每次更换发动机机油				
检查、调整气门间隙	★		★	★	★	★
检查喷油器						
更换柴油滤芯						
清洗粗滤器						
检查加足冷却液						
更换冷却液		每隔24个月				
紧固管路管卡	★					
紧固进气管路、软管、凸缘连接件	★		★	★	★	★
检查空滤保养指示灯			★	★	★	★
清洗空滤集尘杯		★	★	★	★	★
清洗空滤主滤芯		当指示灯亮时				
更换空滤主滤芯			★			
更换空滤安全滤芯		清洗5次主滤芯以后				

续表

工作项目	第一次检查	P	WD1	WD2	WD3	WD4
检查紧固三角带	★	★	★	★	★	★
检查增压器						★
检查喷油泵						★
调整怠速	★					

注：1. 工程机械生产制造公司要求用户在做保养时一定要选用工程机械生产制造公司专用机油，CD级或以上级别。

2. 以上保养的周期为以每年柴油机运行1500h计算，如果是每年工作时间不到500h的柴油机，其保养的周期为以上周期的0.5倍。

3) 日常维护

柴油机日常的维护保养应进行以下内容。

① 检查燃油箱油量是否充足。

② 检查油底壳中机油平面，油面应达到机油尺上的两刻线标记之间，不足时应加到规定量。

③ 检查有无"三漏"现象，消除油、水、气管路接头等密封面的漏油、漏水、漏气现象，检查各紧固件有无松动，调整气门间隙。

④ 检查各种仪表是否正常，否则应及时修理或更换。

⑤ 清洁柴油机及附属设备外表。

日常维护服务场景：

① GPS定位，车辆位置移动，系统记录位置信息，生成车辆位置变更表，并发送公司营销部门备案。

② 机载SMS定时发送车辆运行参数信息，DMS接收车辆运行参数（运行时间、水温/水量、润滑油温/油压、燃油存量等），有异常情况提醒客户采取措施，预防出状况。

③ 制定保养计划，根据参数信息，及时通知用户，约定保养日期，按时保养，产生保养服务报告（含费用），发送公司营销部，保养中发现故障及时解决。

④ 续签服务合同，经销商备案，报公司营销部。

维护服务场景流程如图4.1所示。

案例：工程机械维权案例频现，维权不如日常维护保养好。

2009年，工程机械维权领域案例频现，特别是日立、凯斯等企业深陷挖掘机故障门，接连不断的产品纠纷闯入人们眼帘。虽然每个案件均有不同，有的是产品质量出现问题，有的是用户使用不当……但不管是什么问题，都使得企业疲于应对纠纷；对于用户来讲，时间和金钱的损失已无法挽回。

工程机械产品的施工工况较为恶劣，机器出现故障是常事。鲜有产品的售后服务与维修频率能高过此类产品。无谓的纠纷能避免则当尽力避免。与其在产品使用中出现纠纷，用户与企业或者代理商对簿公堂，不如双方都将工作做得更为充分和主动一些。对企业的呼吁是较为常见的话题，主要就在于完善质量管理和服务环节；目的就是呼吁用户要保养好自己的机器。

第一，用户必须具备足够的专业知识，工程机械产品普遍价格不菲，在购买时要认真检查机器的各项性能和易损部件。无论是购买新机型，还是已经有的机型，都必须认真阅读使用说明书并仔细检查，以避免不慎买到次品的可能。

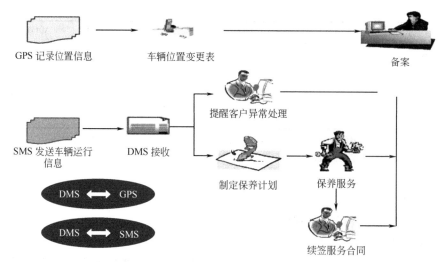

图 4.1 维护服务场景流程

第二，除了认真听厂家讲解产品使用方法，还要仔细研究维修和保养指导手册，并及时与代理商或厂家签订服务协议。出现故障时，用户应及时与企业取得联系，采取快捷的方式解决问题。目前已经有多家企业建立了较为完善的售后服务考核体系，从用户向企业反映问题时起，就有相关部门开始对售后服务工程师进行监督，督促其提高工作效率。

第三，用户必须具备一定的设备维修技能，才能使售后服务变得更加简单，为企业和用户节省时间。宇通重工一位桩工产品售后工程师告诉记者，他曾经遇到一位用户，在电话里向他表述故障状况时说得非常清晰，由于产品上备有配件，他试图在电话中指导这位用户进行设备更换，但无论是这位用户还是其雇佣的司机都不知道如何进行更换。最后他驾车10余个小时才赶到现场，仅用了5min便维修完毕。

第四，应由具备专业操作资格的人员进行驾驶和日常保养。由于使用不当导致的产品故障屡见不鲜，这类案件不属于维权的范畴。这不仅耽误了用户的使用，也给厂家造成了不必要的麻烦。为了避免这种情况的出现，必须强化操作人员的技能培训，取得必要的操作证书才能上岗。

第五，要掌握法律武器。遇到难解决的问题，经过证实责任确实在厂家，但与厂家调解无效时，用户应及时诉诸消费者保护协会，必要时更应采取法律手段。

这样做并不是想弱化用户寻求自身权益保护的意识。而是在于促进企业与用户的沟通合作，力求以一种最便捷的方式解决发生的实际问题。正如消费者协会和3·15消费者权益日的设立，其根本目的也是消除劣品、次品，弥补企业的服务漏洞。

4）保养内容

首次保养：更换机油、机油滤芯，不更换柴油粗滤芯、精滤芯。建议加装除水放心滤；调整气门间隙，检查调整皮带松紧度，检查各管路卡箍松紧，检查螺栓松紧程度，拧紧缸盖螺栓，检查放心滤水位。如未加装除水放心滤建议加装。

例行保养：更换机油、机油滤芯、柴油粗滤芯、柴油精滤芯、除水放心滤滤芯。

5）配件规范

工程机械生产制造公司要求蓝擎国Ⅲ用户一定要到蓝擎国Ⅲ特约维修服务中心购买蓝擎国Ⅲ专用配件及专用机油，以保证您的车辆良好运转并延长使用寿命。

4.3 零销发动机、再制造机保养与维护规范

1) 零销发动机保养与维护规范

(1) 保养规范

① 保养周期。根据使用条件对整车进行分类。

WGⅠ类：使用条件恶劣（气候严寒或酷热，环境含尘量高，短距离工程运输，中长距离超载运输等），工程用车，公交客车，或商用车年行驶里程不足20000km（或年工作时间不足600h）。

WGⅡ类：年行驶里程超过20000km（600h）的各类用途的车辆。

② 保养内容。具体保养根据发动机用途、型号参照各类发动机保养内容，必须使用工程机械生产制造公司专用机油。

(2) 配件规范　工程机械生产制造公司要求用户一定要到工程机械生产制造公司特约维修服务中心购买专用配件及专用机油，以保证您的车辆良好运转并延长使用寿命。

(3) 维护规范　工程机械生产制造公司要求用户一定要到工程机械生产制造公司特约维修服务中心进行首次强保，例行保养或发动机维护。

首次强保：请到就近的工程机械生产制造公司特约维修服务中心更换工程机械生产制造公司专用机油、机油滤芯。

例行保养：请首先确认您的车辆运行工况属于WGⅠ类还是WGⅡ类，根据车辆工况按照上面表格要求到工程机械生产制造公司特约维修服务中心（其中国Ⅲ发动机必须到工程机械生产制造公司蓝擎国Ⅲ特约维修服务中心）进行例行保养。

(4) 零销发动机三包规定　零销发动机三包期限与所装配车辆整车厂家的三包期无关，完全按照工程机械生产制造公司零销发动机三包期限执行。零销发动机不享受工程机械生产制造公司提供的免费强保政策。

2) 再制造机保养、维护规范

(1) 保养规范

① 首保：3000km或50h。

② 例行保养。

卡车：10000km，非道路用车200h。

客车：10000km。

工程机械：按随机保养手册年500h/1500h规定间隔保养。

船电：200h。

具体内容可参照各类用途柴油机保养规范实施。

(2) 配件规范　再制造机三包用配件原则上使用再制造配件。

(3) 维护规范　工程机械生产制造公司要求用户一定要到工程机械生产制造公司特约维修服务中心进行首次强保，例行保养或发动机维护。

首次强保：请到就近的工程机械生产制造公司特约维修服务中心更换工程机械生产制造公司专用机油、机油滤芯。

例行保养：请首先确认您的车辆运行工况属于WGⅠ类还是WGⅡ类，根据车辆工况按照各类用途柴油机具体维护规范到工程机械生产制造公司特约维修服务中心进行例行保养。

（4）再制造机三包规定　再制造发动机三包期限与所装配车辆整车厂家的三包期无关，完全按照工程机械生产制造公司零销发动机三包期限执行，发动机零部件保修标准细则见表4.2。

表 4.2　发动机零部件保修标准细则

序号	零部件	"保修"细则	不予"保修"情况	备注
1	机体、机座	1. 因铸造质量原因造成的砂眼、裂纹等影响使用的 2. 因加工质量原因影响使用的	1. 使用不当造成裂纹或变形的,如缺水、缺油、冻裂、进入异物等 2. 自行处理造成损坏的,如螺纹损坏、装配不当损坏	
2	曲轴	1. 因铸造、锻造,热处理缺陷造成断裂 2. 因加工尺寸超差影响使用 3. 油堵等脱落不能修复	1. 机油标号不符合要求、机油质量差、机油量不足造成的化瓦 2. 因调整离合器等原因造成止推片磨坏曲轴 3. 因用户自行拆装连杆螺栓、主轴承螺栓等造成的曲轴损坏 4. 因使用不当造成的曲轴损坏,如下坡道飞车、严重超载等	
3	飞轮、飞轮齿圈	因质量问题引起的飞轮、飞轮齿圈损坏	1. 更换自行购买的相关零部件造成的损坏 2. 因离合器从动盘原因引起的飞轮表面裂纹、磨损、烧灼等 3. 启动不当引起的齿圈铣齿等	
4	飞轮壳、齿轮室	因铸造、加工原因造成的砂眼、裂纹等	因碰撞、安装不当等造成的损坏	连续发生的需与主机厂沟通
5	缸盖	铸造、加工质量问题导致漏气、漏油、漏水或裂纹、变形的	1. 缺水过热损坏的 2. 冻裂 3. 异物掉入汽缸内损坏的	
6	发电机组底盘	因材质或制造原因造成的损坏	安装、匹配不当或碰撞损坏	现场修复
7	连杆总成	1. 因铸、锻、加工缺陷造成断裂的 2. 正常使用条件下连杆螺栓松动造成的损坏	1. 连杆螺栓松动时出现异响或机油压力突然降低,用户不及时停车造成故障扩大的 2. 因机油不足、失效或标号错误等造成化瓦并导致连杆损坏 3. 用户自行拆装过连杆螺栓,引起螺栓松动造成损坏的	
8	连杆螺栓	质量原因	重复使用等	
9	活塞	1. 因制造原因出现裂纹、断裂的 2. 活塞因裙部、销孔尺寸超差出现敲缸异响	1. 因用户调整不当,供油不均、燃油质量差、喷油嘴雾化不良熔顶、超载烧顶;用错机油、缺水、空滤保养不当造成环槽磨损、断环和拉缸的 2. 因异物掉入引起损坏的	
10	活塞环	材质、加工原因造成的异常磨损、弹力明显下降或断裂的	1. 因用户保养等使用不当致使拉缸或断环、早期磨损、窜气窜油的 2. 缺水高温拉缸致使活塞环断裂的 3. 机油脏或用错机油标号的	仔细检查进气管路是否有短路或密封不严的情况。若有则视为保养、使用不当
11	活塞销	因制造质量引起活塞销损坏的	装配不当等原因造成损坏的	

续表

序号	零部件	"保修"细则	不予"保修"情况	备注
12	缸套	在正常使用情况下出现异常磨损(超出极限范围)、断、裂的	1. 进气脏、缺水、缺油、用错机油等造成的拉缸 2. 严重超载造成拉缸损坏的 3. 湿式缸套使用的冷却介质不符合要求造成穴蚀损坏的	多缸拉缸、严重磨损要重点分析不予保修的第一条
13	连杆瓦、曲轴瓦、凸轮轴瓦	1. 瓦片钢背完好。未用错机油或机油中未发现有水现象而出现合金层局部脱落 2. 出厂时油道堵塞，清洗不干净引起轴瓦损坏，且在5000km(50h)以内的	1. 因机油标号不符、机油脏、缺机油、机滤更换不及时或使用质量差的机滤等原因引起的化瓦 2. 20000km(300h)以上出现烧瓦，合金全部熔化压成薄片，甚至轴瓦的钢背磨损发蓝、发黑、走外圆、相叠抱死曲轴的	
14	止推片	因质量或止推片装配问题引起的磨损、脱落	离合器调整不当，变速箱一轴过长等原因使曲轴受轴向力而造成的损坏	
15	气门	因质量问题造成脱落、断裂的	1. 气门调整不当造成损坏的 2. 异物掉入造成损坏的 3. 空滤器保养不当造成异常磨损的 4. 使用机油不良、长期水温高造成气门烧蚀损坏的	
16	气门弹簧、气门导管	因材制问题造成的失效	因缺机油、长期水温高造成磨损拉伤的	
17	气门座圈	因制造原因引起磨损烧蚀	因使用不当、自行调整引起其他故障的	
18	气门罩	因内在缺陷引起裂纹变形的	自行拆检装配不当、碰撞等造成损坏的	
19	挺柱	因质量问题引起的破碎或磨损	1. 因机油使用不当出现的卡滞、磨损 2. 气门间隙调整不当引起的损坏	
20	挺杆	因质量问题出现早期磨损或弯曲的	因机油不良或气门调整不当引起的磨损和弯曲的	
21	摇臂及轴	因质量问题引起的断裂和磨损	因机油不良或气门调整不当引起的断裂和磨损	
22	WEVB系统	因质量问题引起的失效	因机油不良或气门调整不当引起的失效	
23	各种齿轮	因材制、加工缺陷造成的异常磨损、崩裂	1. 因掉入异物引起齿轮断裂，撞伤的 2. 因缺机油、机油脏磨损的	
24	齿轮轴	因质量问题引起的磨损断裂的	因机油不良引起的磨损断裂	
25	张紧轮	因材制或制造原因造成皮带轮破裂的、轴承散架的	因缺油损坏的	
26	机油泵	齿轮损坏、壳体断裂、转子卡滞、供油不足	机油变质、机油脏、机油标号不符等引起的故障	
27	进排气管	因铸造原因出现的砂眼、裂纹	1. 保养不当造成碰撞断裂的 2. 因改装不当引起法兰根部断裂的	
28	油底壳	因质量原因引起漏油的	碰撞等造成损坏的	
29	前后支架	因制造缺陷引起的断裂	1. 因螺栓松动造成的损坏 2. 因装配、外力等原因造成损坏的	
30	水箱	因质量原因造成漏水的	因外部磕碰造成损坏的	
31	皮带轮、法兰	因材制或制造原因造成损坏或尺寸超差不能使用的	因外部磕碰造成损坏的	

续表

序号	零部件	"保修"细则	不予"保修"情况	备注
32	高压油泵	1. 因质量问题造成损坏或性能达不到要求的 2. 壳体等出现砂眼或裂纹等	1. 因缺机油、机油内有水，不按期保养，错用机油。使用劣质柴油而引起的零件磨损、烧坏的 2. 因自行调整或使用不当引起的故障	
33	油泵支架	因材质或制造原因造成损坏或尺寸超差不能使用的	装配不当等原因造成损坏的	
34	联轴器总成	因质量问题引起的断裂或损坏的	装配不当等原因造成损坏的	
35	喷油器（偶件除外）	因质量问题引起断裂		
36	空压机	1. 因质量问题致空压机各零件损坏的 2. 阀片变形引起密封不严的	1. 因用户保养不当、缺机油、机油脏等引起空压机曲轴、轴瓦、连杆瓦、曲轴瓦磨损的 2. 进气脏引起磨损、漏气、油封漏油的	
37	各类盖板、垫板	因制造缺陷致使断裂的		
38	水泵	因质量问题使水泵水封、轴承、叶轮损坏的	10000km以上，用户不加润滑脂。或皮带安装调整不当而引起的轴、轴承磨损损坏的	
39	机油散热器	因质量原因造成的漏油、破裂	因使用不当引起的冻裂损坏	
40	风扇	因质量原因造成的掉叶、叶片断裂、变形	异物进入或不及时维护造成的碰撞损坏	
41	风扇支架	因质量问题造成的轴承等损坏	缺油等维护不当	
42	凸轮轴	因制造或装配原因造成的凸轮轴断裂、掉块或异常磨损	1. 机油不良或不足造成的损坏 2. 因使用不当，造成飞车引起凸轮轴损坏	
43	油气分离器	壳体裂纹等	因长时间未清洗造成的堵塞	
44	限压阀	因质量问题致失灵	机油脏等造成的失效	
45	转向泵	因质量问题出现的故障	1. 保养不当引起连接螺钉松而损坏的 2. 转向油脏等引起转向泵卡滞	
46	碗形塞	因质量问题造成脱落或损坏的	1. 因使用不当水温高造成的脱落 2. 因所用冷却液不良引起的腐蚀等损坏	
47	减震器	材质问题引起裂纹，内外圈松动的	自行装拆敲打引起的断、裂	
48	曲轴平衡机构	因制造质量原因引起的损坏和失效		
49	后油封	因制造原因引起密封不严的		
50	各类油管、水管等管路、管接头	因质量问题断、裂、密封不严的	碰撞等造成损坏的	
51	节温器	因质量问题卡滞、失灵的		
52	缸垫	因质量问题致缸垫漏水、烧蚀	用户自行拆装造成的损坏	
53	ECU	因产品质量问题不能正常工作的	1. 自行拆卸引起故障的 2. 因受机械外力引起损伤的 3. 插接件因非正常安装或插接而损坏的 4. 因自行修理、改动线束或不当使用电焊造成接错导线而使电控单元损坏的 5. 因紧固螺栓松动未及时拧紧而使电控单元振动加剧导致损坏的 6. 因水浸或油污造成短路而损坏的	利用外接电源等进行改装等焊接时，要把ECU断电

续表

序号	零部件	"保修"细则	不予"保修"情况	备注
54	共轨管	因质量问题造成损坏	因油品不良造成的损坏	
55	高压油管	因质量问题断、裂的	使用或自行安装不当导致断裂的	
56	空滤器本体	因制造原因引起砂眼、气孔、裂纹的	因碰撞、安装不当等造成的损坏	
57	柴滤器本体	因制造原因引起砂眼、气孔、裂纹的	因碰撞、安装不当等造成的损坏	
58	机滤器本体	因制造原因引起砂眼、气孔、裂纹的	因碰撞、安装不当等造成的损坏	
59	消声器	因质量问题引起裂纹、漏气、异响的	因碰撞、安装不当等造成的损坏	
60	分配盘	因质量问题造成损坏		
61	启动阀	因质量问题造成损坏		
62	中冷器	因制造原因引起裂纹、漏水、漏气的	因使用保养不当引起冻裂、损坏的	
63	热交换器	因制造质量引起裂纹、漏水、漏气的	因使用保养不当引起冻裂、损坏的	
64	风瓶	因质量问题造成损坏		
65	启动机	因质量问题引起各零件损坏的	1. 因受潮、操作不当打坏 2. 整车启动开关失灵引起 3. 连续、频繁启动造成启动机损坏	
66	发电机	因质量问题引起各零件损坏的	外部因素或使用保养不当造成短路、断路或损坏的	
67	机油压力传感器	因质量问题失灵的		
68	水温感应塞等各类传感器	因质量问题工作不良或失灵	1. 自行维修不当造成损坏 2. 因受机械外力引起损伤的 3. 传感器插接件因线束非正常安装或插接而损坏的	
69	加速踏板	因质量问题工作不良或失灵	1. 自行维修不当造成损坏(如断、裂) 2. 外部线路短路等非控制系统引起的烧坏	
70	线束	因产品质量问题不能工作的	1. 自行拆卸引起故障的 2. 因改变安装而导致的非正常磨损和损坏的 3. 束上的插接件因线束非正常安装或插接而损坏的	
71	电磁阀	1. 因质量问题线圈烧坏 2. 电磁阀打开开度不够 3. 街头等非人为断、裂	1. 接头等人为造成断、裂 2. 外部线路短路等非控制系统引起的烧坏	
72	前油封及其他各类油封	因质量问题引起前、后油封损坏致漏油的	1. 因油质太差引起的漏油 2. 因自行拆卸而造成油封化伤或损坏的	
73	增压器	因制造质量问题引起增压器损坏、漏油、漏气的	1. 因保养不当,连接螺钉松动引起增压器震裂的 2. 因机油脏、缺机油等引起增压器损坏的 3. 因进入异物导致叶轮打坏的 4. 因使用不当如长时间急速、急速停车等原因造成的漏油等 5. 进气管路短路或保养不当造成进气脏等致使增压器漏油等故障	

续表

序号	零部件	"保修"细则	不予"保修"情况	备注
74	增压器垫	因质量问题密封不严或失效的		
75	进排气管垫	因质量问题密封不严或失效的		
76	气门罩垫	因质量问题引起密封不严的		
77	橡胶软管	质量原因造成开裂、破损的		
78	回油软管、增压补偿管	因质量问题断、裂的	自行安装不当或碰断的	
79	输油泵	因质量问题造成漏油、失效的	柴油脏等原因造成的磨损等	
80	集滤器	因质量问题脱焊、断裂的	因受外力损坏的	滤网除外
81	防水、油胶圈	因胶圈质量、机器胶圈位置倒角不合格或毛刺、装配不当引起漏油漏水的	因使用问题造成高温损坏的	
82	怠速提升装置	因质量问题引起损坏的		
83	硅油离合器	因质量问题引起损坏的		
84	火焰预热装置	因质量问题引起损坏的		
85	仪表	因质量问题引起损坏的	因使用不当引起的烧坏、失灵	
86	电调	因质量问题引起损坏的	因使用不当引起的烧坏、失灵	

4.4 三包服务费用结算管理办法

为充分调动和发挥各特约维修服务中心的工作积极性，提高售后服务质量，满足用户要求，根据企业实际情况特制定三包服务费用结算管理办法。

1）术语

①《处理单》：《工程机械生产制造公司售后服务处理单》（附表3）。

②《故障件返回清单》：服务信息系统自动生成《故障件返回单明细》（附表21）。

③《销售服务卡》：《工程机械生产制造公司产品售后服务卡》（附表5）。

④《强保单》：《工程机械生产制造公司工程机械发动机强保单》（附表6）。

⑤《强保内容》：《工程机械生产制造公司工程机械发动机强制保养作业内容》。

2）返回单据内容与时间的规定

① 特约维修服务中心（含客车式、船机）、工程机械生产制造公司维修服务中心返回内容：

a.《处理单》第一联：包括已发生和未发生故障件的《处理单》第一联。

b."三包"故障件。

c. 服务信息系统自动生成的《故障件返回清单》。

d. 服务信息系统自动生成的《特约维修服务中心服务费用统计报表》（附表24）。

e.《维修服务中心服务费用汇总报表》。

f. 特约维修服务中心开具的服务费用发票。

g. 维修费业务联系书及转款协议。

时间：在每单月份的规定日期前到达工程机械生产制造公司客户服务中心。

② 自销自包式特约维修服务中心、工程机械生产制造公司维修服务中心返回内容：

a.《处理单》第一联：包括已发生和未发生故障件的《处理单》第一联。

b. 服务信息系统自动生成的《故障件返回清单》。

c. "三包"故障件。

d.《销售服务卡》。

e.《维修服务中心服务费用汇总报表》。

f. 服务信息系统自动生成的《特约维修服务中心服务费用统计报表》，此报表分结算单台服务费用报表、只结算配件费用报表两种。

g. 特约维修服务中心开具的服务费用发票。

h. 维修费业务联系书及转款协议。

时间：在每月份的规定日期前到达工程机械生产制造公司客户服务中心。

③ 为了更好地加强服务管理，实现售前、售中、售后全方位服务，对于客户服务中心安排的走访、培训、重大问题处理等临时性服务，可以凭客户服务中心签发的售后服务临时派工单，核算到当月服务费用汇总报表上（带车走访、培训的，核算路程补助、差旅费，不再核算通信费及工时费；不带车的，只核算单人差旅费和实际车票费用，并附上售后服务临时派工单）。

3) 结算标准

① 结算原则：特约维修服务中心按《特约维修服务中心管理手册》规定执行。

② 天数限制：一般情况下，一般故障按1人次1天计算；中修按1人次2天计算，大修按1人次6天计算。

4) 费用核算管理流程

(1) 各特约维修服务中心要按时将三包故障件等返回工程机械生产制造公司客户服务中心鉴定部，鉴定部管理员核对故障件的相符情况，及时把收到的故障件信息反馈给维修服务中心。由维修服务中心通知特约维修服务中心，给予进行服务费用核算或扣款处理，特约维修服务中心在接到故障件接收信息后，若存在异议，应及时向维修服务中心或客户服务中心反馈。

(2) 工程机械生产制造公司维修服务中心、客户服务中心要检查特约维修服务中心的服务情况，由客户服务中心按照费用核算标准进行网上核算。统计汇总服务费用，服务信息系统自动形成《特约维修服务中心服务费用统计报表》，维修服务中心经过核对并与三包故障件一并清点确认无误后进行系统内网上提交，然后通知特约维修服务中心按照核对后的结算费用金额，向工程机械生产制造公司开具"维修费"发票或"劳务费"发票以及"配件"发票，以维修服务中心为单位收齐辖区内特约维修服务中心的发票，与《特约维修服务中心服务费用统计报表》（见附表24）、《维修费业务联系书》（见附表25）一起，每月固定时间内寄到客户服务中心，客户服务中心进行稽查核对后，转财务。财务稽核后，按《维修费业务联系书》每单月月底前给特约维修服务中心兑付（特殊情况除外）。

(3) 特约维修服务中心发生的三包故障件，必须在规定时间内把旧件返回（填写附表23《旧件返回单》）总部，索赔管理员根据故障件返回情况，通过服务信息系统对服务检修单进行核查，对服务的准确性进行认定，对不符合要求的维修服务单或服务费用核算有误的检修单，进行清理备注说明。以特约维修服务中心为单位计算出费用差异。通知维修服务中心及特约维修服务中心，在下一个费用结算周期进行费用更正（附表26）。

(4) 服务费用50%以内可根据服务站要求兑付现金。对工程机械服务站确为现款从渠道内采购油备品的，需经驻外中心主任确认并提供采购发票复印件按实付现。

5) 费用核算规定

(1) 社会式三包服务费用结算办法

① 外出服务费：差旅费＋路程费＋工时费＋通信费。

a. 差旅费。将全国分为三类地区，一类地区（北京、上海、天津、广东、福建、浙江、西藏、青海、四川青藏高原部分）100元/天，二类地区（新疆、内蒙古、甘肃、宁夏、海南、四川、重庆、贵州、云南、广西、东北三省每年12月到次年2月）90元/天，三类地区（一、二类以外的地区）80元/天。外出服务时，小于5个工时且单程30km以内，不核算差旅费。

b. 路程费。将全国分为三类地区，一类地区（北京、上海、天津、广东、福建、浙江、西藏、青海、青藏高原部分）2.2元/km，二类地区（新疆、内蒙古、甘肃、宁夏、海南、四川、重庆、贵州、云南、广西、东北三省每年12月到次年2月）2元/km，三类地区（一、二类以外的地区）1.8元/km。不带车服务1元/km。

c. 工时费。未发生换件时。在站内服务结算2个工时，外出单程30km以内的（含30km）结算4个工时，外出单程30~100km结算6个工时，100km以上结算8个工时。将全国分为三类地区，一类地区（北京、上海、天津、广东、福建、浙江、西藏、青海、四川青藏高原部分）25元/工时，二类地区（新疆、内蒙古、甘肃、宁夏、海南、四川、重庆、贵州、云南、广西、东北三省每年12月到次年2月）22元/工时，三类地区（一、二类以外的地区）20元/工时。工时定额参照附表27.1~附表27.9《各系列柴油机三包维修工时定额表》，此定额表所列定额费用包含维修时需要的辅料费用。

符合下列条件的按照一类地区30元/工时，二类地区26元/工时，三类地区24元/工时。

ⅰ. 工程机械生产制造公司承担首保费用的产品，按平均三包期一年内4次保养计算出所需工程机械生产制造公司专用机油及三滤数量，每个结算期备品公司将特约维修服务中心采购量报客户服务中心，达到要求的方可对首保费及工时费按照高标准结算。

ⅱ. 备件、油品储备合理，结算期内未出现紧急调拨。

ⅲ. 结算期内无客户有效投诉。

② 其他费。

a. 通信费：15元每处理一起故障。

b. 故障件发运费凭有效票据为准进行结算。

③ 对于违规服务或服务失误造成的重复服务，无故障件或故障件判断错误的不予核算费用，还要根据考核办法进行处罚。

④ 属用户使用保养方面的维修服务，如调整气门、更换柴、机油滤、空滤、紧皮带等，限制长距离（50km外）服务，吊车保养等可以外出服务，客车保养集团客户集中保养可以外出服务，其他情况下需经工程机械生产制造公司维修服务中心同意。

⑤ 同一台机器不能发生两次以上（包括两次）维护保养方面的服务：包括调气门、紧皮带、油路脏、气路脏（空滤堵、柴油滤脏等）。

(2) 自销自包式三包服务费用结算办法 凡属自销自包性质的特约维修服务中心，每台WD615、226B系列工程机械发动机的三包服务费用按照一般地区和边远地区予以核算费用,具体见表 4.3。

表 4.3 工程机械发动机的三包服务费用核算

服务费用/(元/台)	WD615	226B
一般地区	700	500
边远地区	1000	700

① 为充分调动和发挥各特约维修服务中心的工作积极性,提高售后服务的质量,同时满足以下条件每台结算时增加 100 元。

a. 工程机械自销自包特约维修服务中心销售的工程机械生产制造公司产品,按 4 次保养计算出所需工程机械生产制造公司专用机油及三滤数量,每月备品、油品公司将特约维修服务中心采购量报客户服务中心,按量计算,达到规定值。

b. 备件、油品储备合理,结算期内无紧急调拨。

c. 无用户有效投诉。按照一般地区和边远地区分别兑现,以《销售服务卡》为准。特约维修服务中心要及时将《销售服务卡》提交所属工程机械生产制造公司维修服务中心并按时录入服务系统中。由维修服务中心稽核、网上服务系统中统计汇总后,报客户服务中心办理费用核算。

② 自销自包单位售出的装有工程机械生产制造公司产品的整机。要求按规定进行强制保养,每次强制保养做完后,填写手工《强保单》(可以用《服务单》代替),然后上网提交强保单;将《强保单》第一、二联分别整理,寄交所属辖区工程机械生产制造公司维修服务中心进而报客户服务中心办理费用核算和存档。

③ 自销自包单位售出的产品,在出现故障后,没有自行派员处理,而由工程机械生产制造公司维修服务中心(包括特约维修服务中心,但不包括自销自包特约维修服务中心)派员进行维修服务的,需由销售单位提出书面申请并经所属维修服务中心签字认可后,以实施服务的单位填写的《处理单》为准,由工程机械生产制造公司驻外维修服务中心按规定进行费用核算,但该费用按照实际额或按单位服务费用从自销自包单位的服务费中扣除,如发现未按上述规定执行的,将按有关处罚条例对维修服务中心进行严肃处理。

④ 因车辆不在本区域内施工,需将服务转出的,必须提前通知所属维修服务中心和客户服务中心转出,如机器出现故障后再办理转出手续,除扣除本台机器的自销自包费用外,还要扣除本次故障的服务费。

⑤ 其他规定。

a.《强保单》一式四联,第一联由工程机械生产制造公司驻外维修服务中心稽核后报客户服务中心留存;第二联由强保单位留存;第三联由用户留存;第四联工程机械生产制造公司驻外维修服务中心留存(凡未做完全部强保内容的,一律视为无效)。

b. 工程机械生产制造公司客户服务中心负责监督稽查工作,凡发现违规和弄虚作假行为的,要如实上报。按照有关处罚条例严肃处理。

c. 对出现违规和弄虚作假行为的,对维修服务中心主任、责任人和相关责任单位处以罚款、黄牌警告、解除劳动合同、取消合作关系等处罚。

d. 其他有关奖惩措施参照《特约维修服务中心管理手册》有关规定执行。

(3) 船机及发电机组调试费用结算办法 代理商在接到客户新机调试的要求时,应及时安排人员按规范进行调试,调试完毕后填写《售后服务处理单(船机新机调试单)》,并经客户签字认可方可结算费用。代理商新机调试费用：WD615、WD618、6160、6170、8170机船用、发电机组新机调试费用为200元/台；CW200柴油机船用、发电机组调试费用400元/台；226B六缸柴油机船用、发电机组新机调试费用为150元/台；226B三、四缸柴油机新机调试费用100元/台；船用发电机组调试在船机调试费的基础上每台增加100元；通信费及信息费每台15元；不再核算其他费用；发电机用单机不核算调试费用。

(4) 借调特约维修服务人员的费用结算办法　为搞好工程机械生产制造公司配套厂内的服务，相关驻外中心可以根据实际服务工作需要，从当地特约维修服务中心临时借调服务人员到配套厂内帮助现场服务，按照以下程序进行借调并办理服务费用核算。

① 驻厂项目借调特约维修服务人员的条件。

a. 厂内借聘人员。每月卡车装配超过200台、工程机械超过100台、客车超过50台，允许聘用人员1名或根据实际情况聘用。

b. 主机配套厂内现有服务人员满足不了服务要求。

c. 特殊情况，需要临时进行借调的。

② 借调特约维修服务人员必须满足的条件。

a. 热爱工程机械生产制造公司、关心工程机械生产制造公司，把工程机械生产制造公司的工作看成是自己的工作，把自己看成是工程机械生产制造公司的一员。

b. 能够按照工程机械生产制造公司的各项管理制度、服务规范要求实事求是地填写各种单据并开展工作，全心全意为工程机械生产制造公司搞好服务。

c. 服从工程机械生产制造公司驻厂项目人员的管理。

d. 是所在特约维修服务中心的技术骨干，能够熟练检修柴油机，并能够进行故障分析排除。

③ 借调特约维修服务人员的程序。

a. 所在项目主任提前逐项填写《特约维修服务人员临时借调人员申请表》(附表16)。

b. 传真到客户服务中心，由客户服务中心经理进行审批。

c. 审批完成后，方可办理借调手续（未经审批或审批完成前发生的借调，工程机械生产制造公司一律不予认可，所产生的一切费用均视为无效并按照弄虚作假违规行为处理）。

④ 借调特约维修服务人员费用核算的有关规定。

a. 每次借调人员最长周期为1个月，逾期将重新办理手续。

b. 被借调人员在驻厂服务期间，要每天填写《临时借调服务人员工作日志》(附表17)，借调结束后，将全部《工作日志表》由维修服务中心服务管理员、主任分别签字认可后，进行汇总统计，并将服务时填写的《处理单》上网提交工程机械生产制造公司维修服务中心，工程机械生产制造公司维修服务中心给予核算服务费用，将《处理单》第一联附到经审批过的《特约维修服务人员临时借调申请表》上，由工程机械生产制造公司维修服务中心按照规定费用核算周期返回客户服务中心审核后兑现费用。

c. 维修核算标准。临时借用特约维修服务人员服务费用由差旅费+交通费组成；交通费按照每天×元计算；厂内服务不再计算工时费和通信费等其他费用。

(5) 开具服务费用发票要求

① 为降低企业税负，对于具有一般纳税人资格的企业必须开具增值税专用发票，其他单位应尽可能到税务局开具增值税专用发票。

② 发票开具后必须后附业务联系书，否则不予支付费用。

课后习题

1. 工程机械的三包服务的原则?
2. 发动机保养和维护规范?
3. 三包服务费用结算管理办法?
4. 借调特约维修服务人员的管理及费用结算办法?

5 工程机械生产制造公司故障件中心库管理办法

> **学习目标**
> - 掌握故障件的接收和鉴定办法
> - 掌握故障件的包装和运输方法
> - 了解故障件产生阶段
> - 掌握故障件返回流程图

通过对故障件中心库的管理，可以合理配置资源，加强对售后服务"三包"故障件的管理，缩短故障件返回周期。提高故障件返回的整体质量，有效减少供应商抱怨，有效控制和降低管理成本。

故障件中心库通过设置故障件专用仓库。安排专人负责管理，故障件的管理要等同于新件。同时负责按照规定时间对辖区内各服务站售后服务返回的故障件进行回收、鉴定、入库管理。把鉴定合格的故障件分类包装，按时返回客户服务中心鉴定部。并在售后服务系统内对故障件接收情况进行系统操作。对故障件信息的收集、反馈。对接收到故障件的真实性负责，对收到故障件和返回故障件的一致性负责。

5.1 管理细则

1) 接收和鉴定

提倡维修站送货至故障件中心库当面交接，故障件中心库接收维修站返回的故障件，发现问题应及时联系责任维修站解决并办理好交接手续。确认接收后，由故障件中心库对返回的故障件负责。

(1) 故障件鉴定标准　特约维修服务中心在三包服务结束后应立即把更换下的三包故障件拴挂《三包故障件标签》入库存放。故障件标签、故障件返回单和处理单的各项内容填写完整，准确，清晰可辨。有编号的总成件、自制件，必须在《售后服务处理单》和系统报告单上完整填写编号。入库前，三包故障件失效部位，如砂眼、裂纹等处以及供应商标识位置必须用油性笔或油漆标记清楚。手工处理单的装订顺序应与故障件返回单上报告单号的顺序一致。确认返回的故障件是否为工程机械生产制造公司配套产品。并依据《故障件返回单》（附表21）清点、核对故障件。要求故障件标签、单据的各项内容与故障件必须完全相符。故障件必须在结算周期内按时返回。总成故障件的部件不允许拆卸作它用，不得有非故障原因的缺损，更换下的三包故障件必须完整，杜绝拆散、缺件和拼凑现象。

(2) 不合格项的控制　对于检查出的不合格项在《故障件返回单》注明和服务系统内备注。故障件不符合鉴定标准，填写《特例故障件统计表》，影响对供应商索赔的，经确认无误由责任维修站认可后单独库存备查。不合格故障件信息定时反馈客户服务中心、维修站。

（3）重大故障起因件的控制　对于重大故障及金额较大的起因件应单独分检出，必须单独包装，标注。起因件的故障部位如裂纹、砂眼及零件标识位置，鉴定后应做好标记。

（4）改制件及返厂鉴定件的控制　所有改制件和返厂鉴定件必须带有原包装，并在外包装注明返厂原因。要求维修站及办事处在改制件更换前必须做好改制件处理方案。鉴定件返回前必须确定接收和鉴定人员，返回后由鉴定部暂存。

2）库存管理

三包故障件的返回与服务费的结算同步进行。结算周期内产生的三包故障件、相关单据必须在费用结算开始之日起20天内发出，下一个结算周期结束前三包故障件仍未返回的，将停止兑现服务费用。

入库前对故障件做好清洁，去杂质，放油。设立进、出库台账。对故障件按照维修站分类保管。分站建账。故障件保管时做好防锈蚀、防磕碰、防盗措施，对故障件的安全负责。

3）包装和运输

（1）中心库有责任对发运的故障件提供可靠的包装，运输时小件必须装箱。包装前，驻外中心和特约维修服务中心应认真核对应返三包故障件并将核对结果录入系统，然后打印《三包故障件返回单》报表，返回三包故障件的厂家、件号、零件编号、故障模式等信息必须与《三包故障件返回单》、《售后服务处理单》及三包故障件标签的记录完全一致。体积较大的三包故障件，如机体、曲轴等可以不必包装（包装外按以下格式标注，并在故障件确认单上注明"维修站名称-此站总件数-此为第几件"。例：×××站，共10件。在外包装上注明"×××站 10-1，10-2，…，10-10"）。

（2）鉴定件和改制件返回时必须使用原包装并在包装外进行标注。

（3）重大故障起因件必须单独包装，标注。国Ⅲ燃油系统、电气件（喷油器、共轨泵、电控单元、共轨管、线束、传感器等）必须带有单独包装和防尘帽，防止磕碰伤。

（4）发运前必须规范填写《故障件发运确认单》并传真和邮件通知鉴定部。所有返回件（包括三包故障件和技术更改换件），必须附带系统内打印的《三包故障件返回单》、《售后服务处理单》和《三包故障件标签》，所有单据各项内容填写必须完整，《售后服务处理单》应按照《三包故障件返回单》上报告单号的排列顺序装订成册。《售后服务处理单》、《三包故障件返回单》必须由维修站负责人签字并加盖公章，办事处主任及业务经办人签字认可后方为有效，运输时相关单据应做好防护，妥善放置，包装外注明内有清单。

（5）发运时应提前结清运费并采取送货上门的托运方式。尽量不要转运，收货人不要写个人姓名。

（6）返回客户服务中心鉴定部的全部故障件，其标签应悬挂牢固，标签、维修记录单应清洁干净，内容清晰可见，清单上记录的全部故障件应与返回的故障件实物相符合。

（7）故障件的运输应选择正规、信誉良好的物流公司。

4）三包故障件的验收

鉴定部接收到三包故障件后根据《工程机械生产制造公司发动机售后服务"三包"故障件托管协议》（附件3）、《三包故障件返回清单》对三包故障件进行验收、鉴定。

具体验收内容包括：

三包故障件的包装；三包故障件及相关单据返回的及时性；单据填写的规范性，报告单是否按照要求装订；三包故障件的数量、供应商、零件编号和故障模式等信息的真实性、与单据的一致性。

鉴定合格后三包故障件入库存放，不合格三包故障件留存 7 天，责任维修站如有异议，可以在 7 天内申诉。

鉴定工作结束后，鉴定部将鉴定结果录入系统，出具《故障件返回评估报告单》(附表 18)，核算部根据鉴定结果核算费用，索赔部开具索赔单。驻外中心和特约维修服务中心应及时登录系统，查看三包故障件接收结果。为降低运营成本，提高工作效率，原回执不再邮寄。故障件的返回流程如图 5.1 所示。

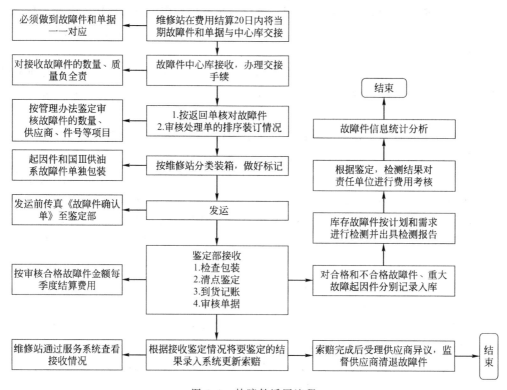

图 5.1 故障件返回流程

5.2 故障件产生及处理

为了明确故障件是如何被损坏、有没有被修复的可能，了解最基本的工程机械故障产生原因以及诊断方法是十分必要的。

1) 工程机械故障产生的阶段及特点

(1) 工程机械使用初期阶段的故障特点 工程机械在使用初期（相当于走合期）其故障率是由高到低（降曲线），使用初期故障率高低与制造或维修质量和走合时期的使用有关。如果工程机械制造或修理质量高，并能正确地使用与维护，那么，初期故障率就低，否则早期故障率会高。早期故障多是连接螺栓松动或松脱；管道接头松动或松脱；残留金属屑或铸造砂易堵塞油道或夹在相对运动摩擦中拉伤机件（如液压系统中的执行机构油缸）造成漏油，调整后的间隙或压力发生变化，使机件不能执行规定能力，有些接合因螺栓不紧而漏水、漏油、漏气等。

(2) 工程机械正常使用阶段的故障特点　工程机械走合期结束后，进入正常使用阶段。工程机械在这个阶段内运行，只要按规定维护和正确使用，一般不会发生故障，即便发生故障，也是随机性的故障（这种故障具有隐蔽性，维护或检查中不易发现），所以故障率很低，曲线平缓微升。如果工程机械在正常使用期内发生故障，多属偶然性的或因使用、维护不当所致。

(3) 工程机械使用接近大修期阶段的故障特点　当工程机械使用接近大修期时，各部件损耗增大，技术状况恶化。这个阶段的故障特点是故障率高，而且普遍，多数是因磨损过甚和零件老化所造成，油路中的堵、漏、坏现象出现较多。

(4) 不同季节工程机械的故障特点　工程机械故障率的高低与季节有关。冬季低温使用机械时，故障率高于夏季。例如，燃料供给系在冬季常因气温低，雾化不良；燃油易凝固发生油路堵塞而不易启动或发动机运转时熄火；润滑油流动性差，加速了机件磨损；蓄电池漏电，造成发动机不易启动、制动不可靠、液体传动不正常等。

2) 工程机械故障的经验诊断

诊断就是通过故障现象，判断产生故障的原因及部位。诊断可分为主动诊断和被动诊断。主动诊断是指工程机械未发生故障时的诊断，即了解工程机械的过去和现在的技术状况，并能推测未来变化情况。被动诊断是指对工程机械已经发生故障后的诊断，是确诊故障产生的原因和部位。

诊断方法一般可分为两种：一种是人工直观诊断，另一种是用设备诊断。这两种诊断方法都是在不解体或拆下个别小的零件的条件下，来确定工程机械的技术状况，查明故障的部位及原因。

由于工程机械施工时，其施工现场一般远离修理厂所，如在施工现场出现故障，往往不具备利用设备诊断的条件，这就需要维修人员凭借丰富的经验或借助于简单工具、仪器，以听、看、闻、试、摸、测、问等方法来检查寻找故障。

(1) 听：根据响声的特征来判断故障。

辨别故障时应注意异响与转速、温度、载荷以及发出响声位置的关系，同时也应注意异响与伴随现象。这样判断故障准确率较高。例如，发动机连杆轴承响俗称小瓦响，它与听诊位置、转速、负荷有关，伴随有机油压力下降，但与温度变化关系不大；发动机活塞敲缸与转速、负荷、温度有关，转速、温度均低时，响声清晰，负荷大时，响声明显；气门敲击声与温度、负载无关。异响表征着工程机械技术状况变化的情况，异响声越大，机械技术状况越差。老化的工程机械往往发出的异响多而嘈杂，一时不易辨出故障。这就需要我们平时多听，以训练听觉，不断地熟悉工程机械各机件运动规律、零件材料、所在环境，只有这样才能较准确地判断出故障。

(2) 看：直接观察工程机械的异常现象。

例如，漏油、漏水、发动机排气的烟色，以及机件松脱或断裂等，均可通过察看来判别故障。

(3) 闻：通过用鼻子闻气味判断故障。

例如，电线烧坏时会发出一种焦糊臭味，从而根据闻到不同的异常气味判别故障。

(4) 试：就是试验。

有两个含义：一是通过试验使故障再现，以便判别故障；二是通过置换怀疑有故障的零部件（将怀疑有故障的零部件拆下换上同型号好的零部件），再进行试验，检查故障是否消除。若故障消除说明被置换的零部件有故障。应该注意的是,有些部位出现严重的异响时,不应再做故障再现试验(例如,发动机曲轴部分有严重异响时,不应再做故障再现试验),以免发生更大的机械事故。

(5) 摸:用手触摸怀疑有故障或与故障相关的部位,以便找出故障所在。

例如,用手触摸制动鼓,查看温度是否过高,如果温度过高,烫手难忍,便证明车轮制动器有制动拖滞故障;又如,通过用手摸液压油管的振动再结合听液压系统的噪声便可判断系统内有气等。

(6) 测:是用简单仪器测量,根据测得结果来判别故障。

例如,用万用表测量电路中的电阻、电压值等,以此来判断电路或电气元件的故障。又如,用汽缸表测量汽缸压力来判断汽缸的故障。

(7) 问:通过访问驾驶员来了解工程机械使用条件和时间,以及故障发生时的现象和病史等,以便判断故障或为判断故障提供参考资料。

例如,发动机机油压力过低,判断此类故障时应先了解出现机油压力过低是渐变还是突变,同时还应了解发动机的使用时间、维护情况以及机油压力随温度变化情况等。

如果维护正常,但发动机使用过久,并伴随有异响,说明是曲柄连杆机构磨损过甚,各部配合间隙过大而使机油的泄漏量增大,引起机油压力过低。如果平时维护不善,说明机油滤清器堵塞的可能性很大。如果机油压力突然降低,说明发动机润滑系统油路出现了大量的漏油现象。

3)故障处理服务场景

① 客户来电召请,售出的设备出现问题需请销售商处理。

② 销售商的客服代表下达维修服务订单,服务工程师现场服务并拍摄故障照片,如图5.2所示。

图 5.2 问题报告图文并茂

③ 服务完成之后报完工，代理商服务助理提交技术服务信和索赔申请报告，并分别由服务经理审批、服务代表审批、服务区域经理审批等。

④ 营销部根据结论，分清理赔、付费对象，系统自动按对象结算费用。

处理程序如图 5.3 所示。

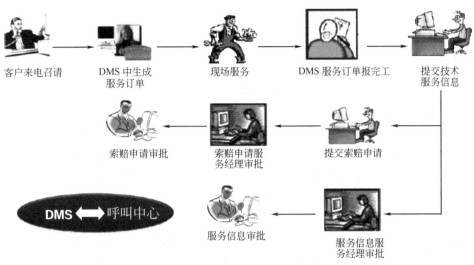

图 5.3 故障发生处理程序

5.3 故障件管理费用结算

1) 故障件管理费用结算标准

故障件管理费用结算标准如表 5.1 所示。

表 5.1 故障件管理费用结算标准

项目	费用	结算方式	考核方式
1	库房费	当期故障件返回额×0.5%	应付故障件管理费=（场地租赁费+运杂费+装卸费+包装费+工人工资）－考核扣款
2	运杂费	当期故障件返回额×0.45%	
3	装卸费	当期故障件返回额×0.2%	
4	包装费	当期故障件返回额×0.65%	
5	人工工资	当期故障件返回额×0.5%	
6	考核扣款	按《考核明细》考核	

其中：新疆、西藏、内蒙古、青海、宁夏、甘肃、云南、贵州等边远地区的运杂费按照当期返故障件金额乘以相应系数核算。

2) 故障件管理费用结算方式

（1）每年度总费用分四次支付，每个季度末支付一次，每季度支付的费用总额，以当季度返回客户服务中心的故障件审核后的金额为基准计算。费用支付日期为次季度第一个月的 20 日之前。结算前扣除结算期内考核扣款。只核算当期故障件，并且核算时去除不合格故障件的金额，非当期故障件（滞返部分）、违规故障件价值不予计入费用基数，并进行考核扣款。

（2）每季度第一个月的 10 日前，客户服务中心鉴定部根据上季度返回故障件费用的审核情况，填写《故障件管理费结算通知单》（附表 22），通知各故障件中心库开具运输费（仓储费）发票（增值税），于当月规定日期前由办事处审核后，寄回客户服务中心报销（附表 20）。

5.4 考核

除按照《特约维修服务中心奖罚细则》考核外，进行以下扣款考核。

1）对维修站的考核

弄虚作假，恶意索赔。上报客户服务中心核实后，不予核算配件费和服务费，并处以故障件金额 10 倍罚款。故障件不规范造成无法索赔的，上报客户服务中心，经核实不予核算配件费和服务费。故障件丢失的不予核算配件费和服务费。总成件、自制件未按要求填写零件编号的，每项扣款 100 元。如后期造成索赔困难，扣除相应费用。

2）对故障件中心库的考核

故障件实际厂家与维修记录上所填厂家不符的，每项扣款 100 元。故障件如未在结算周期内返回，故障件价值不予计入费用基数，并给予故障件价值 0.1% 的处罚。库存管理，要求账目清晰，交接手续齐全。如出入库清单无相关责任人签字或交接手续不全，发现一次，按照所涉及金额的 10% 进行处罚，并承担相关责任。

包装和运输：要求包装规范，入库的故障件与返回客户服务中心的故障件保持一致。故障件丢失或故障件磕碰伤，影响到索赔的，扣除相关故障件的全部费用。弄虚作假，恶意索赔，违规故障件价值不予计入费用基数，处以违规故障件金额 5 倍罚款。单据管理不规范每次处罚 500 元。各类报表信息及时反馈，如不及时每次处罚 500 元。

课后习题

1. 故障件的接收和鉴定办法？
2. 故障件的包装和运输方法？
3. 故障件返回流程图？

6 配件的经营与管理

> **学习目标**
> - 了解工程机械生产制造公司配件销售系统的构成
> - 掌握配件进货选择、进货量控制与采购方式
> - 掌握配件盈亏测算
> - 了解配件售后及代理商的配件营销

配件销售管理的宗旨是为规范工程机械生产制造公司配件市场，维护代理商、终端用户利益。全面树立工程机械生产制造公司品牌配件形象，打击假冒伪劣行为。建立方便客户的配件支持平台，全面提升工程机械生产制造公司服务产业化水平。

6.1 工程机械生产制造公司配件销售系统

1）工程机械生产制造子公司配件销售系统的构成

工程机械生产制造公司子公司按照工程机械生产制造公司营销政策对备品资源网络进行规范管理，实现与国际化接轨。

工程机械生产制造公司子公司：主要负责工程机械生产制造公司生产用外协零部件采购执行。负责工程机械生产制造公司社会销售配件的统一采购。负责工程机械生产制造公司社会销售配件的统一销售及规范管理。

工程机械生产制造公司客户服务中心：负责服务配件渠道政策制定及管理。

工程机械生产制造公司驻外办事处：负责对辖区内的工程机械生产制造公司配件中心库、维修站、专卖店、社会代理商配件业务进行规范管理。

工程机械生产制造公司配件区域总代理（中心库）：专营工程机械生产制造公司品牌配件，负责区域内工程机械生产制造公司配件的配送业务。

工程机械生产制造公司配件代理商（维修站、专卖店、社会代理商）：负责向辖区内的终端客户提供工程机械生产制造公司配件。工程机械生产制造公司原则上不接待终端用户，如接到终端用户信息，及时转到相应辖区内的配件代理商处办理相关配件业务。

2）工程机械生产制造公司配件专卖店的推广设立

为树立品牌配件形象，打击假冒伪劣行为。工程机械生产制造公司配件销售网络建设的重点为大力发展真正专营的形象设计统一的工程机械生产制造公司（授权）配件专卖店。

设立的原则：
(1) 在条件成熟的地区设立。
(2) 要求专卖店设在汽配城，每个汽配城只设一家。

宣传专卖店信息将在以下资料中刊登：
（1）工程机械生产制造公司发动机出厂资料中的用户手册。
（2）工程机械生产制造公司网站中的配件销售网络表。
（3）全国范围发放的工程机械生产制造公司品牌配件宣传推广资料。

设立单位向办事处提出申请，经办事处、备品公司考察符合条件后，签订授权协议，发放形象设计光盘。

具体要求：
（1）专卖店初期投入配件库存资金应不少于 100 万元，特殊区域视具体情况适当降低。
（2）必须真正专营工程机械生产制造公司配件，绝不经营副厂件。
（3）店面位置及面积经考察通过。
（4）与经营其他厂家发动机配件业务严格分离。
（5）专卖店内外形象必须按"统一形象要求"装修。

6.2　配件经营企业进货点的选择和进货量的控制

1）进货点的选择

目前配件经营企业选择进货时间大多采用进货点法。确定进货点一般要考虑三个因素：
（1）进货期时间，进货期时间是指从配件采购到做好销售准备时的间隔时间。
（2）平均销售量，平均销售量是指每天平均销售数量。
（3）安全存量，安全存量是为了防止产、销情况变化而增加的额外储存天数。按照以上因素，我们可以根据不同情况确定不同的进货计算方法。

在销售和进货期时间固定不变的情况下，进货点的计算公式如下：

$$进货点 = 日平均销售量 \times 进货期时间$$

在销售和进货时间有变化的情况下，进货点的计算公式如下：

$$进货点 = (日平均销售量 \times 进货期时间) + 安全存量$$

进货点可以根据库存量来控制，当库存配件下降到进货点时就组织进货。

2）进货量的控制

进货量的控制方法有定性分析法和定量分析法。

（1）定性分析法

① 按照供求规律确定进货量。

a. 对于供求平衡、供货正常的配件，应采取勤进快销，多销多进，少销少进，保持正常周转库存。计算进货量的方法是：根据本期的销售实际数，预测出下期销售数，加上一定的周转库存，再减去本期末库存预算数，从而计算出每一个品种的下期进货数。

b. 对于供大于求，销售量又不大的配件，要少进，采取随进随销，随销随进的办法。

c. 对暂时货源不足，供不应求的紧俏配件，要开辟新的货源渠道，挖掘货源潜力，适当多进，保持一定储备。

d. 对大宗配件，则应采取分批进货的办法，使进货与销售相适应。

e. 对高档配件，要根据当地销售情况，少量购进，随进随销。

f. 对销售面窄，销售量少的配件，可以多进样品，加强宣传促销，严格控制进货量。

② 按照配件的产销特点确定进货量。

a. 常年生产、季节销售的配件，应掌握销售季节，季前多进，季中少进，季末补进。

b. 季节生产、常年销售的配件，要掌握销售季节，按照企业常年销售情况，进全进足，并注意在销售过程中随时补进。

c. 新产品和新经营的配件，应根据市场需要，少进试销，宣传促销，以销促进，力求打开销路。

d. 对于将要淘汰的车型配件，应少量多样，随销随进。

③ 按照供货商的远近确定进货量。本地进货，可以分批次，每次少进、勤进；外地进货，适销配件多进，适当储备。要坚持"四为主，一适当"的原则，四为主，即本地区紧缺配件为主，具有知名度的传统配件为主，新产品为主，名优产品为主；一适当，即品种要丰富，数量要适当。

④ 按照进货周期确定进货量。每批次进货能够保证多长时间的销售，这就是一个进货周期，进货周期也是每批次进货的间隔时间。

进货周期的确定，要考虑以下因素：配件销售量的大小、配件种类的多少、距离供货商的远近、配件运输的难易程度、货源供应是否正常以及企业储存保管配件的条件等。确定合理的进货周期，要坚持以销定进、勤进快销的原则，使每次进货数量适当。既要加速资金周转，又要保证销售正常进行；既要保证配件销售的正常需要，又不使配件库存过大。

(2) 定量分析法　定量分析法有经济批量法和费用平衡法两种。

① 经济批量法。采购配件既要支付采购费用，又要支付保管费用。采购量越小，采购的次数就越多，那么采购费用支出也越多，而保管的费用就越小。由此可以看出，采购批量与采购费用成反比，与保管费用成正比，运用这一原理可以用经济进货批量来控制进货批量。所谓经济进货批量是指在一定时期内在进货总量不变的前提下，求得每批次进货多少才能使进货费用和保管费用之和（即总费用）减少到最小限度。

在实际运用中，经济批量法可细分为列表法、图示法和公式法，三种方法各有其优点，在分析中可按实际需要选用或交替使用。

现举例说明：设某配件企业全年需购进某种配件8000件，每次进货费用为20元，单位配件年平均储存费用为0.5元，求该配件的经济进货量是多少？现分别采用上述三种方法计算。

a. 列表法，如表6.1所示。

表6.1　经济进货量计算

年进货次数/次	每次进货数量/件	平均库存数量/件	进货费用/元	储存费用/元	年总费用/元
A	B	$C=B\div 2$	$D=A\times 20$	$E=C\times 0.5$	$F=D+E$
1	8000	4000	20	2000	2020
2	4000	2000	40	1000	1040
4	2000	1000	80	500	580
5	1600	800	100	400	500
8	1000	500	160	250	410
10	800	400	200	200	400
16	500	250	320	125	445
20	400	200	400	100	500
25	320	160	500	80	580
40	200	100	800	50	850

注：设每次进货后均衡出售，故平均库存数量=每次进货数量÷2。

从表 6.1 中可以看出，如果全年进货 10 次（批），每次进货 800 件，全年最低的总费用为 400 元。就是说等分为 10 批购进，全年需要的该种配件费用是最省的，这是最经济的进货批量。

列表法的优点是可以从数据上反映分析的过程，但列表和计算较为烦琐。

b. 图示法（曲线求解法）。按表 6.1 所列数据，可画出几条线，一条是进货批量和储存费用成正比关系的直线 A，另一条是进货批量和进货费用成反比关系的直线 B，A 与 B 相交于 D 处，A、B 线上相应各点的纵坐标相加，连成曲线，即得出曲线 F，F 为总费用曲线，如图 6.1 所示。

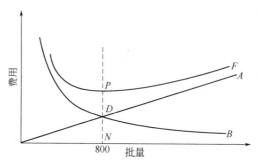

图 6.1　进货量控制的图示法

从图中不难看出，P 点为最低费用点，这一点处于 A、B 交点 D 的正上方。由于 $NP=ND+DP$，同时 $NP=2ND$，说明总费用为最低时，进货费用与储存费用必然相等，P 点的横坐标就是经济进货批量点 800 件，与列表法所得结论相同。

图示法的优点是比较直观，但仍需要以列表计算的数据作为基础。

c. 公式法。这种方法是通过建立数学模型计算经济进货批量。

设：Q——每次进货量（经济批量）；

　　R——某种配件年进货量；

　　K——每次进货的进货费用；

　　H——单位配件年平均储存费用。

从表 6.1 中可以看出，在进货费用与储存费用接近或相等时的进货总费用最低，可用公式表示为：

$$最低年总费用 = \frac{R}{Q}K + \frac{Q}{2}H$$

以上就是最经济合理的进货批量计算公式。

将表 6.1 所列数据代入上述公式，得

最佳进货批量为 800 件。

$$最低年总费用 = \frac{R}{Q}K + \frac{Q}{2}H = 10 \times 20 + 400 \times 0.5 = 400（元）$$

由计算结果可知，全年进货 10 次（批），每次进货 800 件，全年最低的总费用为 400 元。这是最经济的进货批量，与列表法所得结论相同。

公式法计算简捷，可以直接得出分析的结果，但不能反映分析的过程。

② 费用平衡法。费用平衡法是以进货费用为依据，将存储费用累积和进货费用比较，当存储费用累积接近但不大于进货费用时，便可确定其经济进货量。

存储费用＝销售量×单价×存储费用率×(周期－1)

(由于第一周期购进配件时，不发生存储费用，所以上式中的周期数应减1)

例：某种配件预计第一到第五周的销售量各为50、60、70、80、70，单价为12元，进货费用为65元，每周期的存储费用率为2.5%，求经济进货量Q。

第一周期：销售量为50，存储费用为0元，存储费用累积为0元。

第二周期：销售量为60，存储费用＝60×12×2.5%×1＝18（元），存储费用累积为18＋0＝18（元）。

第三周期：销售量为70，存储费用＝70×12×2.5%×2＝42（元），存储费用累积为18＋42＝60（元）。

第四周期：销售量为80，存储费用＝80×12×2.5%×3＝72（元），存储费用累积为60＋72＝132（元）。

第五周期：销售量为70，存储费用＝70×12×2.5%×4＝84（元），存储费用累积为132＋84＝216（元）。

由此可见，第三周期存储费用累积60元，最接近并小于进货费用65元，所以，可将第一到第三周期销售量之和（50＋60＋70）作为一次进货批量，那么，本期的经济批量就是180。

6.3 配件售后服务

1）配件售后服务的作用

(1) 配件经营企业为客户提供及时、周到、可靠的服务，可以保证客户所购配件的正常使用，最大限度地发挥配件的使用价值。

(2) 争取客户，增强企业的竞争力。除了产品性能、质量、价格之外，优质的售后服务可以增加客户对产品的好感。增加产品的好口碑，提高企业的声誉，迎来更多的客户，从而增强企业的竞争能力。

(3) 收集客户和市场的反馈信息，为企业正确决策提供依据。售后服务不仅可以使企业掌握客户的信息资料，还可以广泛收集客户意见和市场需求信息，为企业经营决策提供依据，使企业能按照客户意见和市场需求的变化进行决策，从而提高决策的科学性、正确性，减少风险和失误。

无论对于配件经营企业还是对于客户，售后服务都是很重要的。配件经营企业也大都认识到，配件卖出去以后，不是销售的结束，而是占领市场的开始。

2）配件售后服务的内容

售后服务是经营人员在配件售出，到达客户手里后，继续提供的各项服务。良好的售后服务，不仅可以巩固已争取到的客户，还可以通过这些客户的宣传，树立良好的企业形象，争取到新的客户，开拓新的市场。售后服务主要包括下列内容。

(1) 建立客户档案　客户的档案管理是对客户的有关材料以及其他技术资料加以收集、整理、保管和对变动情况进行记载的一项专门工作。建立客户档案直接关系到售后服务的正确组织和实施。

档案管理必须做到以下几点。

① 档案内容必须完整、准确。

② 档案内容的变动必须及时。
③ 档案的查阅、改动必须遵循有关规章制度。
④ 要确保某些档案及资料的保密性。

客户档案可采用卡片的形式，主要内容包括：客户名称、详细地址、邮政编码、联系电话、法定代表人姓名、注册资金、生产经营范围、经营状况、信用状况、供销联系人、银行账号、何时与其建立交易关系、历年交易记录、联系记录、配件消耗、配件来源情况等。

（2）对客户进行分类　在建立客户档案，并对客户进行调查分析的基础上，对客户进行分类。

① A类客户：资信状况好、经营作风好、经济实力强、长期往来成交次数多、成交额较大、关系比较牢固的基本往来户。

② B类客户：资信状况好、经济实力不太强，但也能进行一般的交易，完成一定购买额的一般往来户。

③ C类客户：资信状况一般、业务成交量较少、可作为普通联系户。

对于不同类别的客户，要采取不同的经营策略，优先与A类客户成交，在资源分配和定价上适当优惠；对B类客户要"保持"和"培养"；对C类客户则应积极争取，加强联系。

（3）保持与客户的联系　建立客户档案和客户分类的目的在于及时与客户联系，了解客户的要求，并对客户的要求做出答复。应经常查阅最近的客户档案，了解客户配件的使用情况以及存在的问题。与客户进行联系时应遵循以下准则。

① 了解客户的需求。应了解客户的配件在使用中有什么问题，或者客户还有哪些需求。

② 专心听取客户的要求并做出答复。

③ 多提问题，确保完全理解客户的要求。

④ 总结客户的要求。在完全理解了客户的要求以后，还要归纳一下，填写"配件客户满意度调查表"。

⑤ 对于A、B两类客户，可定期或不定期召开用户座谈会或邀请他们参加本企业的一些庆典或文化娱乐活动，加深与他们的感情。

（4）配件送货上门和质量"三包"　配件送货服务大大方便了顾客，目前在汽配经营行业应用较为普遍。对售出的配件实行质量"三包"（包退、包换、包修），维护了客户的权益，降低了客户的风险，而且也提高了企业的信誉，从而可以刺激经营。

（5）了解配件使用信息　要积极主动向大客户，如汽车修理企业、汽车运输公司、租赁公司、出租公司的修理厂等，了解车辆状况，按配件消耗规律，找出客户的需求规律性，以便及时协助客户合理储备配件。

① 了解客户车辆状况，主要了解客户拥有的车型、车数、购买时间和使用状况。

② 找出客户配件消耗的规律，汽车的使用寿命周期由初期使用—正常使用—大中修理—后期使用—逐渐报废这样一个全过程所组成。对专业运输企业和工、矿企业所使用的专业运输车辆，配件消耗在这个全过程中有以下规律性。

a. 初期——正常运行期。保养用配件处于正常消耗阶段。

b. 二期——使用故障期。在此期间事故件消耗上升。

c. 三期——中修期。在此期间，以磨损消耗的配件为主，例如发动机高速运动部位的零部件。

d. 四期——大修期。在此期间，也是以磨损消耗的配件为主，例如发动机、离合器、变速器等部位的零部件。

e. 五期——混合期。在此期间，主要是定期保养用配件和磨损消耗的配件，以及由于大、中修质量影响造成返修所消耗的配件。

f. 六期——二次大修期。在此期间，除消耗第一次大修用配件外，底盘要全部检修，更换部分零部件。这部分零部件一般不属于正常磨损，而是由于检查、调整不及时造成的，主要是滚动轴承损坏，导致齿轮损坏。因此，必须在第一次大修时对底盘各部总成进行全面检查和调整。

g. 后期——逐渐报废期。在此期间配件消耗下降，配件储备处于紧缩阶段。

根据以上分析，可以看出配件消耗是以不同使用时期的不同消耗为重点的动态增减规律，它反映了配件消耗规律的普遍性，这是一种函数关系，它是符合车辆使用寿命周期规律的。配件储备定额应与上述函数关系建立对应关系，加上一定的安全储备量，这就是动态储备定额。按这个定额储备配件，就能满足车辆在不同使用时期配件消耗的需要。这样既保证了维修车辆配件消耗的需要，又相对节省了储备资金，同时避免配件积压和报废损失。

③ 协助客户合理储备配件。

a. 配件储备要建立在消耗的基础上，以耗定存，加强分析配件的消耗规律，为制订维修配件储存计划提供依据。

b. 根据车辆技术性能和使用条件，制订车辆在整个使用寿命周期内配件消耗分期计划，确定不同时期配件消耗重点，进而确定库存量和库存结构。

c. 认清总成和零件的存量关系，使存量合理化。总成可以分为大总成、小总成和事故总成，它们应分别采取不同方法储备。

ⅰ. 大总成，如发动机、变速器等。这类总成损坏率小，主要部件损坏时才需更换，储备不应过多，甚至可以在需要时，临时采购。主要原因是其价格较高，这样做可以节省储备资金。

ⅱ. 小总成，如供油泵、发电机等。它们占用全车总成的 2/3 左右，这类总成一般易损，修理时占用工时较长，影响车辆完好率，且一般总成比它的成套零件价格便宜。这类总成内的零件往往只有若干件易损，全部备齐也不经济。当前随着人们时间观念的增强，一般要求更换小总成，将原小总成收下，待修理好后，作为以后再次损坏时的备用品。可以根据实际使用情况，多备小总成。在摸清其内部损坏零件后再有目的地储备零件。

ⅲ. 事故总成，如车架、保险杠、前后桥等。这类总成多由事故造成损坏，故不应提前储备，在接到事故车后，及时向预先约定的关系单位购买，较为经济。

ⅳ. 对保有量极少的车型，要采取特殊管理方法，以防急需时因配件待料，会直接影响生产，例如油罐车和牵引车等，因此必须想方设法保证供应。除加强与有关单位的横向联系外，对易损配件要储备充足，保证正常维修需要。大、中修配件集中在发动机、离合器、变速器等部位，可考虑备用总成，供修理时更换，换下的旧总成可在充足时间内修理，未储备的配件也可以在此期间采购。旧总成修复后可作备用，这样就减少了大量库存配件。底盘配件可在第一次大修时检修调整，有目的地提出储备。

6.4 配件采购的原则和方式

零配件采购：
① 代理商按照要求提报配件采购订单，并需要经过订单审批。
② 通过 SAP 与 DMS 的集成，生成 SAP 销售订单，进行拣配和装箱。
③ 完成拣配后，按 SAP 销售订单生成 DMS 装运单，并进行零配件发运。
④ 发货确认后，代理商按照装运单收货。若收货存在差异，则在系统中完成差异的审批和处理。
⑤ 代理商和本部可以通过系统实现业务运作的协同和信息的共享。
具体程序如图 6.2 所示。

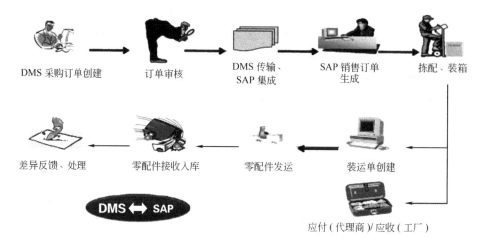

图 6.2 零配件采购程序

1）配件采购应遵循的原则

（1）坚持数量、质量、规格、型号、价格综合考虑的购进原则，合理组织货源，保证配件适合用户的需要。

（2）坚持依质论价，优质优价，不抬价，不压价，合理确定配件采购价格的原则；坚持按需进货，以销定购的原则；坚持"钱出去，货进来，钱货两清"的原则。

（3）购进的配件必须加强质量的监督和检查，防止假冒伪劣配件进入企业，流入市场。在配件采购中，不能只重数量而忽视质量，只强调工厂"三包"而忽视产品质量的检查，对不符合质量标准的配件应拒绝购进。

（4）购进的配件必须有产品合格证及商标。实行生产认证制的产品，购进时必须附有生产许可证、产品技术标准和使用说明。

（5）购进的配件必须有完整的内、外包装，外包装必须有厂名、厂址、产品名称、规格型号、数量、出厂日期等标志。

（6）要求供货单位按合同规定按时发货，以防应季不到或过季到货，造成配件缺货或积压。

2）配件采购的方式

（1）集中进货　企业设置专门机构或专门采购人员统一进货，然后分配给各销售部门

（销售组、分公司）销售。集中进货可以避免人力、物力的分散，还可以加大进货量，受到供货方重视，并可根据批量差价降低进货价格，也可节省其他进货费用。

（2）分散进货　由企业内部的配件经营部门（销售组、分公司）自设进货人员，在核定的资金范围内自行进货。

（3）集中进货与分散进货相结合　一般是外埠采购以及非固定进货关系的采取一次性进货，办法是由各销售部门（销售组、分公司）提出采购计划，由业务部门汇总审核后集中采购；本地采购以及固定进货关系的则采取分散进货。

（4）联购合销　由几个配件零售企业联合派出人员，统一向生产企业或批发企业进货，然后由这些零售企业分销。此类型多适合小型零售企业之间，或中型零售企业与小型零售企业联合组织进货。这样能够相互协作，节省人力，化零为整，拆整分销，并有利于组织运输，降低进货费用。

上述几种进货方式各有所长，企业应根据实际情况扬长避短，选择自己的进货方式。

3）采购计划与采购合同

（1）拟定采购计划　采购计划是否合适，对资金周转和经济效益起着关键性的作用。采购计划做得好，不仅可加快资金周转，提高经济效益，而且可以减少库存积压。

采购计划的制订，一般可从三个方面考虑。

① 根据前期销售的情况进行统计分析，拟出本期应该进货的品种、名称、型号、规格和数量。

② 参照库存量，库存多的可少进。如果资金充裕，销路好的产品也可适当多进。

③ 根据当前市场行情，作一些适当调整。

（2）订立采购合同

① 选择供货商。对供货商的选择主要从价格和费用、产品质量、交付标准、服务标准四个方面进行评价。

a. 价格和费用。价格和费用的高低是选择供货商的一个重要标准。我国市场中存在固定价格、浮动价格和议价，要做到货比三家，价比三家，择优选购。在选择供货商时不仅要考虑价格因素，同时还要考虑运输费用因素。价格和费用低可以降低成本，增加企业利润，但不是唯一标准。

b. 产品质量。价格和费用虽低，但如果由于供应的配件质量较差而影响修车质量，反而会给用户和企业信誉带来损失，所以选购配件时要选购名牌产品或配件质量符合规定要求的产品。

c. 交付标准。供货商能否按照合同要求的交货期限和交货条件履行合同，一般用合同兑现率来表示。交货及时、信誉好、合同兑现率高的供货商，当然是选择的重点。

d. 服务标准。要考虑供货商可能提供的服务，如服务态度、方便用户的措施和服务项目等。

另外，在选择供货商时，要注意就近选择。这样可以带来许多优点，如能加强同供货单位的联系和协作、能得到更好的服务、交货迅速、临时求援方便、节省运输费用和其他费用、降低库存水平等。同时也要考虑其他供货商的特点，比较各供货商的生产技术能力、管理组织水平等，然后作出全面的评价。

为了作出恰当的评价，可以根据有日常业务往来的单位及市场各种广告资料，编制各类配件供货商一览表。然后按表内所列的项目逐项登记，逐步积累，将发生的每一笔采购业务都填写补充到该表中去，在此基础上进行综合评价。

② 选择供货方式。

a. 对于需求量大、产品定型、任务稳定的主要配件，应当选择定点供应直达供货的方式。

b. 对需求量大，但任务不稳定或一次性需要的配件应当采用与生产厂签订合同直达供货的方式，以减少中转环节，加速配件周转。

c. 对需求量少，如一个月或一个季度需求量在订货限额或发货限额以下的配件，宜采取由配件供销企业的门市部直接供货的方式，以减少库存积压。

d. 对需求量少，但又属于附近厂家生产的配件，也可由产需双方建立供需关系，由生产厂家按协议供货。

③ 选择采购形式。

a. 现货与期货。现货购买灵活性大，能适应需要的变化情况，有利于加速资金周转。但是，对需求量较大而且消耗规律明显的配件，宜采用期货形式，签订期货合同。

b. 一家采购与多家采购。一家采购指对某种配件的购买集中于一个供应单位，它的好处在于采购配件质量稳定、规格对路、费用低，但无法与他家比较，机动性小。多家采购是将同一订购配件分别从两个以上的供应者订购，通过比较可以有较大的选择余地。

c. 向生产厂购买与向供销企业购买。这是对同一种配件既有生产厂自产自销、又有供销企业经营的情况所作的选择。一般情况下，向生产厂购买时价格较为便宜，费用较省，产需直接挂钩可满足特殊要求。供销企业因网点分布广，有利于就近及时供应，机动性强。尤其是外地区进货和小量零星用料向配件门市部购买更为合适。

④ 签订采购合同。采购合同是供需双方的法律依据，必须按合同法规定的要求拟定，合同的内容要简明，文字要清晰，字意要确切。品种、型号、规格、单价、数量、交货时间、交货地点、交货方式、质量要求、验收条件、双方职责、权利都要明确规定。签订进口配件合同时，更要注意这方面的问题，特别是配件的型号、规格、生产年代、零件编码等不能有一字差别。近几年生产的进口车，可利用标识码（17位码）来寻找配件号。此外，在价格上也要标明是何种价格，如离岸价、到岸价等，否则会导致不必要的损失。

4）配件的验收

配件采购员在确定了进货渠道及货源，并签订了进货合同之后，必须在约定的时间、地点，对配件的名称、规格、型号、数量、质量检验无误后，方可接收。

（1）对配件品种的检验　按合同规定的要求，对配件的名称、规格、型号等认真查验。如果发现产品品种不符合合同规定的要求，应一方面妥善保管，另一方面在规定的时间内向供方提出异议。

（2）对配件数量的检验　对照进货发票，先点收大件，再检查包装及其标识是否与发票相符。整箱配件，一般先点件数，后抽查细数；零星散装配件需点验细数；贵重配件应逐一点数；对原包装配件有异议的，应开箱开包点验细数。验收时应注意查验配件分批交货数量和配件的总货量。

无论是自提还是供方送货，均应在交货时当面点清。供方代办托运的应按托运单上所列数量点清，超过国家规定合理损耗范围的应向有关单位索赔。如果实际交货数量与合同规定交货的数量之间的差额不超过有关部门规定的，双方互不退补；超过规定范围的要按照国家规定计算多交或少交的数量。双方对验收有争议的，应在规定的期限内提出异议，超过规定期限的，视为履行合同无误。

(3) 对配件质量的检验

① 采用国家规定质量标准的，按国家规定的质量标准验收；采用双方协商标准的，按照封存的样品或样品详细记录下来的标准验收。接收方对配件的质量提出异议的应在规定的期限内提出，否则视为验收无误。当双方在检验或试验中对质量发生争议时，按照《中华人民共和国标准化管理条例》规定，由标准化部门的质量监督机构执行仲裁检验。

② 在数量庞大、品种规格极其繁杂的配件的生产、销售中，发现不合格品、数量短少或损坏等，有时是难以避免的。如果在提货时发现上述问题，应当场联系解决。如果货到后发现，验收人员应分析原因，判明责任，做好记录。一般问题填写《运输损益单》、《配件销售查询单》以备查询，问题严重或牵涉数量较多、金额较大时，可要求对方派人来查看处理。

③ 配件从产地到销地，要经过发货单位、收货单位（或中转单位）和承运单位三方共同协作来完成，所以必须划清三方面的责任范围，责任划分的一般原则是：

a. 配件在铁路、公路交通运输部门承运前发生的损失和由于发货单位工作差错，处理不当发生的损失，由发货单位负责。

b. 从接收中转配件起，到交付铁路、公路交通运输部门运转时止，所发生的损失和由于中转单位工作处理不善造成的损失，由中转单位负责。

c. 配件到达收货地，并与铁路公路交通运输部门办好交接手续后，发生的损失和由于收货单位工作的问题发生的损失，由收货单位负责。

d. 自承运配件起（承运前保管的车站、港口从接收配件时起）至配件交付收货单位或依照规定移交其他单位时止发生的损失，由承运单位负责。但由于自然灾害、配件本身性质和发、收、中转单位的责任造成的损失，承运单位不负责任。

6.5 配件销售管理

大多数配件经营企业，配件销售的主要方式是门市销售。无论是批发经营，还是零售经营，门市销售都是最基本、最直接的流通渠道。一般称门市销售部门为门市部、营业部、商店，也有的称销售部、销售中心或销售公司。配件销售管理的重点是门市销售的管理。

1) 门市销售的柜组分工

门市销售内部各柜组的分工，一般有按品种系列分柜组和按车型分柜组这两种方式。

(1) 按品种系列分柜组　经营的所有配件，不分车型，而是按部、系、品名分柜组经营，例如经营发动机配件的，叫发动机柜组；经营工具的，叫工具柜组；经营通用电器的，叫通用电器柜组。

这种柜组分工方式的优点是：

① 比较适合专业化分工的要求。因为配件的分类是按照配件在一部整车的几个构成部分来划分的，如发动机系统、离合器变速器系统、传动轴系统等，比较能够结合商品的本质特点。再如金属机械配件归为一类、常用杂件归为一类、电气产品归为一类等，也有利于经营人员深入了解商品的性能特点、材质、工艺等知识。

② 配件品种繁多，对于经营人员来说，学会本人经营的那部分配件品种的商品知识，比学会某一车型全部配件的商品知识要容易得多，这样能较快地掌握所经营品种的品名、质

量、价格及通用互换常识。尤其是进口维修配件的经营，由于车型繁杂，而每种车型的保有量又不太多，按品种系列分柜组比较好。

③ 某些配件的通用互换比较复杂，哪些品种可以与国产车型的配件通用，往往需要用户提供，有的则需要从实物的对比中得出结论。如果不按品种系列，而按车型经营，遇到上述情况，就有许多不便。

(2) 按车型分柜组　按不同车型分柜组，如分成桑塔纳、富康、捷达、奥迪、东风、解放柜组等。每个柜组经营一个或两个车型的全部品种。

这种柜组分工方式的优点是：

① 一些专业运输单位及厂矿企业拥有的车型种类不多，中小型企业及个体用户，大多也只拥有一种或几种车型。目前的配件用户，又以中小型用户为主。这些中小型用户的配件采购计划，往往是按车型划分的。所以一份采购单，只要在一个柜组便可全部备齐，甚至只集中到一个柜组的1~2个柜台，便可解决全部需要。

② 按车型分工还可与整车厂编印的配件目录相一致，当向整车厂提出要货时，经营企业可以很便利地编制以车型划分的进货计划。

③ 按车型分柜组，也有利于进行经济核算和管理，而孤立地经营不同车型的部分品种，难以考核经济效益。按车型分工经营，根据社会车型保有量统计数据，把进货、销量、库存、资金占用、费用、资金周转几项经济指标落实到柜组，有利于企业管理的规范化。

但这种方法也有缺点，那就是每个柜组经营品种繁多，对经营人员的要求高，他们需要熟悉所经营车型的每种商品的性能、特点、材质、价格及产地，这不是一件很容易的事，而且当一种配件可以通用几个车型时，往往容易造成重复进货和重复经营。

柜组分工方式可根据企业的具体条件确定。一个较大的配件经营企业，往往在一个地区设立几个门市部，或跨地区、跨市设立门市部。在门市内部，相互间的分工至关重要，有的按车型分工，如经营解放、东风或桑塔纳、捷达、奥迪配件等；有的不分车型，按品种系列综合经营；也有的两者兼有，既以综合经营为基础，各自又有几个特色车型。

2) 门市橱窗陈列和柜台货架的摆放

对配件门市部来讲，陈列商品十分重要。通过陈列样品，可以加深顾客对配件的了解，以便选购。尤其对一些新产品和通用产品，更能通过样品陈列起到极大的宣传作用。

(1) 商品陈列的方式　商品陈列的方式有橱窗商品陈列、柜台货架商品陈列、架顶陈列、壁挂陈列和平地陈列等。

① 橱窗商品陈列，是利用商店临街的橱窗专门展示样品，是商业广告的一种主要形式。橱窗陈列商品一要有代表性，体现出企业的特色，如主营汽车轮胎的商店，一要将不同规格、不同形状的轮胎巧妙地摆出来；二要美观大方，引人注目。

② 柜台、货架商品陈列，也叫做商品摆布，它有既陈列又销售、更换频繁的特点。柜台、货架陈列是经营人员的经常性工作，也是商店中最主要的陈列。配件中的小件商品，如火花塞、皮碗、修理包、各类油封等，适合此类陈列方式。

③ 架顶陈列，是在货架的顶部陈列商品，特点是占用上部空间位置，架顶商品陈列的视野范围较高，顾客容易观看，这种方式一般适合相关产品，如机油、美容清洗剂等商品的陈列。

④ 壁挂陈列，一般是在墙壁上设置悬挂陈列架来陈列商品，适用于重量较轻的配件，如轮辋、皮带等。

⑤ 平地陈列，是将一些大而笨重、无法摆上货架或柜台的商品，在营业场地的地面上陈列，如蓄电池、发动机总成、离合器总成等。

(2) 商品陈列应注意的事项

① 易于顾客辨认，满足顾客要求。要将商品摆得成行成列、整齐、有条理、多而不乱、易于辨认。

② 库有柜有、明码标价。陈列的商品要明码标价，有货有价。商品随销随补，不断档、不空架，把所有待销售的商品展示在顾客面前。

③ 定位定量摆放。摆放商品要定位定量，不要随便移动，以利于经营人员取放、盘点，提高工作效率。

④ 分类、分等摆放。应按商品的品种、系列、质量等级等有规律地摆放，以便用户挑选。

⑤ 连带商品摆放。把使用上有联系的商品，摆放在一起陈列，这样能引起顾客的联想，具有销售上的连带效应。

3) 营业前的准备

① 整理好店容和卫生，整理好个人仪容仪表。

② 检查柜台、柜顶、壁挂、平地商品摆放，检查商品摆放的位置、数量。不要让顾客感到杂乱无序。平地摆放的商品要留出通道。要让顾客感到醒目、整齐、有序。

③ 备好售货用账目、票据，以及要找给顾客的零用钱和收款登记。

④ 营业前全员上岗。

4) 门市销售应注意的问题

(1) 门市销售不等于坐等客户　当前配件市场供大于求，市场竞争十分激烈，门市销售除了日常的接待客户外，还应通过走访、邀请、电话、信函等交流手段熟悉用户，与购货比较集中的单位，如公交公司、搬运或储运公司、出租车公司、厂矿车队、汽车运输公司、部队后勤保障部门、修理厂等，加强联系，要熟悉其主管人员、主办人员，以及其车数、车型保有情况，建立用户档案，根据配件的消耗规律判断其进货计划，使销售工作有的放矢。

(2) 对用户货款结算应持谨慎态度，避免拖欠和造成重大损失　货款结算方式有现金收讫、转账支票、托收承付、担保延期付款等方式。

(3) 研究制定合理的销售价格体系　销售中如何发挥价格杠杆作用，根据市场需求变化、进货成本，在不违背国家有关规定的前提下，灵活定价。根据市场行情变化，适当调高畅销品、名优产品价格，但是凡代理销售生产厂家产品的企业应征求厂家意见；适当调低滞销商品价格，必要时，为加速资金周转，可亏本或保本出售。对批发价商品要根据购买数量、成本进行核算，薄利多销，在整个销售中有赔有赚，以盈补亏。这样可以消化呆滞积压配件造成的经济损失，给企业的发展注入活力。但应防止采取低价倾销的不正当竞争行为。

(4) 对优质服务要有全面认识　门市销售不单单是面带微笑、热情待客，更重要的是练好"内功"。每个用户，特别是大用户购买配件时，总是希望在一个公司能满足其所需的全部配件，且质好价宜。因此，门市销售就必须在品种、质量、价格上下工夫。经营人员必须根据配件车型多、品种繁、专用性强的特点，不但要懂得所经销配件的通用互换情况，而且还要了解同一车型、不同代产品的配件。不然，就会造成本来可以通用互换的不同车型的配件，不能实现销售，降低了用户的满足率，同时还会造成因不知道同一车型、不同代产品不能通用的知识所带来的销售错误。所以经营人员必须学会识别各种配件的车型、名称、规格、用途，掌握配件基本知识。只有这样才能为用户提供满意的咨询导向和售后服务，与用户建立起牢固的感情纽带。

（5）进销关系要理顺　进货与销货不能脱节，必须按配件消耗规律、门市销售情况、库存数量及各品种销售走向安排进货，一旦预见到将会发生品种短缺，立即联系进货，保证常规易损易耗配件的充足供应，最大限度满足用户需求。如今的发展趋势是门市销售记账实现办公现代化，利用微机准确快捷地统计出各品种销售情况，可更好地理顺进销关系，提高工作效率。

（6）对门市销售业务要考核经济效益和社会效益　一般对考核经济效益比较重视，主要指标是考核"纯利润"，对配件商品供应率（即用户购品满足率）却不太重视。配件商品供应率是一项反映企业在当地市场上销售品种对用户的满足程度，尤其是对本企业所经营的、当地保有量大的车型配件的满足程度。考核办法是，在一段时间内抽取有代表性的老用户采购单，把采购单上的品种总数作为分母，把本企业所能满足的品种总数作为分子得出的数据再乘以100%。这个百分数越大越说明本企业的品种覆盖率高，社会效益好，同时也扩大了销售，促进了经济效益的提高。

（7）接待并处理好用户退换货业务　用户退换商品一般有两种情况：一是因商品质量不合乎要求而退换；二是由于所购商品不适合应用而退换。不论对于哪一种情况，都应给予妥善处理。

遇到第一种情况，首先必须验明是否确属本企业售出的商品，并经证明质量状况是否符合标准，然后由商店按规定处理。

遇到第二种情况，也要首先验明是否确属本企业售出的商品，再查验商品有无损坏，并在规定退换期内，报请商店负责人按规定退换。对于不符合退换规定的，应耐心解释。

（8）完整地向顾客介绍配件及其质量保修规定　顾客在购买配件时，有时并不十分清楚所购配件在使用时的注意事项，经营人员应详细向顾客介绍该配件的功能、性能特点及使用方法。有时还需示范或让顾客亲自试用，有条件的话，可向顾客分发产品使用说明书。

顾客购买配件，一般对配件质量有一定要求，因此，经营人员应对配件的产地、质量、特点等有较深的了解，积极如实地向顾客介绍。同时，对有些配件还应介绍其质量保修规定，这也是顾客十分关心的问题，如保修年限、承保范围、费用分担等问题，并向用户发送质量保修卡。

5）柜组的经济核算

柜组核算是搞好配件销售，完成经济责任制的一项基础工作，搞好柜组经济核算，能为完成企业的销售和税利等各项经济任务提供保证。

（1）柜组核算的指标　根据汽配营销的特点，应对以下经济指标实行柜组经济核算。

① 商品采购额。

② 商品销售额。

③ 商品进销率差。

④ 商品储存额。

⑤ 定额流动资金平均占用额。

⑥ 定额流动资金周转天数。

⑦ 资金占用率。

⑧ 劳动效率。
⑨ 各项费用水平。
⑩ 利润额。
⑪ 销售利润率。
⑫ 资金利润率。
⑬ 人均利润率。
⑭ 经济效益综合率。

由于各企业经营范围和任务不同，以上各项经济指标可结合企业自身具体情况考虑增减。

（2）柜组核算的方法　柜组核算可分为两个阶段进行。

第一阶段：由柜组核算人员或柜长在每季度前 15 日内将进、销、存指标的计划数填入《柜组经济核算计划与实绩对照表》，见表 6.2 中的"本期计划"。至每季末再将上年同期实绩数和本期发生的各项实绩数，分别填入表 6.2 中"上年同期实绩"和"本期实绩"，并做出计划与实绩的对比分析。

表 6.2　柜组经济核算计划与实绩对照表

柜组　　　年第　　　季度

编号	项目		本期实绩	本期实绩与计划比	本期实绩与上年同期实绩比	本期计划 ±/%	上年同期实绩 ±/%
1	期初库存商品						
2	商品采购	本地进货					
		外地进货					
3	商品销售收入/元						
4	商品销售原价/元						
5	商品进销差价/元						
6	商品流转费	进货费用					
		管理费用					
		仓储费用					
		利息支出					
7	商品流转费率						
8	商品销售税金/元						
9	利润/元						
10	期末库存商品						
11	定额流动资金平均占用额/元						
12	定额流动资金周转天数						
13	销售利润率						
14	资金利润率						
15	资金占用率						
16	人均销售率						
17	人均利润率						
18	经济效益综合率						

以下就部分指标的计算方法作详细说明。

① 柜组商品采购额。计划：以商品下达的进货计划数为准，并分清本地和外地。

实绩：以各柜组商品账的实际进货数为准，并分清本地和外地。

② 柜组商品销售额。计划：以商店下达的销售额计划为准。

实绩：以各柜组实际完成的商品销售额为准。

③ 柜组定额流动资金平均占用额＝(柜组期初库存和在途商品＋柜组期末库存和在途商品)/2。

④ 柜组资金占用率(即每百元销售额占用流动资金)＝柜组流动资金平均占用额/柜组商品销售额×100％。

⑤ 柜组劳动效率＝柜组商品销售额。

第二阶段：由财务经济核算员向各柜组提供分摊后的费用和税利等经济指标的计划数，在各季度25日内填妥《柜组经济核算计划与实绩对照表》，然后根据下列经济指标作出对比分析，其指标的计算方法如下。

① 柜组进货费用。

店进货费率＝店进货费用÷店商品采购额×100％

柜组进货费用＝柜组商品采购额×店进货费率

② 柜组仓储费用。

店仓储费率＝店仓储费用÷店定额流动资金平均占用额×100％

③ 柜组管理费用。

店管理费率＝店管理费用÷店商品销售额×100％

柜组管理费用＝柜组商品销售额×店管理费率

④ 柜组利息支出。

店利息支出率＝店利息支出÷店定额流动资金平均占用额×100％

柜组利息支出＝柜组定额流动资金平均占用额×店利息支出率

⑤ 柜组商品流转费。

柜组商品流转费＝柜组进货费用＋柜组仓储费用＋柜组管理费用＋柜组利息支出

⑥ 柜组商品流转费率。

柜组商品流转费率＝柜组商品流转费÷柜组商品销售额×100％

⑦ 柜组商品销售税金。

一般纳税人：柜组商品销售税金＝柜组销项税金－柜组进项税金

小规模纳税人：柜组商品销售税金＝柜组销售额×工商税率（5％）

⑧ 柜组利润额。

柜组利润额＝柜组商品销售额－柜组商品销售原价－柜组商品流转费－柜组商品销售税金

⑨ 柜组销售利润率。

柜组销售利润率＝柜组利润额÷柜组商品销售额×100％

⑩ 柜组资金利润率。

柜组资金利润率＝柜组利润额÷柜组定额流动资金平均占用额×100％

⑪ 柜组人均利润额。

柜组人均利润额＝柜组利润额÷柜组编制人数

⑫ 柜组经济效益综合率。

柜组经济效益综合率＝（柜组商品销售额×柜组利润额）÷（柜组商品流转费×定额流动资金平均占用额）×100％

除以上考核指标外，还应考核以下三点，作为考核的参考项目。

① 资金回笼率。由于近年来出现了货出去钱不进来的"虚销售"或钱出去货不进来的"虚进货"，造成某些销售企业供需两方拖欠货款，而形成"资金沉淀"，危及企业生存。所以还要结合资金使用计划，从总量上控制资金的投放和回笼，办法是考核资金回笼率。计算公式为：

资金回笼率＝（已收回用户货款＋预收用户货款）÷（销售总额＋预付厂方货款）×100％

② 商品品种供应率（或称用户购品满足率）。用来考核柜组经营品种是否齐全、脱销品种所占比重的大小，分析构成脱销的主客观原因。计算公式为：

商品品种供应率＝分管商品销售品种数÷分管商品规定品种类×100％

③ 差错率。差错率是一定时期内业务工作所发生的差错笔数与本期业务工作总笔数之比。计算公式为：

差错率＝本期发生差错笔数÷本期工作总笔数×100％

6）配件销售的特点及配件市场的细分

(1) 配件销售的特点

① 较强的专业技术性。现代汽车是融合了多种高新技术的集合体，其每一个零部件都具有严格的型号、规格、工况标准。要在不同型号汽车的成千上万个零件品种中为顾客精确、快速地查找出所需的配件，就必须有高度专业化的人员，并由计算机管理系统作为保障。从业人员既要掌握商品营销知识，又要掌握配件专业知识、汽车材料知识、机械识图知识，学会识别各种配件的车型、规格、性能、用途以及配件的商品检验知识。

② 经营品种多样化。一辆汽车在整个运行周期中，约有3000种零部件存在损坏和更换的可能，所以经营某一个车型的零配件就要涉及许多品种规格的配件。即使同一品种、规格的配件，由于国内有许多厂在生产，其质量、价格差别很大；甚至还存在假冒伪劣产品，因此要为用户推荐货真价实的配件，也不是一件很容易的事。

③ 经营必须有相当数量的库存支持。由于配件经营品种多样化以及汽车故障发生的随机性，经营者要将大部分资金用于库存储备和商品在途资金储备。

④ 经营必须有服务相配套。汽车是许多高新技术和常规技术的载体，经营必须有服务相配套，特别是技术服务至关重要。相对于一般生活用品而言，经营配件更强调售后的技术服务。

⑤ 配件销售有一定的季节性。一年四季，春夏秋冬这一不以人们意志为转移的自然规律，给配件销售市场带来不同季节的需求。在春雨绵绵的季节里，为适应车辆在雨季行驶，需要的雨布、各种挡风玻璃、车窗升降器、电气刮水器、刮水臂及片、挡泥板等部件就特别多。炎热的夏季，因为气温高，发动机机件磨损大，火花塞、白金（断电触点）、汽缸床、进排气门、风扇带及冷却系部件等的需求特别多。寒冷的冬季，气温低，发动机难启动，需要的蓄电池、预热塞、启动机齿轮、飞轮齿环、防冻液、百叶窗、各种密封件等配件就增多。由此可见，自然规律给配件市场带来非常明显的季节需求。调查资料显示，这种趋势所带来的销售额，占总销售额的30％～40％。

⑥ 配件销售有一定的地域性。我国国土辽阔，有山地、高原、平原、乡村、城镇，并

且不少地区海拔高度悬殊。这种地理环境，也给汽配销售市场带来地域性的不同需求。在城镇，特别是大、中城市，因人口稠密、物资较多、运输繁忙，汽车启动和停车次数较频繁，机件磨损较大，其所需启动、离合、制动、电气设备等部件的数量就较多，如一般省会城市，其公共汽车公司、运输公司的车辆，所需离合器摩擦片、离合器分离杠杆、前后制动片、启动机齿轮、飞轮齿环等部件一般就占上述各系品种总销售额的40%～50%。在山地高原，因山路多、弯道急、坡度大、颠簸频繁，汽车钢板弹簧就易断、易失去弹性；减振器部件也易坏；变速部件、传动部件易损耗，需要更换总成件也较多。由此可见，地理环境给汽配销售市场带来非常明显的影响。

（2）配件消耗的规律

① 配件消耗的规律性。配件的消耗是有一定规律的。汽车按照行驶里程，有各级维护和修理的规定，各种类型的维修需要调换若干种配件。例如汽车在正常使用寿命期，零配件的损坏是随机的、偶发性的。如果其设计和制造质量较好，损坏率一般很低。又如活塞一般是在发动机大修时才需更换，如某车型的新发动机平均大修里程是24万公里，那么有一半左右的发动机在这个里程之前，需要更换活塞。再如矿山、油田、专业运输公司、机关事业单位及建筑施工单位，在用车辆都有一定的配件消耗定额以及按照这个定额编制的各车型的配件采购计划。因此，掌握车辆配件消耗的规律性，就可以根据市场和用户需求，采取积极的经销措施。

② 配件消耗规律的变化。近年来配件消耗的规律发生了一些变化。

a. 辅助总成换件增加。维修中经常更换的辅助总成件有分电器、空气压缩机、发电机、启动机、水泵、汽油泵、制动蹄片、离合器摩擦片等。遇有辅助总成故障，用户大多要求换上新总成，旧件换下维修后作备件用。与之相应，组成这些辅助总成的零配件消耗就急剧减少。

b. 组合件、成套件的大量使用。如活塞带环带销，活塞带环带销并且带连杆，精加工成各级修理尺寸，装上就用的曲轴轴瓦等，越来越受到用户和修理工的青睐。相应的这类单件或未经加工的品种就遭受冷遇。

c. 车辆保养中必换的密封件，如离合器、制动总泵和制动分泵的皮碗、皮圈、油封，以及汽缸垫、油底壳垫等密封垫片。一般都集中包装制成各种修理包，尤其受到用户和修理工的欢迎。

d. 小规格容器包装的润滑油（脂）、特种液，因其具有携带加注方便、较少废弃的优点，尤其适合单台车辆使用，随着个人用车的增加，其销量逐渐增加。以上产品即使价格高一点，用户也乐意购买。

③ 发生以上变化的原因。

a. 用户时间观念的更新。在激烈的市场竞争中，时间就是效益、时间就是金钱的观念在人们思想深处牢牢扎根。为了争取时间，用户要求尽量缩短在修日，最大限度地提高在用车辆利用率。维修厂家为了满足用户要求，也想方设法筹措以上配件。

b. 随着工程机械和零部件制造业的发展，以及现代汽车对维修质量的高标准，要求维修配件具有配合精密、使用维修方便、搭配合理、可靠性高等特点，在国产新型汽车和进口汽车的配件供应上，这些特点表现得最为明显。

根据配件消耗的规律，采取积极措施，合理调整库存结构，以适应市场需求，这是配件销售部门应当研究解决的主要问题。

④ 适应配件消耗规律变化的措施。

a. 认真研究汽车维修配件消耗规律的变化，及时组织适销对路的品种供应市场。不再批量组织滞销品种，防止产生新的积压。

b. 尽量利用库存的零散件，装配成质量合格的小总成件供应市场。

c. 委托工厂将单件加工组合成配套件或尺寸精确的装配件供应市场。

d. 将零散密封件分门别类制成修理包供应市场，如总泵、分泵维修包、发动机修理包等。

e. 按车辆规格的容器封装车辆保养必换的润滑油（脂）、特种液供应市场。

（3）配件市场细分　配件市场细分，是指在调查研究的基础上，根据用户的需要以及不同的购买行为与购买习惯等各种差异，把市场划分成若干有意义的用户群，每个用户群，可以说是一个细分市场。在各个不同的细分市场之间，用户的需求存在比较明显的区别；而在每个细分市场之内，用户需求的差别就比较细微。企业根据本身的条件，选择适当的细分市场为目标，拟定自己最优的经营方案和策略。

① 配件市场细分的作用。

a. 有利于企业分析市场状况。通过配件市场细分，认识每个细分市场上的需求潜力，发现那些需求尚未得到满足的用户。

b. 有利于企业制定经营方案和调整销售计划。配件市场细分后，企业就可以针对不同用户的需求，制订不同的经营方案，适当调整销售计划，采取有效措施，适应各细分市场的需要。

c. 有利于企业根据细分市场的特点，集中使用人力、物力等资源，避免分散力量。运用各种经营方法，经营适销对路的配件，从而取得最大的经济效益。

d. 有利于研究市场的潜在需求，给经营寻找机会以便开拓新市场。

② 配件市场细分的标准。市场细分没有统一的标准，不同的商品、不同的环境，需要应用不同的标准。企业应根据自身的实际情况，确定适合自身需要的标准，配件市场细分大体上有以下划分标准。

a. 按车型比例划分，哪些地区什么样的车型比重大，就重点提供这一类车型的配件。

b. 按用户购买力大小划分，把用户划分为大用户、中用户和小用户市场，对不同种类的用户采取相应的供货策略。

c. 按地理特点划分，可分为平原地区的用户群和山区的用户群。在分析了解这两个不同地理特点的条件下，分析出汽车在此两种情况下，各自易损坏什么样的配件。一般情况下，在山区运行的汽车易损坏制动器的片、鼓；变速器的1挡、2挡或3挡齿轮；差速器的锥齿轮；后半轴等配件。这样，就可以重点向山区提供这类配件。有的偏远地区，距铁路线很远，以长途汽车运输为主，每辆车都需要加装一只副油箱，这样，在同类车型拥有量相同的情况下，其汽油箱的实际消耗量就比以短途运输为主的地区增加一倍。

d. 按经济发达程度划分，可划分为经济发达地区、经济比较发达地区和经济欠发达地区。可以从经济发达程度确定其客（含小轿车）、货车拥有量，客货运量及周转量。凡客货车拥有量大、客货运量及周转量大的地区，其配件需求量就大，从而确定目标市场。

e. 按对配件价格的反映程度划分，有的用户着重要求配件质量；有的用户主要看重配件价格的高低。那么，对看重质量的用户，配件销售人员应着重介绍配件性能、质量状况；对看重配件价格的用户，着重介绍配件价格。

③ 配件市场细分时应注意的问题。对市场细分要树立动态观念。细分标准或市场特性不是一成不变的，如某一地区的货车，以前是解放牌汽车比重大，现在是东风牌汽车比重大了，或者以前是货车所占的比重大，现在却是轿车占的比重大了。因此要适时地进行调查和预测，从而调整销售策略。

选择适当的策略进行市场细分，一般情况下，有三种可供选择的策略。

a. 无差异性市场策略。指企业认为整个市场上所有用户对某种配件的需要都是一致的，没有比较明显的差别，因此，大家可以采用相同的市场策略。

b. 差异性市场策略。指企业认为各个细分市场对配件有不同的需求，因此，提供不同的配件加以适应，以便适合各细分市场上不同用户群的需要。

c. 密集性市场策略。指企业不以整个市场为占领目标，而是集中力量于一个或几个细分市场上，以便在这些细分市场上达到较高的市场占有率。

要注意研究将一个细分市场作为目标市场时，对企业是否有利。一个细分市场对企业是否有利，必须具备以下条件。

a. 这种市场是能够占领的，就是说，企业的人力、物力和销售因素组合是可以达到的。否则，即使选择了合适的目标市场，若企业无力占领，致使半途而废，势必将造成损失。

b. 细分市场的规模必须足以使企业有利可图，而且有相当发展潜力。如果市场十分窄小，或潜在用户很少、购买力较差，不足以使企业盈利，就不值得选为目标市场而下工夫去占领。

c. 细分市场必须是竞争对手未控制的市场。如果细分市场已有相当强的竞争对手控制，尽管细分市场其他方面条件较好，也不应轻易选为目标市场，因为在这种情况下，取得市场占有优势是非常困难的，成功的把握不大。

d. 细分市场必须在一定时期内比较稳定。只有这样才能成为企业制订较长时期的市场营销策略的依据。如果市场变化太快，会给企业带来风险。

6.6 测算配件经营流通费和盈亏平衡点

配件经营企业在确定经营目标和制订经营计划时，经常要测算盈亏平衡点。盈亏平衡点的测算和商品流通费的测算是密不可分的，要测算出盈亏平衡点，必须先测算出商品流通费。

1) 商品流通费的测算

商品流通费由可变费用和相对不变费用构成。可变费用是随销售量的增减而增减的费用，是变动的费用；相对不变费用与销售量在一定范围内的增加和减少没有直接关系，是相对不变的费用，也将其称为固定费用。怎样求出商品流通费呢？科学的方法就是利用相关分析中的线性方程组，先求出单位销售收入的可变费用和相对不变费用。再求出商品流通的测算公式，最后求出商品流通费。

线性方程组如下：

$$\begin{cases} \sum Y = na + bX \\ \sum XY = \sum Y + b\sum X^2 \end{cases}$$

式中 Y——年商品流通费用总额；

X——年销售收入；

n——年数；
a——相对不变费用；
b——单位销售收入的可变费用。

测算方法：

（1）列出计算表 根据统计和会计年报资料，收集×××企业历年的销售收入总额和商品流通费总额，列出计算表6.3。

表6.3 ×××企业销售收入总额和商品流通费总额计算

序号	n 年	年销售收入总额 X/万元	年商品流通费总额 Y/万元	XY	X^2
1	2001年	3056	91	278096	9339136
2	2002年	3604	84	302736	12988816
3	2003年	3713	103	382439	13786369
4	2004年	3345	117	391365	11189025
5	2005年	3653	125	456625	13344409
6	2006年	4610	145	668450	21252100
7	2007年	4564	128	584192	20830096
8	2008年	2805	113	316965	7868025
9	2009年	1003	74	74222	1006009
10	2010年	1176	83	97608	1382976
11	2011年	1488	77	114576	2214144
12	2012年	2063	114	235182	4255969
$\sum$	$n=12$	$\sum X=35080$	$\sum Y=1254$	$\sum XY=3902456$	$\sum X^2=1230606400$

（2）计算不变费用 a 和单位销售收入的可变费用 b 将上表所列数据代入方程组，得：

$$\begin{cases} 1254=12a+35080b \\ 3902456=1254+119457074b \end{cases}$$

解此方程得：

$$a=63.57$$
$$b=0.014$$

（3）求出该企业商品流通费的测算公式 商品流通费的计算式为：

$$Y=a+bX$$

将 a、b 数值代入上式中得出：

$$Y=63.57+0.014X$$

$Y=63.57+0.014X$ 即为该企业商品流通费的测算公式。

（4）测算2013年度的商品流通费

例：已知，2013年度的商品销售收入计划为2080万元，代入计算式中，则商品流通费应为：

$$Y=63.57+0.014\times 2080=92.69（万元）$$

即：当企业 2013 年度商品销售收入计划为 2080 万元时，该年度的商品流通费计划为 92.69 万元。

2) 盈亏平衡点的测算

在求得商品流通费的基础上，便可测算出企业的盈亏情况。

配件销售企业实现利润可按下式计算：

利润总额＝销售商品进销差－商品销售税金－商品流通费＋营业外收入－营业外支出

如果企业不亏不盈，即盈亏平衡，上述公式应为：

销售商品进销差－商品销售税金－商品流通费＋营业外收入－营业外支出＝0

亦即：销售商品进销差＝商品销售税金＋商品流通费－营业外收入＋营业外支出

此时的销售商品进销差即为企业的盈亏平衡点。若销售商品进销差大于（商品销售税金＋商品流通费－营业外收入＋营业外支出），则有盈利。反之，便会亏损。

下面仍以该企业 2013 年度为例：

已知，预测出商品流通费为 92.69 万元，商品销售税金为 60 万元，营业外支出 8.4 万元，无营业外收入，则盈亏平衡点为：92.69＋60＋8.4＝161.09（万元）。也就是说，如果该企业的销售商品进销差在 161 万元左右，可以不亏不盈，若达不到 161 万元就要亏损，若大于 161 万元，则有盈利。

3) 零配件市场需求的预测

在实际工作中，配件经营企业经常要对市场需求进行预测。市场需求预测是根据收集到的统计资料、会计资料或观察值，利用数学表达式或者建立数学模型，反映需求与各种变量之间的关系，对市场需求进行预测。市场需求预测的方法主要有算术平均法、移动平均法、指数平滑法、一元线性回归法等。

算术平均法和移动平均法虽然预测精度不是很高，但因其简便实用，所以实际工作中经常采用。下面简要介绍算术平均法和移动平均法。

(1) 算术平均法　算术平均法是通过一组已知的统计资料或观察值求取平均数来进行预测的方法。

其计算公式为：

$$Y'_{n+1}=\frac{\sum_{i=1}^{n}Y_i}{n}=\frac{Y_1+Y_2+\cdots+Y_n}{n}$$

式中，Y'_{n+1}＝第 $n+1$ 期销售量的预测值；Y_i＝第 i 期的实际销售量。

例：×××配件商店前 10 个月离合器片的销售量依次为 56 件、68 件、49 件、58 件、61 件、72 件、58 件、64 件、57 件、67 件。利用算术平均法预测第 11 个月销售量为：

$$Y_{11}=\frac{56+68+49+58+61+72+58+64+57+67}{10}=\frac{610}{10}=61$$

由上述计算可知，该配件商店第 11 个月的离合器片销售量预计为 61 件。

(2) 移动平均法　移动平均法是根据已有的时间序列统计数据加以平均化，以此推断未来发展趋势的方法。所谓移动平均，就是将已有的时间序列数据分段平均、逐期移动，经移动平均后就能消除由于周期性变动或突然事件的影响因素。这种方法一般只适用于变化不大的短期预测对象。

移动平均法可分为一次移动平均法、二次移动平均法和加权移动平均法三种形式。

① 一次移动平均法。一次移动平均法是通过一次移动平均进行预测，它按选定段的大小，对已有的时间序列数据逐段平均，每次移动一个时段。具体做法就是把最后一期的移动平均值作为下一期的预测值。其计算公式如下：

$$Y'_{n+1} = \frac{1}{k} \sum_{i=n-k+1}^{n} Y_i$$

式中　Y'_{n+1}——$n+1$期的一次移动平均预测值；

　　　Y_i——第i期的实际值；

　　　k——移动跨期。

例：×××配件商店2003年前11个月的销售额见表6.4。

表6.4　×××配件商店2003年月销售额与预测值

期数	实际销售额/万元	五期移动平均值($k=5$)/万元	七期移动平均值($k=7$)/万元	期数	实际销售额/万元	五期移动平均值($k=5$)/万元	七期移动平均值($k=7$)/万元
1	46			7	48	50.8	
2	52			8	51	50	49.71
3	50			9	57	50.2	50.14
4	47			10	55	52.2	50.85
5	53			11	58	52.6	51.57
6	52	49.6		12		53.8	53.14

现分别以5个月和7个月作为移动跨期，预测第12个月的销售额。计算结果列于上表。那么，当$k=5$时，则第12个月的预测值为：

$$Y_{12} = \frac{1}{5} \times (48+51+57+55+58) = 53.8（万元）$$

那么，当$k=7$时，则第12个月的预测值为：

$$Y_{12} = \frac{1}{7} \times (53+52+48+51+57+55+58) = 53.4（万元）$$

应用一次移动平均法时要注意的问题是移动跨期k的取值，k取值不同，移动平均值也不同。k取值大，预测值的趋势性比较平稳，但落后于可能发展的趋势；k取值小，移动平均值反映实际趋势较敏感，但预测值的趋势性起伏比较大。k的取值到底多大，应视具体情况而定。

② 二次移动平均法。二次移动平均法是在一次移动平均法的基础上，为得到时间序列数据的明显线性趋势，采用相同的k值，对一次移动平均值再作一次平均移动。

二次移动平均值的计算公式如下：

$$Y^n_{n+1} = \frac{1}{k} \sum_{i=n-k+2}^{n+1} Y'_i$$

式中　Y^n_{n+1}——$n+1$期的二次移动平均值；

　　　Y'_i——i期一次移动平均值；

　　　k——移动跨期。

仍以表6.4的数据为例，设$k=3$，用二次移动平均法进行预测结果见表6.5。

表 6.5　二次移动平均法预测结果

期数	实际销售额/万元	一次移动平均值($k=3$)/万元	二次移动平均值($k=3$)/万元	期数	实际销售额/万元	一次移动平均值($k=3$)/万元	二次移动平均值($k=3$)/万元
1	46			7	48	50.6	49.6
2	52			8	51	51	50.07
3	50			9	57	50.3	50.53
4	47	49.3		10	55	51.3	50.70
5	53	49.6		11	58	54.3	50.87
6	52	50		12		56.7	51.97

从表 6.5 中可以看出，用一次移动平均法预测的数值有起伏，而二次移动平均法预测的数值没有什么起伏，呈明显的线性趋势。

③ 加权移动平均法。加权移动平均法就是根据同一个移动段内不同时间的数据对预测值的影响程度，分别给予不同的权数，然后再进行平均移动以预测未来值。加权移动平均法不像简单平均移动法那样，在计算平均值时对移动期内的数据同等看待，而是根据愈是近期数据对预测值影响愈大这一特点，不同地对待移动期内的各个数据。对近期数据给予较大的权数，对较远的数据给予较小的权数，这样来弥补简单移动平均法的不足。

加权平均法的计算公式如下：

$$Y_{n+1} = \sum_{i=n-k+1}^{n+1} Y_i x_i$$

式中　Y_{n+1}——第 $n+1$ 期加权平均值；
　　　Y_i——第 i 期实际值；
　　　x_i——第 i 期的权数（权数的和等于1）；
　　　n——本期数；
　　　k——移动跨期。

仍以表 6.4 的数据为例，用加权移动平均法求预测值。

设 $k=5$，$x_7=0.1$，$x_9=0.2$，$x_{11}=0.4$，那么第 12 月的预测值为：

$$Y_{12}=48\times0.1+51\times0.1+57\times0.2+55\times0.2+58\times0.4=55.5$$

用加权移动平均法求预测值，对近期的趋势反映较敏感，但如果一组数据有明显的季节性影响时，用加权移动平均法所得到的预测值可能会出现偏差。因此，有明显的季节性变化因素存在时，最好不要加权。

6.7　代理商的配件营销

工程机械代理商基本上都有配件经营业务，其中不乏配件经营成功者。但是，相当一部分代理商在配件经营方面并没有找到感觉，不少代理商甚至只是维持运转保本经营，配件经营远远没有成为企业的主要利润来源之一。究其原因，除了国内工程机械产品高度同质化、配件市场秩序混乱之外，与代理商对配件经营的认识、配件营销能力、配件管理水平等有直接关系。

1）配件经营对代理商发展的意义

工程机械代理商在进行工程机械整机销售时，为了维护市场维护客户，都在同时销售工程机械配件。也就是说，配件经营是工程机械代理商不可或缺的经营活动组成部分，对代理商的发展具有很重要的意义。

① 配件经营是代理商做好整机售后服务的基础。目前，工程机械代理商大多实行的是整机销售和售后服务一体化经营模式，要做好售后服务，保证配件及时供应是非常重要的。客户购买整机时往往要求完整的服务链，配件供应发挥着保障整机正常使用和保证故障及时排除的作用，能有效地增加客户的信任感。

② 配件经营是代理商的利润来源之一。我们知道，在多数地区，配件毛利率在20%以上，远远高于整机的毛利率；配件销售一般不赊欠，没有分期、按揭之说，货款一般都能收回，经营风险小。现阶段，对于那些配件经营成功的代理商来说，配件利润占整个公司利润的20%以上，真正实现了配件经营的利润支柱作用。

③ 配件经营是维护客户关系、建设忠诚客户群体的重要手段。一般而言，整机销售完成后，特别是产品质保期结束后，代理商多是通过保外修理和配件供应了解客户状况，与客户保持联系。保外修理很难经常性给代理商创造接触客户的机会，但只要客户的设备在正常运转，肯定需要配件，配件经营与客户之间的联系是经常而频繁的。通过及时供应配件，随时了解客户的设备使用状况、了解客户的工作经营状况、了解客户新的需求，及时充实已建立的客户档案，对于维护与客户的关系，建设稳定忠实的客户群体有重要意义。

④ 配件经营是后市场的重要业务之一。近年来，业内人士都在探讨工程机械后市场问题。在工程机械产品的正常寿命周期内，购买整机只有一次（二手机另当别论），而购买配件则是经常的，有些易损件用不了两三个月就要换新的。这些配件加上油品，其生命周期内的总价值应该相当于整机价值，有些机种可能还要超过。因此，围绕"在用设备"经营配件，就能成为代理商的大业务。

2）配件部在公司中的职能定位

在工程机械大中型代理商公司中，都有多个部门，分别承担公司经营业务的各个环节。那么，与整机销售、售后服务、信用管理等部门相比，配件部门是保障、保证部门，还是赢利部门，各个代理商公司都有自己的理解和安排。事实上，代理商公司根据自己的发展特点、自身能力的要求和经营业务侧重点的不同，对配件部门的定位也不尽相同。通常情况下，配件部门主要职能有：

① 为整机售后服务（质保期内）提供维修用件和油品。
② 为客户提供整机使用需要的配件和油品。
③ 为大修理提供修理用的配件和油品。
④ 某一种或几种配件在当地的总经销，向二级经销商批发。
⑤ 为公司自制部件组织配套小零件进货。

代理商公司对配件部门的定位，决定了配件部门业务的侧重点。在配件部门的主要业务中，质保期内的维修用件，一般都能从主机厂索赔到，这些零件都是主机厂免费存放的，可以不赢利但也不赔钱；为客户提供整机使用需要的配件和油品，是配件部门的主要业务，是赢利的主要来源；为大修理供应配件和油品，也是赢利的；做配件批发，也是赢利的；为自制提供配套用小件最少不会亏本。因此，代理商公司应该明确配件部门的利润来源地位，坚持配件经营赢利的指导思想，积极支持配件部门做强做大，争取更多的赢利。

3）配件部门的人员设置和管理

配件部门的人员设置根据规模大小和业务量而具体安排，一般应该有：配件部门经理

(配件总负责)、配件销售经理(客户管理)、配件采购经理(进货管理)、物流配送经理(物流管理)、库房保管、开票出纳、会计、货车驾驶员和搬运工等职责。在实际工作中,采取专职和兼职结合,规模小的配件部门,可能一人兼数职;规模大的配件部门实行专职为主的人员设置,一种职责可能几个人做,按照职责分工负责、相互配合开展业务。

在岗位设置与人员配备中,应该按照配件业务流程设置岗位,按照工作量和工作效率配置人员,具体工作人员工作负荷量应该达到70%~80%。工作负荷低容易产生人浮于事、相互推诿等问题,工作负荷量过大则产生工作粗放、失误增加等问题。配件部门内部应该实行绩效考核制度,在突出配件销售经理绩效考核的同时,对其他岗位实行按工作复杂程度计算权重、按工作失误扣分的责任考核制度。这种绩效考核和岗位责任考核,应该坚持公开、公正、易于操作的原则,月底考核,月初及时兑现。另外,对于重大有功或重大失误等分别给予特别的奖励或处罚,以激励、调动员工的工作积极性和责任心,进而争取更好的成绩。配件部门的人员配置中,选配好部门主管(配件部经理)是关键,一个优秀的配件部经理能够带领配件部快速发展;同样,素质差的经理也能很快使配件经营下滑。

另外,配件部在公司内应相对独立,有自主进货和经营权,有独立定价权。在有些代理商公司中,配件部门主管是公司股东之一是有道理的。

4) 配件的库房管理

配件经营离不开库房和门市,门市库房管理井然有序、整洁规范,是配件经营争取客户信任的重要方面。销售量大的代理商,门市和库房分开,库房管进货和批发、物流,门市管销售和客户管理。笔者曾经走访过一些代理商,其配件库房管理都不规范,有些杂乱无序,既不利于配件存放,又给客户留下管理不好的印象。

① 库房货架应成行成列摆放,其间隔应有利于存取配件。货架以木板分层,或铁皮上垫橡胶,以免损伤配件。

② 货架上的配件,按规定摆放,既有利于配件取用,也有利于配件的盘点。

③ 货架上应有明确的标签,标明配件件号、名称、零售价格。有人认为不标价格好,原因有每次进货成本不一致、使客户没有讨价余地等。笔者认为,配件经营应该有稳定的进货渠道,成本不应差别很大,给客户折扣时还是按照标价明确折扣,这样可以使客户明确知道给了多少折扣。

④ 库房账务坚持日清月结,每天记账,月底盘点,盘盈盘亏及时处理,避免形成账务混乱。

⑤ 配件经营量大的公司,最好门市与库房分开管理,专业管理有利于落实责任。

5) 配件的存货管理

配件的存货品种、数量、存货周期等都直接影响配件经营的成本,在实际工作中很难把握准确,这是使配件经理很头痛的难题。对自己经营的配件进行详细分类,按照易损件、常用件、非常用件等进行A、B、C分类。

① 价值量低、销售量大的属于易损件(包括油品类),应该是A类零件。这类配件客户都是定期购买,客户自己还尽可能有一些库存,如果我们有稳定的客户群体,应该能测算出年度、季度供应量,加上不可预测数(10%~20%),就是我们的进货量。这类配件即使库存量稍大些,还可以向其他配件店调,应该能够消化。

② 价值量大、销售量低的属于非常用件,可以是C类零件。这类零件客户需求很少,即使购买一次,也很难有第二次购买。这类零件基本上可以不库存,或者只存其中的少数几

种，客户有需求，一定要能够很快调来；有同行有需要时也可以向同行调出。良好互利的同行关系非常必要。

③ 界于 A 类和 C 类之间的是 B 类零件。这类配件的库存是最难把握的，要有对产品、配件非常熟悉的技术知识和产品使用知识，还要有经验积累。对这类零件的库存要根据本地区客户设备使用状况和配件购买习惯等情况做出判断，还要根据自己周转资金的多少决定库存量。

④ 配件库存量还与自己经营模式有关。自己有配件销售网络和自己做配件批发业务的，库存量可以大些，否则容易形成积压，造成流动资金沉淀呆滞。配件库存积压有标志，一般认为：易损件库存超过 3 个月、常用件超过 6 个月、非常用件超过 1 年就容易形成积压。另外，配件的周转资金一般 1 年应该至少周转 3 次以上，即周转资金 100 万元，年度配件销售量应该超过 300 万元，配件经营好的有可能达到 400 万元。

6）配件的进货渠道管理

在配件销售中，客户往往因为配件质量差、价位高而流失，其中价位高是主要原因。在配件经营中，从主机厂直接进货的一般是装配整机用的正厂件，质量有保证，但价位较高，这类配件应该主要供应保修期内的维修，更换零件一般都能从厂家索赔到，这部分成本不需要客户承担；另外在保外修理的关键零部件，应该坚持使用正厂件，如油泵、油缸和齿轮件等。从主机厂的配套厂家进货的一般分为两种，一种是达到配套标准的正厂件，价位比直接从主机厂进货低（10%～20%），质量稳定，可以在保修期内的维修和保外修理的关键部位正常使用；另一种是不能配套的次品，属于副厂件，价位适中，质量可以，这类零件不能用于保修期内的维修，出了问题无法索赔，还严重影响自己的声誉，但这类零件可以用在其他修理中，一般能够保证使用。还有从专门做配件的制造厂家进货的也是副厂件，这类零件是这些厂家仿制正规配套厂的，价格很低，但质量不稳定。如：挖掘机齿尖、装载机斗齿等是铸钢件，尺寸、重量都合格，但材质合金成分不完全一样，热处理的金相组织也有差距。这种进货渠道一定要慎重，一些有多年历史的厂家产品质量还可以，也敢于承诺保证质量（有一定时间和条件限制），在客户实际使用中，正厂件能保证 1 个月以上的使用期，这类零件可能使用 20 天，而多数客户追求低价位，愿意购买这类零件。

另外，为了降低总成部件的进货成本，一些配件部门自己组织散件进行组装，如装载机的主传动（牙包）散件进货，自己组织修理技师组装。总成进货价约 1100 元，散件组装后 900 多元。这种组装一定要严格组装质量，各项配合间隙一定按要求调整到位，否则适得其反，一旦客户不能正常使用，反而会对代理商进行投诉和索赔。

还有工程机械油品，柴机油、齿轮油、液压油和润滑脂等。油品是工程机械客户的需求大类，做得好的配件经营者，油品的销售占到配件销售总额的 30% 以上。国内工程机械使用的油品有：国内品牌油品如统一、长城和昆仑等；主机厂家的专用油品，柴油机厂家的专用油品；还有进口品牌的油品。有经验的客户一般选购国内知名品牌的油品和主机厂家的专用油品，进口品牌油品因为价位太高，客户很难接受。当前市场上还出现了以代理商品牌命名的专用油品，这类油品都是国内知名品牌油品与代理商合作的产品，价位、质量都是客户能够接受的，大型代理商应该积极争取这种合作机会，保证自己的油品进货渠道，扩大自己的品牌市场影响。

7）配件经营中的客户管理

配件的客户管理有配件经营的特点，配件的客户群体相对稳定，回头客户、长期客户是配件的主要客户群体，配件销售经理应该称为配件客户管理经理。客户信息的最初来源应该是整机销售部门或售后服务、大修理等部门。能否与客户保持长期来往，使客户成为配件的稳定客户，则应该是配件部门自己的事。配件部门得到客户信息后，应该在配件部内部建立自己的客户档案。这个客户档案既是公司客户档案系统的一个子系统，是公司客户动态档案的延伸和不断补充，还是配件部门必须掌握和随时要使用的客户实际资料。配件部门的客户档案应该包括：

① 客户基础资料，姓名、住址、电话、施工地、设备机种型号数量和设备使用状况等，并根据变化随时补充。

② 公司内部销售部门、服务部门、大修理等与这位客户的工作来往、联系记录。

③ 配件部门与客户的联系记录，客户每次购买的配件明细（附表14）和油品明细，客户配件货款回收记录等。

客户档案是分析市场、细分客户的依据，同时也是对客户评价的依据。配件销售一般都是现款交易，不做赊销或分期，但对一些大客户和信用良好的客户（也称为金卡客户 VIP），实行日常供货、季度结账的办法。评价客户能否成为金卡客户，可以对他们购买的配件明细进行分析：配件明细以易损件为主的，油品正常耗用更换，说明这位客户管理有方，设备使用状况正常，设备驾驶员工作认真，技术水平较高，可以逐步成为金卡客户；配件明细非常用件数量多，甚至包括驾驶室玻璃、工具等，油品更换不稳定，说明这个客户的管理能力有问题，就不能成为金卡客户，更不敢给予赊销。

客户管理主要应该由配件销售经理进行日常联系，大客户必须由配件部门经理直接联系，一定要表示出对大客户的高度重视。现在工程机械市场已经成为以私营、个体为主要客户的市场，对于这些民营客户，我们的配件销售经理应该成为客户的"设备科长"，设身处地为客户着想，从客户的实际需要出发，及时提供相应配件、油品等。对于大客户的配货订单，需求量大并且需求稳定的，可以实行预存配件，预先在客户库房中存放部分易损件和油品（存在自己库房还有仓储成本），按季度清点结算货款，并及时给予补充。

8）配件部门的硬件配置

配件部门的硬件设施按照工作需要配置，现在相当一部分代理商公司都给配件部门配置了电脑，配件销售实行电子计算机管理。日常的库房进出账务管理、日清月结、客户的配件明细、开票和结账等工作都由电脑完成。客户档案由电脑记录保管，并且与公司内部网连接，便于查看使用，也便于公司内部其他部门使用、查看和补充。这些电脑软件各有特点，其中"管家婆"软件对配件管理操作简便易行，使用良好。配件的日常进出，应该配置货运车辆，以保证进货出货的及时快捷，并且加强与当地的物流单位联系，保证及时把配件送到客户使用地。

另外，还应配备必要的检测工具、搬运设备及起吊设备（也可以临时使用库存样机：装载机或挖掘机）等，这种硬件配置能适用、实用就好。配件图册是配件部门必需的工具书，应尽可能按机种、机型收集齐全，产品换代后还要收集最新的换代图册。配件部门的业务人员和库管都要认真学习图册，参照实物对比，真正掌握配件名称、件号、位置和连接等，还要掌握当地客户的通俗名称，以避免发错配件。

9）代理商公司内部配件部门与其他部门的关系

在代理商公司内部，配件部门是整个经营环节中的一个，为实现公司的经营目标，为了配件部门自身的发展，配件部门应该加强与其他部门的联系与沟通，从而形成相互支持、相互配合的良好工作关系。

(1) 与销售部门：按照公司经营工作流程，配件部门从销售部门得到整机客户信息（新客户），开始配件业务；配件部门不断补充客户信息资料，并反馈到销售部门，帮助销售部门开展新的（再次购买或新机种购买）业务。同时，两个部门都是联系客户最多的部门，所以两家应该相互配合、相互支持。配件部门应该制定销售人员销售配件的提成奖励规定，争取让销售人员不放过任何配件销售机会，进而增大配件销量。

(2) 与售后服务部门：售后服务部门应该是配件部门的用户，保质、保量、及时向售后服务提供配件，是配件部门的职责，配件部门应该主动加强联系，加强沟通。同时，服务人员可以直接得到大量的、实际的客户设备状况信息，还能提供技术支持，有利于配件部门开发市场、开展业务。配件部门也应对服务人员给予销售配件提成奖励。

(3) 与大修理厂：大修理厂是配件部门的重要用户，大修理做得好，可以耗用大量配件，可以极大地促进配件销售。强化与大修理厂的关系，直接把大修理厂当作大客户对待，是配件部门的职责所在。对大修理厂的配件需求，配件部门应该按照公司的规定（公司应该制定这样的规定）给予折扣；同时，在配件总成散件组装时，给予大修理厂结算工时费用。

(4) 与债权、财务、人力资源和行政等部门：这些部门都是公司内部的职能管理部门，对某一职能实行归口管理。配件部门应该主动接受这些部门的监督、检查、核算和支持，保持与这些部门的联系和沟通。

在一个公司内部，上下级之间、各个部门之间保持紧密配合、相互支持的工作关系，是这家公司业务流畅、工作有序的标志，和谐、有序的工作环境也是生产力，任何指责、抱怨都将影响工作。配件部门在处理内部关系上，应该坚持主动，坚持沟通，对自己多检查，对别人多谅解，实际工作中需要这样的态度。

在国内工程机械市场上，实际使用的工程机械产品已经达到相当庞大的数量，并且这个数量还在继续增长。工程机械配件这块美味的蛋糕到底能吃到多少，对于每家工程机械代理商公司都既是机遇也是挑战。工程机械代理公司应高度重视配件部门，对配件部门按照赢利部门定位，积极支持配件部门做大做强。配件部门自己也应该积极工作，努力探索现代配件经营模式，尽快做大做强配件业务，争取更好的效益。

课后习题

1. 简述工程机械生产制造公司配件销售系统的构成。
2. 简述配件售后服务的内容。
3. 简述代理商的配件营销。

7 再制造发动机销售管理

> **学习目标**
> - 了解发动机再制造技术工艺
> - 了解发动机再制造的核心技术
> - 掌握废旧发动机回收鉴定方法
> - 掌握旧机的回收标准

7.1 发动机再制造技术

发动机再制造业在欧美有着50多年的历史,已不是一个新兴的产业,有着系统完善的再加工工艺流程。近几年来,随着国内汽车市场的逐步扩大,发动机再制造业逐渐开始起步。节约和环保问题已成为全人类共同关注的问题,报废的汽车如果不进行再制造将会造成材料的极大浪费和环境污染。据统计全球每年就有2600多万辆汽车报费,数量何其大,浪费和污染也就非常严重。数据研究证明:一辆汽车上可回收利用材料就占90%,主要有钢铁、有色金属等。对回收的资源加工成再制造成品与新成品比较,成本只是新成品的50%,节能60%,节材70%,对环境的不良影响显著降低,有力促进了资源节约型、环境友好型社会的建设,表7.1为×××公司发动机基础件的更新与修复经济效益对比表。

表7.1 ×××公司发动机基础件的更新与修复经济效益对比表 万元

项目	×××公司 WD615 发动机			×××公司 B 型发动机		
	原值	修复价	节约	原值	修复价	节约
缸体	1.13	0.2~0.25	0.905	0.72	0.14~0.15	0.575
缸盖	0.48	0.09~0.10	0.385	0.38	0.06~0.078	0.323
曲轴	0.62	0.12~0.15	0.485	0.38	0.06~0.078	0.323

再制造是指以装备全寿命周期理论为指导,以实现废旧装备性能提升为目标,以优质、高效、节能、节材、环保为准则,以先进技术和产业化生产为手段,进行修复、改造废旧装备的一系列技术措施或工程活动的总称。简言之,再制造是废旧装备高技术修复、改造的产业化。

1) 发动机再制造技术的特点

(1) 发动机再制造的内涵 发动机再制造,既不是传统意义上的发动机大修理,也非一般意义上的新发动机制造。它是指将不能继续使用的旧发动机处理成近似新发动机的特殊过程。在此过程中,发动机首先被完全拆解、清洗;而后按制造标准对发动机基础件(缸体、缸盖、曲轴、连杆等)进行检测,确实有修复价值的留下;第三步用专用设备,按照严格的修复工艺重新修复,加工到制造要求的公差范围,对易损件和轴承(瓦)、活塞环、活塞和垫片等则采用新件；最后按制造工艺装配，整机在台架调试，检验合格后喷涂出厂。

(2) 发动机再制造的独特优势

① 再制造发动机的基础部件都是由高精度的专用设备进行特殊的修复和加工处理，主要磨损件全部更换为正常的原厂配件，每台发动机都须通过严格的调试、检验才出厂，因此可完全达到与新机一样的技术指标（低油耗、低尾气排放），满足日趋严格的环保要求。

② 再制造发动机与新机相比，其价格优势非常明显。这是因为再制造发动机充分挖掘了旧发动机基础件的潜在价值，和传统的发动机大修相比，再制造发动机采用专业化、大批量的流水线生产方式，极大地提高了生产效率，降低了生产成本，保证了再制造发动机的价格远低于新机，甚至接近大修成本。

③ 再制造发动机一般可直接装到待修车上使用（总成互换），能在短时间内恢复待修车的使用性能，适应了现代社会快节奏的使用要求。

④ 再制造发动机一般都提供保质期，从1~3年不等，质量有保障。

2) 发动机再制造的工艺

(1) 发动机再制造的总体方案 以系统的观点，对发动机的全部零部件进行考虑，并将其分成三类：报废件、可再制造件、可再使用件，如图7.1所示。首先对可再利用件和可再制造件进行磨损状态分析，并利用寿命预测方法对每一部件进行寿命评估，然后按照新品制造的标准来进行再制造，并综合采用多种复合的表面工程技术对关键零部件进行重点强化处理，拟采用的关键再制造技术包括：激光淬火、离子注入、低温离子渗硫、磁控溅射、超音速等离子喷涂、纳米电刷镀、渗氮、渗硼、纳米添加剂、智能化渗油润滑处理、等离子浸没注入等技术。采用纳米添加剂技术改善发动机内摩擦副的润滑条件，发挥再制造技术的后发优势，使再制造后的发动机寿命大大提升。

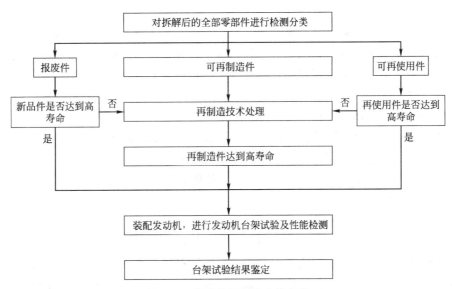

图 7.1 发动机再制造总体方案

再制造方式主要包括机械修复法、表面强化法、换件法等，以高于新品标准来检测再制造件。

发动机再制造的思路是：抓住影响发动机寿命的主要零件（如缸套与活塞环、曲轴与轴瓦、凸轮与气门调整盘等），同时对发动机附属配件（水泵、电机、机油泵、低压柴油泵和涡轮增压器等）进行强化处理，并兼顾延长寿命后可能出现的其他情况（如水垢、积炭、老化以及疲劳等现象）。

（2）发动机再制造工艺　发动机再制造生产工艺过程包括对故障发动机的回收、拆卸、清洗、检测、再制造、装配、整机测试、包装、销售，发动机产品回收再利用研究。下面逐一简要介绍。

① 回收。包括两个方面：一是对旧发动机从客户手中进行回收，再就是对旧发动机性能进行检测评估。

② 拆卸、清洗、分类。拆卸就是将旧机全部拆卸到部件或零件。拆卸是产品进行再制造的前提，无法拆卸的产品谈不上再制造。拆卸设计必须考虑以下准则：拆卸工作量最小原则，结构可拆卸准则，拆卸易于操作原则等。

清洗是指清除工件表面液体和固体的污染物使工件表面达到一定的洁净程度。通常采用的清洗方法有：汽油清洗、热水喷洗或蒸汽清洗、化学清洗剂清洗或化学净化浴、擦洗或钢刷刷洗、高压或常压喷洗、喷砂、电解清洗、超声波清洗及多步清洗等数十种方法。用于清洗的清洗剂也有几类：石油类溶剂、有机类溶剂、卤代烃溶剂、碱溶液及水基金属清洗剂等。大众联合发展有限公司的发动机翻新厂对分类好的零部件采用化学药剂浸泡、喷丸等手段进行清洗。在进行喷丸时，需对螺纹等一些表面贴上覆盖物进行保护。

依据零件的损坏功能可将零件分为四类，一是完好件，即可直接再利用的部件。旧汽车发动机再制造工艺过程中拆卸并判定可直接再利用的零部件。如：进气管总成、前后排气支管、油箱底壳等。第二是可再制造件。通过再制造加工恢复或升级的零件。如：缸体总成、连杆总成、曲轴总成、缸盖总成等，这是再制造的核心。第三是不可再利用件，如：主轴瓦、汽缸等。第四是易损件，是指那些目前无法通过再利用、再制造和再循环回收其资源的零件。

（3）发动机再制造的修复　再制造加工是指利用表面工程或者先进的加工工艺或常规热处理方法对可再制造工件进行性能、尺寸等恢复，使其恢复到原有的尺寸要求，使其性能优于原先发动机的性能。一般采用以下三种方式来对产品性能进行修复。

① 强化修复法：以采用高新表面工程技术修复磨损件为特点，主要提高产品零部件的表面综合性能，延长产品的使用寿命。

② 功能替换法：以采用最新多功能模块替换旧模块或增加新模块为特点，主要用于恢复甚至提高产品的功能、环保性、可靠性等，优化产品。

③ 改造完善法：以局部结构改造为特点，主要用于修补原产品的缺陷，提高可靠性，使再制造产品适合服役环境或条件。

（4）发动机再制造的修复技术

① 现代表面技术。现代表面技术具有优质、高效、低耗等先进制造技术特征，是再制造的重要手段之一。采用多种现代表面技术可直接针对许多贵重零部件的失效原因，实施局部表面强化或修复，重新恢复使用价值。如：纳米电刷镀技术、高速电弧喷涂技术、纳米固体润滑干膜技术。

② 粘接技术。利用各种胶黏剂修复不宜采用其他方法修复的零部件，可收到很好的效果。

③ 再制造零部件"毛坯"成型技术。采用铸、锻、焊方法修复零件或形成再制造

"毛坯"。

④ 再制造零部件再加工技术。采用传统常规加工方法：车、钳、铣、刨、钻、镗、拉、磨等及其发展的各种数控、高速、强力、精密等新方法，进行再制造加工；采用传统特种加工方法：电火花、电解、超声波、激光等及其发展的各种自动化、柔性化、精密化、集成化、智能化等新方法；新型的高效特种加工技术进行再制造加工；采用新型的高精度、高效率复合加工及组合工艺技术进行再制造加工。

3) 发动机再制造的关键技术

发动机再制造的关键是对发动机的主要零部件的再制造，这些零部件主要包括缸体、缸盖、曲轴和连杆等。表面工程技术是再制造的关键，在传统表面工程技术基础上，开发了性能更优异的纳米表面工程技术和自动化表面工程技术。前者充分利用了纳米颗粒的小尺寸效应，大大提高了再制造产品的表面性能；后者适应了再制造生产对批量化、自动化的迫切需求，在提高生产率的同时，进一步提高了再制造产品的质量。上述技术均已应用于国家首批示范试点企业"济南复强再制造公司"的汽车发动机再制造生产线。

(1) 纳米表面工程技术 微纳米技术是 21 世纪出现的三大高新技术之一。整体纳米化技术的应用估计还需 20～30 年时间。在现阶段，将纳米颗粒弥散分布在表面涂层内，使纳米材料与传统表面工程技术相融合，发挥纳米材料的优异效果，开发了具有自主知识产权的纳米表面工程技术。

① 纳米颗粒复合电刷镀技术。通过在普通电刷镀液中添加纳米陶瓷颗粒，并解决纳米颗粒在盐溶液中的团聚倾向和非导电的纳米陶瓷颗粒与金属实现共沉积两大技术难题，实现了纳米颗粒与基体金属之间牢固的化学键结合，从而依靠纳米颗粒的特殊性能，大幅度提高了电刷镀层的力学、摩擦学等性能。针对汽车发动机的关键零部件，如曲轴、凸轮轴、连杆，利用纳米颗粒复合电刷镀技术制备的纳米颗粒复合电刷镀层提高了零件的耐高温、耐磨损和抗疲劳性能。尤其突出的是，该技术成功完成了进口飞机发动机压气机叶片的再制造，使叶片抗微动磨损性能显著提高，300h 台架试验验证满足要求，再制造费用仅是从国外进口技术实施维修费用的 1/10，突破了维修技术瓶颈，获得了显著的效果。

② 纳米热喷涂技术。以现有热喷涂技术为基础，通过喷涂纳米结构颗粒粉末或含纳米结构颗粒的丝材，得到纳米结构涂层的新技术称为纳米热喷涂技术。利用自行开发的高效能超音速等离子喷涂设备（HEPJ）制备了各种高熔点的纳米结构陶瓷或金属陶瓷涂层，涂层以纳米晶为主，同时辅以亚微米晶。纳米热喷涂层的结合强度、致密性和其他综合性能显著提高。对于同一种美国产 Al_2O_3/TiO_2 纳米复合粉末，分别利用 HEPJ 和美国产的某型等离子喷涂设备制备纳米结构涂层。结果表明，国产喷涂设备制备的纳米结构涂层的硬度和结合强度分别是美国喷涂设备制备涂层的 1.5 倍和 2.5 倍。该技术目前已用于军用车辆发动机再制造生产线。

③ 纳米减摩自修复添加剂技术。纳米减摩自修复添加剂技术是一种通过摩擦化学作用，在摩擦副表面形成具有减摩润滑和自修复功能的固态修复膜，达到磨损和修复的动态平衡，从而在不停机、不解体状况下实现磨损表面减摩和自修复的技术。

(2) 自动化表面工程技术 再制造过程是产业化、批量化的生产加工过程。为了更好地适应再制造的产业化要求，表面工程技术必须从手工操作发展到自动化操作。重点开发的自动化高速电弧喷涂技术、自动化纳米颗粒复合电刷镀技术和半自动化微束等离子弧熔覆技术，进一步提高了表面涂层的性能和再制造质量。

① 自动化高速电弧喷涂技术。利用操作机夹持喷枪，通过编程实现喷涂过程的路径规划，实时反馈调节喷涂工艺参数，按照设定路径实现自动化的喷涂作业。该技术用于重载汽车发动机缸体、曲轴箱体等重要零件的再制造，单件发动机箱体的再制造时间由手工操作的 1.5h 缩短为 20min，效率提高 4.5 倍。曲轴、缸体等零件的再制造，其材料消耗为零件本体质量的 0.5%，费用投入不超过新品价格的 10%。再制造曲轴还减少了新曲轴制造中的 400℃条件下 8h 的碳氮共渗工序，节约了大量能源。

② 自动化纳米颗粒复合电刷镀技术。通过解决刷镀过程中镀液连续供给和循环利用和镀覆过程的实时监控等关键难题，实现了纳米颗粒复合电刷镀工艺的自动化，研制出用于斯太尔汽车发动机连杆再制造的自动化纳米颗粒复合电刷镀专机，可一次性完成 4~6 件发动机连杆的电刷镀，并使单件作业时间由 60min 缩短为 5min，效率提高 10 倍以上。再制造连杆所需的能源消耗和材料消耗分别为新品连杆的 50% 和 10%，成本仅为新品连杆的 10%。自动化纳米电刷镀再制造连杆的耐磨性是同类手工电刷镀连杆的 2 倍左右。

③ 半自动化微束等离子弧熔覆技术。微束等离子弧具有高电流密度、小热量输入的特点，解决了中小零部件弧焊修复时因热量输入大而引起变形的问题，而且熔覆层与基材为冶金结合，可以抵抗冲击、交变载荷。按以前的发动机修理规范，气门密封锥面磨损超差后，只能做报废处理。该技术实现了废旧气门的再制造，再制造后气门变形量小，表面硬度恢复到磨损前的数值，质量超过了新品。每只新品排气门价值 70 元，而再制造一个废旧排气门的成本约为 10 元。

(3) 发动机再制造的检测与质量控制　再制造加工是建立在失效分析基础上的，而对于再制造过程中的产品失效分析，以及再制造产品的质量控制，只能依靠无损检测技术才能实现。

无损检测是建立在现代科学技术基础上的一门应用型技术学科，它以不损坏被检测物体内部结构为前提，应用物理的方法，检测物体内部或表面的物理性能、状态特性以及内部结构，检查物质内部是否存在不连续（即缺陷），从而判断被检测物是否合格，进而评价其适用性。

再制造工程的质量控制，包括再制造毛坯的性能和形状等质量检测、再制造加工过程的优化和在线监控、再制造成品的无损检测和破坏性抽检。由于再制造毛坯作为再制造生产原料的独特性及其质量性能的不稳定性，对其进行质量检测是再制造质量控制的第一个环节。对于废旧产品的零件，需要进行全部的质量检测，无论是内在质量还是外观几何形状，并根据检测结果，结合再制造性综合评价，决定零件能否进行再制造，并确定再制造的方案。再制造毛坯的内在质量检测，主要是采用一些无损检测技术，检查再制造毛坯存在的裂纹、孔隙、强应力集中点等影响再制造后零件使用性能的缺陷，一般可采用超声检测技术、射线检测技术、磁记忆效应检测技术、涡流检测技术、磁粉检测技术、渗透检测技术、工业内窥镜等。再制造毛坯外观质量检测主要是检测零件的外形尺寸、表层性能的改变等情况，对于简单形状的再制造毛坯几何尺寸测量，采用常用工具即可满足测量要求，对于复杂的三维零件的尺寸测量，可采用专业工具，如三坐标测量机等。

再制造产品的质量检验通常采取新品或者更严格的质量检验标准。再制造成品检验是指对组装后的再制造产品在准备入库或出厂前所进行的检验，包括外观、精度、性能、参数及包装等的检查与检验。再制造产品质量检验的目的，主要是判断产品质量是否合格和确定产品质量等级或产品缺陷的严重程度,为质量改进提供依据。质量检验过程包括:测量、比较判断、符合性判定、实施处理。再制造成品的质量控制包括再制造产品性能与质量的无损检测、破坏性抽测、再制造产品的性能和质量评价三方面内容。

对于检测出缺陷的产品应进行无损评价,其基本步骤是:

① 对材料(构件)进行应力分析,根据构件的载荷,计算和测定构件有缺陷部位的应力。

② 测定或估算缺陷部位和残余应力。

③ 进行材料的断裂力学计算,判断缺陷的危险程度,最后对缺陷的去留作评定。

(4) 发动机再制造的寿命预测与剩余寿命评估 再制造的产品寿命预测与剩余寿命评估,主要是应用断裂力学、摩擦学、金属学等理论建立失效行为的数学模型,从而建立产品寿命的预测评价系统,评估零部件的剩余寿命。可以使用无损检测技术对运行中的装置或构件进行在役动态监测,及时发现影响运行的安全隐患,而且还可以根据发现的早期缺陷及其程度,在确定其方位、尺寸、形状、取向和性质的基础上,对零部件的安全运行寿命进行评价,从而为产品寿命预测与剩余寿命评估提供依据。

7.2 废旧发动机回收鉴定

废旧发动机回收鉴定是对废旧发动机回收状态进行识别和控制,以确保发动机再制造原材料品质符合规定。

1) 废旧发动机的回收

(1) 术语 废旧发动机:客户已经使用过的并且已经或者即将进入大修期的发动机以及部分不再使用的发动机,不包含新品的三包机、零件拼凑机等。

基础件:汽缸体总成、曲轴总成、缸盖总成、连杆总成、凸轮轴、正时齿轮室、飞轮壳、油底壳等发动机主体零部件称为发动机基础件。原则上,基础件为原机装配零部件。

基本型:在发动机基础件基础上增加机油冷却器、喷油器、水泵、气门、气门摇臂、摇臂座、机油泵、喷油泵、高压油管、飞轮、空压机以及电控共轨系统等零部件的发动机称为基本型。

整机:在基本型的基础上增加皮带轮、减振器、张紧轮、进气管、排气歧管、增压器、出水管、燃油滤清器、机油滤清器、发电机、启动机等与原机型发动机所带外围件相同的发动机。

(2) 旧机鉴定基本原则 所有回收的旧机必须是工程机械生产制造公司生产的产品,主要基础件必须是工程机械生产制造公司正宗配件。且旧机可以正常启动,无失水、化瓦等重大故障。严禁回收拼装机。

(3) 旧机的鉴定 工程机械生产制造公司授权鉴定中心负责对各维修站回收的旧机进行鉴定,工程机械生产制造公司再制造公司负责对鉴定中心送达的旧机进行拆机核查。经核查旧机状态符合鉴定标准的,工程机械生产制造公司再制造公司按照该机型旧机最终回收价格与鉴定中心结算。

2) 旧机检查

维修站、鉴定中心应对旧机进行外观、完整性和符合性检查。若收回的旧机存在零部件短缺、不符合规定的情况,按照《零部件不合规、短缺费用扣除标准》从回收旧机最高限价中扣除费用。

(1) 外观检查

① 铭牌标识是否与整机机器编号一致,如铭牌缺失,以整机机器编号为准,可参考柴油机质量档案卡(见图7.2)。

(a) 发动机编号现在状况　　　　　　　　(b) 2004年前手打机器编号

图7.2　发动机编号位置及式样

② 机体与框架配对号必须一致(见图7.3)。

图7.3　机体与框架配对号位置及式样

③ 机体铸件及标识(见图7.4~图7.6)。

 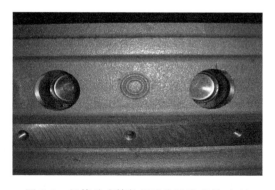

图7.4　机体总成铸件标识位置及式样(一)　　图7.5　机体总成铸件标识位置及式样(二)

④ 检查旧机主要基础件各结合面处漆膜和紧固螺栓,判断是否曾被拆解过。

⑤ 铸造基础件没有可视的破损、裂纹、断裂。

图 7.6　机体总成铸件标识位置及式样（三）

⑥ 拆开油底壳，盘动曲轴检查是否存在因化瓦等原因造成的曲轴、机体等主要零件的损坏。

⑦ 发动机是否发生过高温故障，观察机体、缸盖等是否变色。

（2）旧机的完整性检查　废旧柴油机的完整性应为在柴油机基本型的基础上，包含满足柴油机运转所需的其余零件，主要为图 7.7～图 7.10 所示的外围零部件（电控共轨柴油机还应包含共轨系统、电控系统等部分）：如气门、气门摇臂、摇臂座、高压油管、飞轮、皮带轮、减振器、张紧轮、增压器、三滤、发电机、启动机等。

图 7.7　柴油机正面

图 7.8　柴油机背面

图 7.9　柴油机后端

图 7.10　柴油机前端

（3）检查旧机的符合性

① 旧机的基础件必须是原厂的零配件。

② 回收旧机的外协总成件必须是工程机械生产制造公司指定厂家的产品。

（4）拆机核查　经工程机械生产制造公司再制造公司拆机核查，回收旧机的基础件及主要件若存在以下缺陷，判定为报废的零件，按照《零部件不合规、短缺费用扣除标准》从回收旧机最高限价中扣除费用。

① 机体总成。机体总成的检查内容包括：捣缸；框架断裂；主轴孔有横向、纵向裂纹；曲轴箱与机体配对号不符；曾扩缸加装加大汽缸套；主轴承孔进行过焊补；缸孔裂纹；止推面进行过焊补；镗大主轴孔；化瓦。

② 汽缸盖。汽缸盖的检查内容包括：裂纹；外观出现异常，高温变色。

③ 曲轴。曲轴的检查内容包括：化瓦；曾进行过堆焊；裂纹。

④ 连杆。连杆的检查内容包括：化瓦烧损、变色；连杆体、盖不配对。

⑤ 正时齿轮室。正时齿轮室的检查内容包括裂纹或缺损。

⑥ 飞轮壳。飞轮壳的检查内容包括裂纹或缺损。

⑦ 喷油泵。喷油泵的检查内容包括：壳体损坏；齿条卡滞。

⑧ 空压机。空压机主要检查壳体裂纹。

⑨ 增压器。增压器检查内容包括：压气机壳破损；叶轮卡滞。

⑩ 启动机。启动机主要检查外观破损。

⑪ 发电机。发电机主要检查外观破损。

7.3　旧机的回收标准

1）柴油机回收分类

维修站或经销商按照表7.2对回收的发动机进行分类识别，其中主要零件及其故障模式按照表7.3执行，结算方式按照表7.4执行。

表7.2　回收旧机分类标准

序号	类型	发动机状态	发动机零件状态	结算方式
1	再制造柴油机	可正常运转	无因裂纹等导致的失水等故障	按最高限价结算
			基础件及外围零件复合旧机检查要求	
			主要零件发生故障	扣除故障零件费用
		不可正常运转	主要零件发生故障	扣除故障零件费用
2	××柴油机	可正常运转	无因裂纹等导致的失水等故障	按最高限价结算
			基础件及外围零件复合旧机检查要求	
			主要零件发生故障	扣除故障零件费用
		不可正常运转	主要零件发生故障	扣除故障零件费用

2）零件扣款标准

维修站或经销商回收的旧机经发动机再制造公司拆机核查，其基础件或主要件若因存在缺陷导致零件报废，将按照表7.3从回收旧机最高限价中扣除相关费用。

表7.3 零部件不合规、短缺费用扣除标准

序号	名称	单位	用量	单位附加费/(元/件)	备注
一、重要零部件不合规					
1	汽缸体总成	件	1		
2	汽缸盖总成	件	6		
3	曲轴总成	件	1		
4	连杆总成	件	6		
5	正时齿轮室	件	1		
6	飞轮壳	件	1		
7	喷油泵	件	1		
8	废气涡轮增压器总成	件	1		
9	水冷单缸空压机	件	1		
10	喷油器总成	件	6		
11	发电机	件	1		
12	启动机	件	1		
二、零部件短缺					
1	前油封座	件	1		
2	空压机齿轮盖	件	1		
3	加油短管组件	件	1		
4	油气分离器	件	1		
5	皮带轮	件	1		
6	减振器	件	1		
7	飞轮及齿圈	件	1		
8	气门推杆总成	件	12		
9	气门挺柱	件	12		
10	张紧轮总成	件	1		
11	机油冷却器芯总成	件	1		
12	凸轮轴	件	1		
13	喷油泵托架	件	1		
14	机油泵总成	件	1		
15	前排气歧管	件	1		
16	后排气歧管	件	1		
17	进油管	件	1		
18	传动轴总成	件	1		
19	油底壳托块	件	12		
20	夹紧块(长方形)	件	5		最大尺寸夹紧块
21	吊环夹紧块	件	2		
22	夹紧块(长条形)	件	2		
23	夹紧块(圆柱形)	件	5		

续表

序号	名称	单位	用量	单位附加费/(元/件)	备注
二、零部件短缺					
24	吊环螺钉	件	2		
25	紧固压板	件	6		
26	油底壳总成	件	1		
27	机油冷却器盖总成	件	1		
28	凸轮轴齿轮盖	件	1		
29	进气管总成	件	1		
30	出水管总成	件	1		
31	机油滤清器座组件	件	1		
32	汽缸盖罩	件	6		
33	水泵总成	件	1		
34	连接弯管	件	1		

3）回收旧机最高限价

表7.4是维修站或经销商回收各系列旧机的最高限价，单位为元人民币（说明：以下限价为再制造公司与维修站或经销商结算时的最高限价，经再制造公司核查后按照上述标准扣除报废零件款项后与维修站或经销商进行核算）。

表7.4 回收旧机最高限价表

序号	发动机型号	功率/kW 转速/(r/min)	旧发动机回收最高限价
1			
2			
3			
4			
5			
6			
7			
8			
9			
10			

4）回收记录要求

鉴定中心和特约维修站应认真填写《旧件检验登记表》（附表28），确保信息完整真实。

（1）旧机回收记录的填写

① 特约维修站在从用户处回收旧机时应按照《旧件检验登记表》对回收旧机的信息进行如实填写，《旧件检验登记表》随旧机一起转至鉴定中心。

② 鉴定中心负责按照特约维修站上报的《旧件检验登记表》对每台回收旧机进行鉴定并如实填写鉴定信息，该《旧件检验登记表》随旧机一起返回。

③ 再制造公司负责进行旧机拆解核查并在《旧件检验登记表》中填写接受信息。核查中发现实物与记录不相符的情况，再制造公司负责将照片和相关描述反馈营销总公司和鉴定中心。

（2）核查数据的处理　再制造公司负责每月根据返回的《旧机检查登记表》整理出每个鉴定中心该批回收旧机的《费用扣款通知单》（附表 29），并与鉴定中心进行结算，同时将《旧机检查登记表》存档，作为年度评价鉴定中心信誉等级的依据。

课后习题

1. 简述发动机再制造技术方案。
2. 旧发动机的鉴别方法？
3. 发动机再制造的检测与质量控制方法？

8 专用油的销售管理

> **学习目标**
> - 了解业务员所需要具备的基本素质
> - 掌握润滑油加油站销售技巧
> - 掌握润滑油销售的业务流程

通过对专用机油销售进行管理可以规范工程机械生产制造公司专用机油市场秩序,保护授权销售商利益,建立方便客户的专用机油销售网络。保证专用机油授权销售商经营工程机械生产制造公司专用机油利益最大化,稳定扩大工程机械生产制造公司专用机油市场占有率,提升工程机械生产制造公司服务产业化水平。

8.1 业务员所需要具备的基本素质

1)业务员的行销"四心"——爱心、信心、恒心、热忱心

(1)爱心 爱心是业务员成功的最大秘诀。它以无与伦比的力量,成为业务员在商战中的护身符。爱心是业务员在销售中的最大武器,因为人们可以拒绝一切,但绝不会拒绝爱心。世界上没有人能抵挡爱的威力,爱可以帮助业务员解除客户心中的怀疑和恐惧,爱是帮助业务员打开客户心灵的钥匙。

(2)信心 如果不能将自己想象为成功者,你永远不会成功。"人之所以能,是因为相信自己能。"由此可见,信心是"不可能"这一毒素的解药。

业务员碰到挫折时,既不要畏惧,也不要回避,而要勇敢地去正视它并有信心打垮它。在挫折面前,你表现得越懦弱,挫折就越欺负你,这样你就会必败无疑。无论什么事,只要勇敢地去尝试,多多少少都会有所收获。那些销售冠军都认为,如果因没有信心而放弃任何尝试机会,自己就绝做不成销售。

(3)恒心——忍耐、一贯和坚持 其实,世界上人人都有恒心,只因各自生活的目的不同产生截然相反的恒心来。人生观积极的人拥有奋发向上,勤奋刻苦走向成功的恒心;而人生观消极的人拥有的却是懒惰,唯利是图走向毁灭的恒心。两者为达目的各自付出的同样是坚持,只不过前者被人们视为意志坚强的人,而后者被人们视为意志薄弱的人。

既然无论业务员走哪一条路都要付出这种坚持到底的恒心,那为什么不选择有鲜花和掌声的恒心呢。而做到这一点并非太难,只要业务员有正确的生活目的。

(4)热忱心 热忱心是一种意识状态,能够鼓舞及激励业务员对工作采取积极行动。热忱也是推销才能中最重要的因素之一,把热情和你的推销工作结合在一起,那么,你的推销工作将不会显得那么辛苦和单调。

热忱会使业务员的整个身心充满活力,即使睡眠时间不到平时一半的情况下,工作量达到平时的2倍或3倍,也不会觉得疲倦。

对推销工作充满热忱的人，不论推销时遇到多少困难，面临多大压力，始终会用不急不躁的态度去进行。只有抱着这种态度，推销才会成功，才会达成目的。

2）成功业务员的培养

（1）健康的体魄　健全的心灵基于健康的身体。对业务员来讲，健康的身体是推销的本钱，尤其作为一个健身俱乐部的业务员，如果没有健康的体魄是不称职的。

（2）积极的人生态度　一个业务员，每一天都伴随着来自公司、客户、家庭这三个主要方面的压力。一个业务员，每一天几乎都是单兵作战，承受着成功与失败的喜怒哀乐。一个业务员，每一天尽全力做使客户满意的事情，而自己的诸多观点看法，不可能全部直接地表达出来。

所以，业务员比谁都更应具有积极的人生态度，坦然、成熟地面对和处理挫折与失败、鼓励与成功。如何面对挫折、失败？

正面观点：

——没有失败

——学到一点东西

——充满信心的人

——主动尝试

——可能想出好办法

——先走一步，方法不对

——合理安排

——天无绝人之路

——还需努力

负面观点：

——失败了

——什么也没做成

——很愚蠢

——尊严受损

——方法不好

——别人成功了

——浪费时间

——无路可走

——未能完成

因挫折而消沉的人很难难获得成功，视失败为宝贵经验，愈挫愈勇地向成功目标挑战的品质，才是业务员应具备的。

（3）持久力　假设我们只设定目标，没有积极的人生态度、良好的个人形象、专业的销售技巧是不够用的，没有持久的努力，是难以成功的，所以在确定目标之后，自己还应确定一个完成的期限，制订一个翔实的时间表并分解大目标，以不断的小成功，增加对工作的热忱，明确最终目标而至成功。

为了避免功败垂成，培养持久力是非常重要的。

（4）正确的金钱观　金钱是达到目的的一种工具，但如果业务员本末倒置地把达成目的的工具变成目的本身，客户们会从业务员的眼睛里读出金钱的欲望，从而影响客户的意愿。

(5) 诚实守信　对自己所做之事，一定要诚实守信。承诺的事要仔细记下来，在期限之前必须兑现，若在期限之前知道无法处理好，也必须在事前向对方说明。讲究诚信的人不会轻易给对方承诺，因为重诺者必寡言。

诚信是一种推销美德，人们从来未能找到令人满意的词代替它。诚信比业务员的其他品质更能深刻地表达人们的内心。

(6) 懂得容忍别人　文明而有素质的人是那些懂得容忍别人的人。古人说的好："退一步海阔天空，忍一时风平浪静。"但人为什么不能容忍别人呢？

① 愚昧：与自己所知的事物不同的便是错的，他所不能了解和理解的事物也是不对的。

② 缺乏同情心：凡事对他只要有一点不如意，不管原因如何，都是错误的。

③ 虚假的主观优胜：不论他人的才能如何优异，只要有一点和自己不相配或不如自己，便彻底否定对方。

对业务员而言，不能容忍他的客户，就等于不能容忍销售本身，因为销售过程中要与各种不同的客户打交道，要理解和包容客户，那些"能被你容忍"和"不能被你容忍"的都要容忍，因为要客户喜欢你，那你首先要喜爱你的客户。

(7) 善解人意　口若悬河的人不一定能成为优秀的业务员，因为这样的人往往沉醉于自己的辩才与思路中而忽略了客户的真实需求。

优秀的业务员，会不断探询客户的需要，将心比心，以细腻的感受力和同情心，判断客户的真实需求并加以满足，最终成交。

(8) 想象力　优秀的业务员还应具备描述公司前景、产品利益的能力，想象力丰富的陈述，不仅能消除客户的排斥心理，还能给自己带来满足感和自信心。增强说服力，帮助客户早下决心购买。

3) 业务员的形象

(1) 业务员的仪容仪表　业务员是公司的代言人，在客户心目中甚至比公司负责人具有代表性。所以，为了给客户良好的第一印象，业务员仪容仪表非常重要。

① 着装原则。切记要以身体为主，服装为辅。如果让服装反客为主，你本身就会变得无足轻重。在客户印象里也只有你的服装而没有你。

② 要按时间、场合、事件的不同，分别穿戴不同的服装。要根据你的客户选择与他们同一档次的服装，不能过高或过低。

③ 无论怎么样着装，你着装的目的要清楚，就是让客户喜欢而不是反感你。

a. 男性业务员的衣着规范仪表。

西装：深色，最好为深蓝色，如有经济能力最好选购高档一些的西装。

衬衣：白色，注重领子、袖口清洁，并熨烫平整。应准备三件以上。

领带：以中色为主，不要太花或太暗，最好准备五条以上。

长裤：选用与上衣色地相衬的面料，裤长以盖住鞋面为准。

便装：中性色彩，干净整齐，无油污。

皮鞋：最好为黑色系带式，如有经济能力最好选购一双名牌皮鞋，且要把它擦亮，底边擦干净。

短袜：最好为黑色，穿时不要露出里裤。

身体：要求无异味，可适当选用一些香水，但切忌香气过于浓烈。

头发：头发要整齐，不要挡住额头，更不要有头皮屑。

眼睛：检查有没有眼屎、眼袋、黑眼圈和红血丝。
嘴：不要有烟气、异味、口臭，出门前多吃口香糖。
胡子：胡须必须刮干净，最好不留。
手：不留长指甲，无污泥，手心干爽洁净。

b. 女性业务员的衣着规范及仪表。
头发：干净整洁不留怪发、无头皮屑。
眼睛：不要有渗出的眼线、睫毛液，无眼袋、黑眼圈。
嘴唇：一定要涂有口红，且保持口气清新。
服装：套裙，色泽以中性为好。不建议穿过于男性化或过于性感的服装，款式以简洁大方为好。
鞋子：黑色高跟淑女鞋，保持鞋面的光亮和鞋边的干净。
袜子：高筒连裤袜，色泽以肉色为好。
首饰：不可太过醒目和珠光宝气，最好不要佩戴三件以上的饰品。
身体：不可有异味，选择高品位的香水。
化妆：一定化妆，否则是对客户的不尊敬，但以淡妆为好，不可浓妆艳抹。

(2) 语言的运用 在与客户的交谈中，保持和缓、热情、充满自信的语气是非常重要的。如果需要，你必须精神饱满地全天都以此种语气面对你的客户，抑扬顿挫的表达方式会增加你所表达内容的说服力。

在与客户交谈中应注意：声音洪亮，避免口头禅，避免语速过慢过快，避免发音出错。

(3) 礼貌的行为 一个业务员的形象，除了应注意服饰和语气，更应注意自身的修养。优雅、礼貌的行为会促成你的销售。

① 我们应在交谈中让客户充分表达他的看法和意见。善于聆听客户的发言，会帮助你了解更多的信息、真实的想法。有助于建立与客户相互信任。

② 我们应在交谈中避免流露出自己对上司、公司职员的不敬或不满，这种谈论对你所造成的伤害，是不可估计的，也是巨大的，没有人喜欢以议论他人为乐的人。

③ 我们在交谈中，应轻松自如地进行表达，过于紧张会减少你所提的建议或策略的分量，也会削弱你的说服力。

④ 我们在交谈中，应避免主动提出吸烟的要求，以免分散客户的注意力，影响销售介绍。

(4) 业务员应具备的体态语言 作为每天都要面对不同客户的业务员来说，有时候客户留意你的身体动作更多于聆听你的长篇大论，因为体态语言更能直接、真实地反映出你的内心想法。体态语言一致能增强说服力与感染力。相反则可能功亏一篑。

有些基本的体态是可能通过不断的训练来形成习惯的，我们把它分成积极的与消极的两方面。

积极：
平视对方，眼光停留在对方的眼眉部；
距离对方一肘的距离；
手自然下垂拿资料；
挺胸直立；
平稳坐在椅子上，双腿合拢、上身前倾。

消极：

目光不定，仰视或低头，直瞪对方；

太靠近或太远；

指手画脚，插口袋或抱肘；

倚在柜台或桌子上；

斜靠在椅背或跷起二郎腿左右摆。

(5) 业务员应克服的痼疾

① 言谈侧重道理：有些业务员习惯以太过书面化、理性的论述进行销售，使客户感觉其建议可操作性不强，达成目标的努力太过艰难，或根本就与这种人有心理距离，因此常会拒绝购买或拒绝其建议。

② 语气蛮横：这样会破坏轻松自如的交流氛围，客户的反感心理会导致建议不被接受。

③ 喜欢随时反驳：在与客户的交谈中，应鼓励客户多发表自己的见解，了解客户的需求，并在适当时机表述意见，或提出解决方案。如果我们不断打断客户谈话，并对每一个异议都进行反驳，会使我们失去一个在最短时间内找到客户假异议的机会。而当这种反驳不附有建议性提案时，反驳仅仅是一时痛快，易导致客户恼羞成怒，中断谈话过程，这对于双方都是很遗憾的。

④ 谈话无重点：销售时间宝贵，而购买时间也同样宝贵。我们的销售介绍要有充分的准备和计划，并反复申述我们的要点。如果你的谈话内容重点不突出，客户无法知道你的要求，就无从谈起满足你的要求了，反而会认为你对他重视不够，准备不足导致销售失败。

⑤ 言不由衷地恭维：对待客户我们应坦诚相待，只赞同他们的正确判断。如果为了讨好客户，以求得到购买而进行华而不实的恭维，实在是对对方的一种轻视，会降低业务员以及所推销产品的信任度，带来不好的后果。

⑥ 懒惰：成功的销售不是一蹴而就的事业，业务员又有许多单独在外的机会，你的主管不会也不可能随时随地检查你的工作，所以这是对个人自律的一个挑战。丧失信心、没有目标、孤独都有可能造成懒惰，懒惰却只能带来更多的更大的失败。

8.2 润滑油加油站销售技巧

加油站是小包装润滑油销售的重要基地，润滑油公司和石油公司要加强合作，充分利用加油站的销售和服务功能，制订有效的促销、激励措施，提高加油站小包装润滑油产品的销量。

加油站这一销售终端，不仅是汽柴油零售的主战场，也是润滑油包装产品销售的重要渠道，如果作用发挥得当，其潜在力量惊人。

1) 加强加油站小包装润滑油销售的计划管理和考核力度

将小包装润滑油销售列入销售计划是其中主要的措施之一。为充分利用加油站的零售网络优势，扩大产品品牌的宣传和提高零售量，同时增加加油站的收入，应加强加油站小包装润滑油的销售计划管理，将润滑油小包装产品销售计划任务提升到公司的统一计划与考核管理体系中，将任务与业绩考核指标挂钩，并将挂钩比例提高到足够大的程度，促使各销售公司上下重视、共同努力。

2) 建立操作性强、能够切实起到作用的激励机制

润滑油公司和石油公司的润滑油管理部门应充分认识加油站一线销售的难度，制定相应的激励机制，鼓励和促进加油站员工推荐销售小包装润滑油。石油公司对加油站进行包装产品结算时留取适宜部分的利润进行奖励，如在遵守销售指导价的前提下，每销售一桶可奖励2~3元，其中大部分应奖励给一线销售员工，谁努力，谁耕耘，谁就有收益，以提高加油站和加油员的积极性。

为解决包装润滑油零售奖励资金来源的问题，可以考虑采取代销的方式，以润滑油代销手续费的方式付奖金。即润滑油公司与各省级石油公司按规定的市场零售价进行结算，再按结算数量，将零售价与批发价之间的差价全额返还，使4L桶每桶返利5元以上（分品种档次而有差异）、20L桶每桶返利15元以上，返利的一部分用于加油站员工集体福利，其余大部分用于奖励直接销售的员工。

3) 加大广告和促销力度

首先要在具备摆放条件的加油站扩大销售小包装润滑油，其次要在非全资的加油站逐渐摆放销售小包装润滑油。针对加油站零售业务的特点，润滑油公司应针对加油站销售小包装润滑油制定丰富多彩、灵活有效的广告和促销活动。

4) 增强销售力量、提高服务水平

加油站小包装油销售的服务工作分为两部分：一是做好后续的配套服务工作。包括产品配套、及时供应，对用户提出的要求，实行快速服务等，与加油站一起做好当地市场的摆放销售工作。二是有计划有步骤地做好培训工作。加油站润滑油销售人员或加油员对润滑油油品知识、产品品牌和产品系列了解较少，在推荐销售中有困难，润滑油公司应将技术培训作为今后此项工作的重点，制订培训计划，对加油站员工进行油品知识培训。

5) 完善加油站功能，加强样板加油站的建设

要完善加油站销售品牌润滑油的零售功能，比如，新建设的加油站，应尽可能地在设计和规划中增加换油间项目；租赁的换油汽车场地，到期后也应考虑收回，建设润滑油包装产品的换油网点。选择销量较大，地理位置较好，具有良好宣传效果，场地较宽阔的加油站，建立样板润滑油超市、提供快速换油服务，可以起到良好的以点带面的示范作用。在经过一段时间的运作之后，石油公司和润滑油销售部门可以组织基层加油站经验交流，创造互相沟通了解的机会，同时可以将经验交流与技术服务结合起来，进行技术培训和技术服务。

6) 采取灵活的配送方式和结算方式

配送条件较好、具有结算权的石油公司可设立专人或专门的部门管理小包装油配送业务，对口与当地的润滑油销售中心进行业务联系，利用各石油公司配送成品油的渠道进行小包装油的配送，如果在某一城市相对集中，可以由润滑油公司销售中心完成配送，对于加油站非常分散的地区，也可以由当地的代理商完成配送。

对石油公司非全资加油站采取较灵活的运作方式，对这部分加油站的配送、结算可由当地石油公司统一管理，也可由润滑油公司下属销售中心或代理商负责配送和结算。要统一制订非全资加油站摆放销售小包装油的销售策略，通过执行成品油供应合同或协议，捆绑销售小包装润滑油产品。

7) 零售店的拜访技巧、拜访的步骤

零售店的拜访技巧，润滑油直销市场中的零售店有：修理厂、汽配专营店、润滑油专卖店、养护店、快保店、快修店，以及车队、4S店等。拜访这些门面总是有难度，经常被客

户拒绝在门外。所以做拜访工作之前得做足准备工作，也要注意一些技巧性，这样才可以取得比较好的效果。将拜访这些零售店的工作列为以下几个步骤。

① 电话预约（通过一些渠道了解他们老板的信息，最好直接约到他们老板，如果没有直接决策人的信息，直接"杀"过去也行，但是往往会因为当家的不在而白跑一趟）。

② 通过其他渠道了解他们的经营情况，为自己需要推荐的产品做计划。

③ 准备相关的产品资料或者是产品样板，甚至是一个促销品的样板等。

④ 登门拜访后，先环视了解他们的经营情况，当场找出他们的需求点或者是问题所在，提出帮助他们解决问题的观点。

⑤ 针对与客户沟通的效果来推荐相关的产品，突出对他们有吸引力的地方，如差价、促销报酬、高利润、店面装修、服务等。

⑥ 如果能够现场接受，马上当他们的面给公司打电话，表示送货的意愿，并且记录他们所订的产品。

⑦ 如果没有当场接受，回去后将客户信息整理，再通过其他样板店的口碑以及相关朋友的使用说服他们，准备二次拜访做说服工作。到门面时不要一开口就直接告诉人家我们是某某公司，向你推荐某产品，人家会很反感，一般先坐下来，做朋友式的交流，等到交流的感情达到一定的层次，然后才提到产品的推荐事情。可以这样说："我这里有一个产品，最近有大动作，对你们来说也许是个好消息……"。

对于已经达成合作的店面，经常拜访能够保持感情，促进销售，因此对这些店面的拜访要做的工作有以下几点。

① 铺面检查，检查产品陈列和销售情况。

② 展列助销，当场协助客户说服用户购买。

③ 收集信息，了解其他竞争对手的动态，用户使用后的情况，以及客户需要解决的问题，包括抱怨等。

④ 登记库存产品数据，了解销售动态，协助客户整理进货配比，协调客户的库存等。

⑤ 回顾拜访目的，将要转达的信息以及需要解决的问题要素等转告客户。

⑥ 销售介绍，将其他客户优秀的经营方法和推销形式介绍给客户参考。

⑦ 完成拜访记录，回来后整理记录，及时发现问题，补充下次拜访的内容。

8）拜访零售店要达成的目的

达成合作，销售产品，回款，终端维护，零售店店员培训，店老板的感情沟通，竞品情报搜集等工作。将以上工作总结起来，操作起来有以下步骤。

步骤一：事前计划。事前计划是要让自己明确拜访目的，这次拜访是去推销、收货款、还是理货；是终端POP（卖点广告）的维护、是向老板宣传销售政策还是加强感情。不同的拜访目的直接影响拜访的成败。其次在事先计划的时候，要根据当地零售店分布和交通线路设计这次拜访的路线，先拜访哪家店，每家店停留的时间是多少。有一些公司规定，要把每次拜访线路写下来，作为工作记录。即便公司不这样规定，头脑中也要有图，心中要有数。要注意携带零售店的资料卡，市场客户的分布表，竞争对手的情况分析，详细市场动态记录。客户的基本资料和当地市场的一些基本的资料。这样自己的准备工作才算完成。在拜访客户的时候要及时更新上面的资料，以便及时分析市场情况，丰富公司对市场的"了解度"。还要注意携带一些相关活动的POP、礼品等市场资源。做事前计划时也要了解到店老板的工作规律，店老板的空闲时间可能是在9：00—10：30这个区间，或者是下午4：00—

6：00这个区间。其他的时间可能被进货、内部管理、闲杂人、销售等事情占满。如果业务员有重要事情和店老板谈，就要选择合适的时间和场合。如果是一般性质的拜访，这要求业务员在第一时间出现在店老板面前，成为老板遇到的第一个业务员。还有的店老板比较忙，在拜访前要电话预约。

步骤二：掌握情报出门，首先了解公司的促销政策，新的促销活动用什么方式，什么时候开始。现在促销活动进行到什么阶段，礼品什么时候到，到多少，分配的原则是什么。这样才能在和老板沟通时吸引老板的注意。

另外还有一些信息，如公司主销产品的库存是多少，利润高的产品是什么，公司的销售政策是什么，回款政策如何……了解这些才能和客户洽谈。

步骤三：观察店面。有些业务员到零售店就一头钻到老板那里，和老板进行所谓的"谈业务"。没有仔细观察店面。观察店面可以看到自己POP的摆放情况，可以看到竞争对手POP的情况，可以看到竞争对手促销活动的情况。这样就可以掌握第一手的市场情报。业务员的一个职责是零售店的顾问，老板是希望业务员给自己提出一些专业的建议。业务员可以观察店员的精神面貌，店内的人流量，这样基本上就知道老板的心理状态和管理能力，为业务的沟通打下基础。善于观察的业务员往往能帮老板发现问题，提出建议，解决问题，从而赢得老板的信任。善于观察的业务员，也可以在观察中学习，在和老板交流零售店管理经验的时候，不断提升自己的专业水平。业务员在零售店之间传递经验的时候，就是该品牌当地销量扩大的时候。如果仅仅和老板交流，忽略员工的感受，他们不推荐客户购买你的产品还是无法顺利销售。只有老板的热心推荐是不够的，毕竟和客户打交道最多的是店内的员工。因此在拜访时不妨给他们员工带些小礼物（有时候是公司的促销品），或者多与他们做业务以外的一些交流等。

步骤四：催促订货。拜访终端的目标是：完成公司的渠道规划目标；让零售店主要销售我们的产品；自己公司产品销量不断持续上升；零售店老板和我们的理念达到共通；零售店店员主要推荐我们的产品。

以上这些目标中，核心是让零售店销售我们的产品，所以业务员访问零售店的最根本目的是出货。只有在一定出货量支持下的拜访，才是有价值的。所以业务员要了解零售店的销售情况和销售结构，如果货源不足就一定要要求进货。一般来说"见面三分情"，业务员已经在那里了，有时候也帮助他解决一些问题，店老板抹不开情面，一般不会多进竞争对手的产品。

步骤五：解决问题。零售店是业务员信息来源的主要途径，也只有通过对零售店的掌控才能更好地掌控经销商。所以业务员要不断地解决零售店的问题，为零售店做好服务。这些问题包括：零售店在促销活动中遇到的问题，促销的礼品是否能及时到位；售后服务的情况；销售的压力在什么地方；需要什么方面的培训和支持；价格定位是否合理。调查了解这些问题以后，业务员要和公司及厂部共同解决。

步骤六：现场培训。老板对你产品的了解，对你公司政策的了解不可能和你一样多。因为他每天面对太多公司的业务员，太多的品牌，每天有太多的信息。那么老板会主推谁的产品呢？除了销量大，利润丰厚的产品以外，就是自己最了解的产品。因此销量的大小就是你在老板头脑中占地方的大小，这个道理对于店员更是如此，店员更倾向于销售自己最熟悉的产品，卖自己最喜欢最亲近的业务员的产品。所以培训老板和店员就是业务员的一项核心任务。

主要培训的内容有润滑油基础知识（绝大多数人非常缺乏），产品知识，厂家的历史和未来，厂家的经营理念，促销活动的操作办法，公司的销售政策，介绍其他店的销售技巧等。如果业务员能做好培训工作，设想一下，哪里有学生不买老师的账，谁会不主推老师的产品。培训要用他们能理解的话来阐述，不要讲太多的技术名词、销售术语等。设想假如你购买彩电，店员却给你讲三极管、二极管、电子电路的知识，你大半会放弃购买。

步骤七：做好记录。一般来说，业务员一天要拜访8～15家店，不可能把每一次的谈话和观察到的东西、商业信息等都记在自己的脑子里面，因此书面的记忆是有必要的。但是对于简单的问题尽量现场解决，现场解决的问题越多，在零售店老板心目中的威信就越高。在记录问题的时候要记：什么事情；什么时候；和谁有关；在哪里发生的；为什么这样；零售店老板建议怎样解决。

如果业务员对零售店的拜访能坚持上面七个步骤，并且企业在各个环节用"客户资料表格、销售计划、日常工作计划"等表格进行管理，那么业务员对零售店的拜访将是高效的，整个企业的基础管理才是坚实的，企业也必将长期受益。

8.3　润滑油销售流程管理

当所有销售代表每人都非常清楚自己的职责和衡量标准，每人都按照标准统一的模式进行每天的销售工作时，销售代表每天用于销售的时间将被最大化，销售代表每天的销量产出也将被最大化。

1）销售代表（线路&大客户）的职责和衡量标准

销售代表的职责和衡量标准见表8.1。

表8.1　销售代表职责和衡量标准

职　　责	衡量标准
达到覆盖目标 完成指定区域内周期性客户拜访目标	固定拜访客户数 新开客户数
达到分销目标 完成指定区域内的客户的品牌呈现目标	拜访下单成功率
达到销量目标 保证区域内的客户达到最大化的订单量	月销售额目标
达成收款目标 保证区域内客户良性的合作关系	超期账款比率 现销比率
达到产品宽度目标 现有客户实现横向/高档产品卖进	长城润滑油系列卖进率 埃尔夫润滑油系列卖进率
达到协销目标 保证指定区域内每个客户达到领先于竞争对手的店内形象	品牌宣传5步： 产品；产品位置；协销工具；产品优越性；产品的价格
提供信息 保证指定区域内客户/市场/竞争对手的信息收集与反馈	准确及时日提交订单,访问报告,客户信息维护表早、周例会汇报竞争对手信息

2）固定拜访客户

（1）线路　每人每天按照预定路线走访客户。在最初的阶段，业务人员的主要任务是卖进，所以可能需要在客户那里停留的时间长一些，假设平均的停留时间为30min，平均每家客户之间大约需要10min的路程，那么480÷40＝12家。当然除此之外也要考虑客户的类型，逐渐熟悉客户和提高销售技能，假以时日线路业务员的主要工作就会是补货、协销和收款；同时有些开发难度大的客户也会不断交给主管协同开发，所以在客户那里的停留时间也会随之变短。到那时就需要增加拜访客户的目标数，如达到每天12~15家。

每个线路业务员每2周覆盖的总客户家数应在100~150之间，也就是说，业务人员要每周要拿出5天做周期性固定拜访。每个线路业务员每周有1天的时间作为机动时间来做一些公司统一的促销活动或个别难缠客户的收款跟进工作。这样做的另一个好处就是让线路业务员自由安排业务的时间与空间来缓冲拜访路线的重复性。

（2）大客户　大客户业务员：重点客户的维护。如：

① 修理厂、特约维修站、4S店。

② 车队、工程机械站。

重点客户的维护需要销售能力更高的大客户业务员去持续拜访，这类客户是我们未来生意发展的趋势，我们有必要投入更好的人手去打败竞争对手并牢牢守住这片阵地。这会决定我们在未来市场中要扮演的角色。

建议大客户业务员对处于新开发阶段的目标客户不少于每2周1次拜访；对处于维护阶段的重点零售客户不少于每周1次拜访。

在开始阶段，大客户业务员的主要精力要放在开发新客户上。至少要有10个目标开发客户由他来拜访攻坚，并填写大客户拜访表。

（3）新开客户数　新开客户是指第一次购我们产品的客户。新开客户数是衡量一个区域生意发展是否迅速的非常重要的指标，它将直接决定你品牌的市场占有率，而且它不仅代表公司的新增生意，同时也意味着竞争对手的损失。

就此指标，我们也不做硬性数字规定，但各个区域也需根据本市场实际情况和不同发展时期，给每个销售代表制订切实的计划。比如刚开始阶段，应该每天有大量的新开客户进入你的系统。当市场的活跃客户数趋于稳定和饱和时，新开客户数也将随之减少。同样此指标必须与每个销售代表的奖金挂钩，如制订新开客户奖。

（4）拜访下单成功率　提高拜访下单成功率是指销售代表尽可能地在周期性拜访的当时要求客户下订单，这样做有几点好处。

有销售代表在场下订单，可以有效检查库存，订单的量会比较合理，既不会在下次拜访前断货，也不会在下次拜访时库存量太大，从而造成结款困难。

有销售代表面对面与客户讨论订单，容易发现卖进新产品的机会，完成横向/高档产品销售。

拜访同时下订单，可以帮助销售代表将回款的时间和下次拜访的时间相结合，不必浪费时间专门收款。

从客户的角度来看，我们的业务人员每月应有2次的拜访。也就是说，如果每次客户都是在业务人员到达时下订单，那么他们只要保持15天左右的库存量就够了。这样一来可以降低客户的库存，因为每次金额不大，作出付款决定也相对容易。

（5）月销售额目标　月销售额是指每个销售代表所负责的客户当月销售总金额。这项指标是衡量销售工作业绩的根本，否则何谈销售。

就此指标，我们不做硬性数字规定，但各个区域需根据本市场实际情况，给每个销售代表制订切实的计划。

（6）超期欠款　超期欠款比率是为了提高销售的收款效率，是帮助管理者清楚分析现金周转状况的一个重要指标，也能有效考核应收账款的管理水平，同时反映管理者对应收账周转的预期管理水平。

坏账的处理：以坏账客户订单、核定成本价为基础，公司承担50%，业务员承担40%，业务主管承担10%。

如果发现销售人员在此期间有挪用其他货款冒补超期欠款或坏账款的现象，一经发现该名销售员将被直接开除，情节严重的将送交法律机关处理。

（7）现销比例　现款销售比率：目的是帮助管理者加强现金流量管理，减少放账的风险。

（8）长城润滑油系列卖进率/埃尔夫润滑油卖进率　这两个指标可作为不同市场、不同时期对销售代表的考核指标，提高业务员对全线产品的销售。

3）线路组每日标准销售流程

（1）每日访问前准备　计划当日拜访客户、销量、回款、协销、促销目标。

根据周例会业务经理提供的《每日访问报表》汇总，结合当日路线，制订销售计划。

根据当日访问目标，确定本公司缺货品种和到货计划。

根据当日访问目标，拿到到期应收账款明细和需要的发票。

根据当日访问目标，准备对应的协销海报。

根据当日访问目标，整理销售包，准备好对应的销售单页与销售工具。

再次计划交通线路，选择最佳交通方式出行。

（2）进店拜访六步曲

观——店内观察。进店后千万不要直接找老板进行销售，应先用最快的速度观察店铺内在销售产品（包括竞争对手产品）的分销品种和库存情况，如果有修理工，应先与修理工进行简单交谈，因为通常修理工特别是大工，比老板更了解一些生意的具体情况。与修理工的沟通主要是为了达到三个目的：了解用油情况；竞争对手信息；建立友好关系，加强修理工对我们代理产品的了解和忠诚度。

销——销售介绍。运用专业销售技巧，使用产品单页卖进产品及促销。根据2周拜访1次的频率，来估算客户需要的安全库存，与店主就建议订单达成一致。并当场打电话报单，确认订单是否能合格通过。如果库存不足，应马上与客户商量是否换订其他品种；如为超账期或超欠款限额，也应马上进入下一步，与客户讨论还款计划。

款——回收货款。如有到期货款或超期欠款，应先收取货款，并就下次回款事宜达成一致。

图——品牌宣传五步。检查品牌宣传五步，迅速发现协销机会。有效运用协销材料达到协销标准。

记——记录与报告。当场准确填写访问报表。如有新客户，应填写对应的客户信息表。再次与客户确认下次拜访的时间，并道别。

存——存货款。如果收到客户的现金货款，应在接下来的拜访路线中，找到方便的银行，注意一定要是公司指定的银行。然后将所收现金货款存入公司指定账户，保存好所有的存款凭条。

（3）每日访后总结　在销售代表每次回公司的时候，则需马上把所收货款（包括支票、存款凭条、未存的现金）交给出纳核存，把每日访问报表交给销售助理统计，到会计处领取接下来拜访中需要的发票。

如销售代表当日不回公司，需把所存货款按存款明细电话报给出纳，以便出纳在次日上午去银行核查。

每日需自己总结当日访问报告，就生意结果对比目标进行简单的总结回顾，填写好日拜访表。

每日需自己回忆当日访问情景，就销售技巧使用进行总结回顾。

4）大客户组每日标准销售流程

（1）每日访问前准备　计划当日拜访客户、销量、回款、协销、促销目标。

根据业务主管周例会提供的《重点客户销售报表》，结合当日路线，制订销售策略并预处理可能会遇到的反对意见，设计有针对性的问题。

根据当日访问目标，确定本公司缺货品种和到货计划。

根据当日访问目标，拿到到期应收账款明细和需要的发票。

根据当日访问目标，准备对应的协销海报。

根据当日访问目标，整理销售包，准备好对应的访问手册与销售工具。

电话预约重点客户，再次计划交通线路，选择最佳交通方式出行。

（2）进店拜访八步曲（温，观，分，销，款，图，记，存）

温——重温计划。进店前再次回顾针对此客户本次拜访的目标。

观——店内观察。进店后千万不要直接找老板进行销售，应先向相关人员问好，并向他们了解近期的销售情况和当前实际库存，并详细了解店内组织架构。

对已脱销的产品，要了解脱销原因，并重新调整该产品的安全库存控制目标。

认真检查竞争对手的活动状况，并记录。

如果有修理工，应先与修理工进行交谈，达到三个目的：了解用油情况；竞争对手信息；建立友好关系，加强修理工对我们公司代理产品的了解和忠诚度。

检查设备与协销工具的使用情况。

分——分析。根据店内检查与信息收集结果，结合本次拜访的目标进一步确定该客户的销量、回款、分销、协销和促销具体目标。并根据目标再次理顺自己的销售逻辑，设计好要问老板的问题。

销——销售介绍。运用专业销售技巧，使用销售手册及产品单页卖进新产品及促销。运用安全库存管理概念与店主就建议订单达成一致。并当场打电话给公司，确认订单是否能合格通过。如果库存不足，应马上与客户商量是否换订其他品种；如为超账期或超欠款限额，也应马上进入下一步，与客户讨论还款计划。

结合协销目标，卖进店内形象改善计划。

款——回收货款。如有到期货款或超期欠款，应先收取到期或超期货款，并就下次回款事宜达成一致。

图——品牌宣传五步。检查品牌宣传五步，迅速发现协销机会。有效运用协销材料达到协销标准。如有设备投资，应按标准进行管理。

记——记录与报告。当场准确填写拜访计划回顾表。对照访问目标，检查完成情况，分析差距出现的原因，找出改进方法并制订下一步的行动计划。如有新客户，应填写对应的新开客户表。再次与客户确认下次拜访的时间，并道别。

存——存货款。如果收到客户的现金货款，应在接下来的拜访路线中，找到方便的银行，注意一定要是公司指定的银行。然后将所收现金货款存入公司指定账户，并保存好所有的存款凭条。

(3) 每日访后总结　在销售代表每次回公司的时候，需马上把所收货款（包括支票、存款凭条、未存的现金）交给出纳核存，到会计处领取接下来拜访中需要的发票。

如销售代表当日不回公司，需把所存货款按存款明细电话报给出纳，以便出纳在次日上午去银行核查。

每日需自己总结当日访问报告，就生意结果对比目标进行简单的总结回顾。每天早上上班时交给主管。

每日需自己回忆当日访问情景，就销售技巧使用进行总结回顾。

8.4　润滑油销售业务流程

1) 业务目标

(1) 经营目标　获取最佳经营利润。提高客户满意度，扩大市场份额。保证资金安全，降低货款回笼风险。降低外部采购成本，保证质量。

(2) 财务目标　核算规范，保证会计记录真实、准确、完整。

(3) 合规目标　油品购销符合国家有关法律法规和股份公司内部规章制度。油品购销合同、相关协议符合合同法等国家法律、法规。

2) 业务风险

(1) 经营风险　随意降价导致收入减少。擅自提价导致市场份额丧失。客户不满意导致市场份额下降。购销信用未经授权或授权不当，导致货款损失或不能及时回笼。库存过高，资金占用过大。外部采购未经授权或授权不当，导致资金损失、采购成本增加或商业纠纷。对外采购油品质量未达到合同标准，造成商业纠纷和经济损失。油品出入库未经授权或授权不当，导致资产损失。未经审核，变更销售合同标准文本中涉及权利、义务条款导致的风险。

(2) 财务风险　交易没有及时入账，期末发生截止性错误；虚假记录或财务记录不准确、不完整；未按规定进行账务处理造成财务数据不实。

(3) 合规风险　油品购销不符合国家有关法律法规和股份公司内部规章制度，受到处罚。油品购销合同、相关协议不符合合同法等国家法律、法规和股份公司内部规章制度的要求，导致商业纠纷，造成损失。

3) 业务流程步骤与控制点

(1) 上报市场需求　润滑油分公司下属生产单位负责了解工程机械制造公司类直供大客户的需求，制订年、月度供应计划上报润滑油分公司。油品销售地市公司润滑油经营管理部门根据市场需求及变化编写年、月度需求报告。省（市）分公司（区外销售公司）润滑油经营管理部门对地市公司需求报告以及除工程机械制造公司类直供大客户以外的所有客户的需求进行汇总，经分管副经理审批后，分别于每年××月、每月××日前向油品销售事业部上报下年度需求计划、下月度内部资源需求计划。润滑油销售中心组织所属经营部对全省的市场需求及变化进行调查，并编写年、月度需求报告，由润滑油销售中心进行汇总，上报省公司业务处。每年××月、每月××日前向省公司业务处上报下年度需求计划、下月度内部资源需求计划。

(2) 编制下达计划　润滑油分公司根据股份公司年、月度生产经营计划，结合市场及资源供给情况，综合平衡后制订年、月度内外部销售计划。月度计划经分管副经理批准，年度计划须经理批准。

油品销售事业部根据股份公司年度生产经营计划，结合润滑油分公司年、月度内外部销售计划及省（市）分公司（区外销售公司）上报的需求计划，综合平衡后制订年、月度经营计划、内外部资源采购计划。月度计划经分管副主任批准后下达，年度计划经主任批准后下达。

（3）内部采购　油品销售省（市）分公司（区外销售公司）润滑油经营管理部门根据油品销售事业部下达的月度计划，将月度内部资源采购计划细化为分品种计划，经部门负责人审批后与润滑油分公司下属生产单位进行月度衔接，安排出厂运输计划。

润滑油销售中心根据油品销售事业部下达的月度计划，将月度内部资源采购计划细化为分品种计划，经中心经理审批后与润滑油分公司下属生产单位进行月度衔接，安排出厂运输计划。

（4）外部采购　油品销售省（市）分公司（区外销售公司）润滑油经营管理部门统一组织对外部供应商进行评价，根据供应商信用等级建议采购价格，填写《外部采购申请表》，按规定权限进行报批。

润滑油销售中心统一组织对外部供应商进行评价，供应商信用等级报省公司信用管理小组（经理任组长）审批。润滑油销售中心根据供应商信用等级建议采购价格，填写《外部采购申请表》，按规定权限进行报批，统一进行采购。

油品销售省（市）分公司（区外销售公司）润滑油经营管理部门按照经法律事务部审定的标准合同文本拟订合同，合同签订人按规定权限与外部供应商签订采购合同（明确交货方式、地点、时间、价格、数量、质量标准、包装规格、承付方式、损耗率、违约责任等）。合同复印件交财务等部门。

对标准合同文本条款进行文字性修改的，经同级法律事务部门审核；进行实质性修改的，报法律事务部审核。

润滑油销售中心按照省公司统一的标准合同文本，并按规定权限与外部供应商订立采购合同（明确交货方式、地点、时间、价格、数量、质量标准、包装规格、承付方式、损耗率、违约责任等），并通知储运、财务等相关部门，做好后续工作。合同复印件交综合管理部存档。

对标准合同文本条款进行修改的，报企管处审核。

油品销售省（市）分公司（区外销售公司）采购股份公司内润滑油分公司以外生产单位的润滑油产品，应与生产单位签订购销协议。

（5）润滑油采购验收入库　收货前由质检人员对油品进行质量检验，出具油品质量合格报告。出现质量问题或品种差异，查清原因报省（市）分公司（区外销售公司），由相关部门提出处理意见，报分管副经理批准后处理。

油品计量验收合格后，库管凭质量合格报告、计量报告、收货通知单办理入库，并签发入库单，油库接卸人员按要求做好收货作业，填写收货作业台账。

油库工作人员将收货通知单、验收报告、入库单连续编号，并由经办人和复核人签字，存档并送相关部门。

散装油卸油前后，油库计量人员按要求做好罐前尺和罐后尺的计量。计算实际收油数量，填写《油罐动态分户账》和《油品运输超耗（溢余）通知单》。出现运输超损耗问题，按规定填写《罐车验收及复测记录》，查清原因报省（市）分公司（区外销售公司），由相关部门提出处理意见，报分管副经理批准后处理。

（6）润滑油采购付款　内部结算：润滑油分公司供给油品销售事业部的全部产品（除汽车制造公司类直供大客户），双方须通过中国石油化工集团财务有限公司内部结算。

外部采购付款：外部采购油品确认到货和收到发票后，由业务经办人填写付款申请单并附采购合同、入库验收单等凭据，按规定权限审批后，交由省（市）分公司（区外销售公司）财务部门审核付款。

预付款：预付货款，油品销售省（市）分公司（区外销售公司）润滑油经营管理部门根据供应商信用等级和采购合同，填制预付款申请单，按规定权限审批后，交由财务部门审核付款。

（7）市场细分　各级油品销售润滑油经营管理部门组织专门人员对本区域市场进行调查，了解、分析市场的消费规模、客户分布和竞争状况。根据竞争态势和消费特点，细分目标市场，制订相应的市场策略和营销措施。润滑油销售中心组织各经营部对全省市场进行调查，润滑油销售中心根据竞争态势和消费特点，细分目标市场，制订相应的市场策略和营销措施。

各级油品销售润滑油经营管理部门依据不同的区域和销售对象设立客户经理或门市部（专卖店、超市、换油中心）经理，客户经理或门市部经理负责开拓和维护区域内润滑油市场的营销业务。各级零售管理部门依据各加油站的情况，设立专职或兼职加油站润滑油经营人员，负责各加油站润滑油经营业务。

（8）落实经营计划　油品销售省（市）分公司（区外销售公司）润滑油经营管理部门根据油品销售事业部年、月度经营计划，结合本地区实际情况制订月度销售计划，经分管副经理审批后下达，地市公司经营管理部门按计划分解落实到客户经理或门市部经理。润滑油销售中心根据油品销售事业部年、月度经营计划和省公司下达的销售总量（分结构），结合本地区实际情况制订本部及下属经营部年、月度销售计划（分总量和销售结构），经销售中心经理审核，报分管副经理审批后下达。润滑油经营部按计划分解落实到客户经理。

油品销售省（市）分公司（区外销售公司）各级零售管理部门根据油品销售事业部下达的年、月度加油站润滑油经营计划，结合各站实际情况制订月度润滑油销售计划，经部门负责人批准后，分解落实并下达到各加油站。省公司下达年度加油站润滑油零售计划给零管处，零管处结合各站实际情况制订市公司年、月度润滑油销售计划并下达各市公司零管部，零管部分解到各加油站。

（9）销售及客户管理　油品销售地市公司客户经理或门市部经理在授权范围内与客户达成购销意向，报地市公司润滑油经营管理部门作为与客户签订合同的依据。超出授权范围的，将客户需求及时报地市公司部门负责人审批。

合同签订人按规定权限依照经法律事务部审定的销售合同标准文本与客户签订销售合同。

油品销售地市公司客户经理或门市部经理应走访客户，了解客户意见和需求，填写区域市场客户档案更新表，报部门负责人。部门负责人安排专人负责档案维护，及时对区域市场客户档案进行调整、充实和更新，至少每半年编写市场消费、竞争分析报告，报省（市）分公司（区外销售公司）润滑油经营管理部门负责人。

润滑油销售中心及所属经营部客户经理应走访客户，了解客户意见和需求。业务部门安排专人负责档案维护，及时对区域市场客户档案进行调整、充实和更新。润滑油销售中心及所属经营部至少每半年编写市场消费、竞争分析报告，于规定日期之前报省公司业务处。

（10）信用核定和控制　润滑油分公司、省（市）分公司（区外销售公司）信用管理领导小组（经理任组长）负责制定相应的信用政策和信用总体规模，根据客户的资金等状况，评定客户信用等级，拟订客户信用限额和时限。

各级润滑油经营管理部门（客户经理）在核定的信用额度和时限内按规定权限办理信用销售业务，对超出信用规定的，须报润滑油分公司、省（市）分公司（区外销售公司）信用管理领导小组审批。合同签订人应同时签订《货款回笼责任书》，并与绩效考核挂钩。

（11）价格制定　润滑油分公司 OEM 用户及直供用户以外的产品销售价格，按财务部下达的价格文件执行；在价格领导小组规定的浮动比率内，OEM 及直供用户的价格由各营销中心确定，报润滑油分公司市场营销部门备案；超过浮动比率的，报分公司价格领导小组审批。

油品销售省（市）分公司（区外销售公司）润滑油经营管理部门结合市场制定本区域润滑油销售最低限价，经部门负责人审核，报经理（价格领导小组）审批后并报油品销售事业部。

对于特殊用户，由省（市）分公司（区外销售公司）润滑油经营管理部门会同润滑油分公司直接报价。

油品销售地市公司客户经理或门市部经理执行规定价格，根据客户情况，低于最低限价销售的，须上报地市公司润滑油经营管理部门，由地市公司上报省（市）分公司（区外销售公司）价格领导小组审批。

油品销售省（市）分公司（区外销售公司）润滑油经营管理部门负责对销售价格进行监控，每季度对价格的执行情况进行检查，形成书面记录，每月负责收集市场价格信息。相关资料上报油品销售事业部。润滑油销售中心负责监督、检查全省销售价格执行情况，对违反价格管理的行为做出处理；润滑油经营部负责检查、监督下属经营网点和经销商等价格执行情况，对违反价格管理的行为做出处理，每季度对价格检查情况形成书面报告，于季度次月××日前报省公司业务处。润滑油销售中心及所属经营部每月负责收集市场价格信息，预定日期前上报省公司业务处。价格执行情况检查报告和市场价格信息由省公司业务处上报油品销售事业部。

（12）开票与收款　现款销售：润滑油分公司销售中心开票人员、各级油品销售营业部门开票人员，根据业务人员的销售单、收款凭据，复核无误后开具销售发票或提货通知单并加盖印章。

信用销售：油品销售地市公司客户经理或门市部经理根据销售合同填写信用销售审批单，经部门负责人审批后，填写《开票通知单》，交开票人员，开票人员确认客户欠款金额不超过规定的信用额度，开具销售发票或提货通知单并加盖印章。

依据润滑油分公司信用管理领导小组制定的信用政策，各销售中心在规定额度和时限内，须经信用管理人员审核；超过信用额度报信用管理领导小组审批。

信用销售：根据签订的销售合同，业务跟单员在销售额度范围内对客户订单进行处理，应收款核算岗位人员审核客户赊销货款在不超赊销额度的情况下方可开具提货单与销售发票；超出赊销额度按规定权限上报审批。

油品销售地市公司的送货上门业务，由客户经理或门市部经理填写送货收款审批单，经地市公司润滑油经营管理部门负责人审批同意后开具提货通知单或销售发票，组织安排运力给予配送。配送人员负责将所收油款当天内（最迟不超过第二天上午）解缴银行，将银行回单及时送交地市公司财务部门。

润滑油销售中心及所属经营部的送货上门业务，由客户经理填写送货收款审批单，经业务部门负责人审批同意后开具提货通知单或销售发票，组织安排运力给予配送。配送人员负责将所收油款当天内（最迟不超过第二天上午）解缴银行，将银行回单及时送交同级财务部门。

油品销售的代保管业务：开具发票的客户，应在开票之日 10 天内提货。各级业务部门对于逾期未提的油品应根据合同中关于代保管的条款收取代保管费，计入代保管台账，并每月检查、分析客户代保管情况。

各级油品销售润滑油营业部门开票人员如因操作失误或其他原因需要更改销售订单，必须由开票人员填制销售订单更改审批单，经部门负责人审批后方可更改，严禁开票人员自行更改。

润滑油分公司各销售中心每日对销售开单情况进行汇总，复核无误后填写收款记录，报财务部门。根据销售情况，至少每月编制分对象的销售报表，由部门负责人审核后报上级润滑油经营管理部门。

（13）油库发货 油品销售地市公司润滑油门市部根据库存和销售情况，向所在地市公司润滑油经营管理部门提交内部移库申请单，经该部门审核确认后统一组织配送。

加油站根据库存和销售情况，向所在地市公司零售管理部门提出月度进货申请表，经该部门审核确认后，转润滑油经营管理部门统一组织配送。

门市部与加油站的接卸验收工作由承运人员和验收人员共同负责，承运人员交货后将验收人员签字的送货单交润滑油经营管理部门汇总留存。

油品销售地市公司配送业务，由客户经理填写运输申请单报地市公司润滑油经营管理部门，由部门调度人员根据申请单确定送货计划，并通知客户经理和驾驶人员。交货时需征求客户意见，填写用户意见卡；交货后将客户签字的送货单和意见卡交地市公司润滑油经营管理部门留存。

油品销售油库发货人员根据润滑油经营管理部门开具并盖有印章的提货通知单安排客户或运输部门提货，并将提货通知单留存。

散装油品灌装前，油品销售发货人员应检查罐车（油桶）的清洁度、是否专车（桶）专用，以确保出库油品质量。油库发油以油库计量表发货量为准，确保实发数与应提数量一致。质量部门定期检查油库发货计量表的精确度。发货前发货人员应检查油品的品种、规格、数量、有无破损等，确保与发货要求无误。

油品销售油库发货人员每日交班前整理提货通知单，汇总发货数量，编制日发货报表和代保管台账，交油库记账人员。油库记账人员复核日发货量、提货通知单累计数量以及代保管台账，检查是否平衡，发现差异及时查找原因并进行调整。同时编制商品进出库存台账，对商品的账存数和实存数进行及时登记，定期汇总与核对。

（14）财务记账 各级财务部门审核相关原始凭证，进行账务处理，由不相容岗位稽核。

润滑油分公司各销售中心和油品销售省（市）分公司（区外销售公司）应每月核对往来款项，并分别与外部供应商及客户等核对往来款项，做好对账记录。

（15）库存盘点 各级油品销售润滑油经营管理部门记账人员每日与业务人员对账，每月与财务人员对账。油库每月末与业务、财务部门核对提货通知单、代保管台账和销售发票等，发现差异及时查找原因。

油品销售地市公司润滑油经营管理部门每月末对润滑油库存进行统一盘点，库存数量及损溢分析报告经省（市）分公司润滑油经营管理部门负责人审核，按规定权限审批后核销损溢。

油品销售地市公司零售管理部门每月末对加油站润滑油库存进行统一盘点，库存数量及损溢分析报告经省（市）分公司零售管理部门负责人审核，按规定权限审批后核销损溢，并交省（市）分公司润滑油经营管理部门。

（16）分析与考核　润滑油分公司、各级油品销售润滑油经营管理部门每月进行经营活动分析，掌握市场和客户动态，总结销售工作的得失，提出有针对性的销售策略，改进和完善客户服务的流程。绩效考核部门依据考核办法进行奖惩。

8.5　业务流程图表

控制点	适用单位	不相容岗位	控制点分值	监督检查办法	流程
1. 上报市场需求					1. 上报市场需求
1.1 润滑油分公司下属生产单位负责了解汽车制造公司类直供大客户的需求，制订年、月度供应计划上报润滑油分公司	润滑油分公司		2	1.1 检查年、月度供应计划	2. 编制下达计划
1.2 油品销售地市公司润滑油经营管理部门根据市场需求及变化编写年、月需求报告。省（市）分公司（区外销售公司）润滑油经营管理部门对地市公司需求报告以及除汽车制造公司类直供大客户以外的所有客户的需求进行汇总，经分管副经理审批后，分别于每年10月、每月20日前向油品销售事业部上报下年度需求计划、下月度内部资源需求计划	省（市）分公司（区外销售公司）		2	1.2 检查是否按规定编写需求报告和上报相关需求计划	3. 内部采购　4. 外部采购　5. 润滑油采购验收入库　6. 润滑油采购付款　7. 市场细分
1.2.1 润滑油销售中心组织所属经营部对全省的市场需求及变化进行调查，并编写年、月需求报告，由润滑油销售中心进行汇总，并上报省公司业务处。每年10月、每月18日前向省公司业务处上报下年度需求计划、下月度内部资源需求计划	润滑油销售中心及所属经营部			1.2.1 检查是否按规定编写需求报告和上报相关需求计划	8. 落实经营计划　9. 销售及客户管理　10. 信用核定和控制
2. 编制下达计划					11. 价格制定
2.1 润滑油分公司根据股份公司年、月度生产经营计划，结合市场及资源供给情况，综合平衡后制订年、月度内外部销售计划 月度计划经分管副经理批准，年度计划须经理批准	润滑油分公司		2	2.1 检查年、月度销售计划是否按规定审批	12. 开票与收款

续表

控制点	适用单位	不相容岗位	控制点分值	监督检查办法	流程
2.2 油品销售事业部根据股份公司年度生产经营计划,结合润滑油分公司年、月度内部销售计划及省(市)分公司(区外销售公司)上报的需求计划,综合平衡后制订年、月度经营计划、内外部资源采购计划 月度计划经分管副主任批准后下达,年度计划经主任批准后下达	油品销售事业部		2	2.2 检查年、月度经营计划及内外部资源采购计划是否按规定批准下达	
3. 内部采购					
3.1 油品销售省(市)分公司(区外销售公司)润滑油经营管理部门根据油品销售事业部下达的月度计划,将月度内部资源采购计划细化为分品种计划,经部门负责人审批后与润滑油分公司下属生产单位进行月度衔接,安排出厂运输计划	省(市)分公司(区外销售公司)润滑油分公司		2	3.1 检查省(市)分公司与润滑油分公司是否衔接,检查出厂运输计划	
3.1.1 润滑油销售中心根据油品销售事业部下达的月度计划,将月度内部资源采购计划细化为分品种计划,经中心经理审批后与润滑油分公司下属生产单位进行月度衔接,安排出厂运输计划	润滑油销售中心及所属经营部			3.1.1 检查省(市)分公司与润滑油分公司是否衔接,检查出厂运输计划	
4. 外部采购					
4.1 油品销售省(市)分公司(区外销售公司)润滑油经营管理部门统一组织对外部供应商进行评价,供应商信用等级报省(市)分公司(区外销售公司)信用管理小组(经理任组长)审批;根据供应商信用等级建议采购价格,填写《外部采购申请表》,按规定权限报批	省(市)分公司(区外销售公司)	经办审核审批	3	4.1 检查信用及建议价格	
4.1.1 润滑油销售中心统一组织对外部供应商进行评价,供应商信用等级报省公司信用管理小组(经理任组长)审批。润滑油销售中心根据供应商信用等级建议采购价格,填写《外部采购申请表》,按规定权限进行报批,统一进行采购	省公司及润滑油销售中心			4.1.1 检查信用评价	

流程图:
13. 油库发货 → 14. 财务记账 → 15. 库存盘点 → 16. 分析与考核
(存货管理业务流程)

续表

控制点	适用单位	不相容岗位	控制点分值	监督检查办法	流程
4.2 油品销售省(市)分公司(区外销售公司)润滑油经营管理部门按照经法律事务部审定的标准合同文本拟订合同,合同签订人按规定权限与外部供应商签订采购合同(明确交货方式、地点、时间、价格、数量、质量标准、包装规格、承付方式、损耗率、违约责任等)。合同复印件交财务等部门 对标准合同文本条款进行文字性修改的,经同级法律事务部门审核;进行实质性修改的,报法律事务部审核	省(市)分公司(区外销售公司)		2	4.2 检查采购合同	
4.2.1 润滑油销售中心按照省公司统一的标准合同文本,并按规定权限与外部供应商订立采购合同(明确交货方式、地点、时间、价格、数量、质量标准、包装规格、承付方式、损耗率、违约责任等),并通知储运、财务等相关部门,做好后续工作。合同复印件交综合管理部存档 对标准合同文本条款进行修改的,报企管处审核	润滑油销售中心			4.2.1 检查采购合同	
4.3 油品销售省(市)分公司(区外销售公司)采购股份公司内润滑油分公司以外生产单位的润滑油产品,应与生产单位签订购销协议(签订权限比照本流程控制点4.2)	省(市)分公司(区外销售公司)		2	4.3 检查购销协议	
5. 润滑油采购验收入库					
5.1 收货前由质检人员对油品进行质量检验,出具油品质量合格报告。出现质量问题或品种差异,查清原因报省(市)分公司(区外销售公司),由相关部门提出处理意见,报分管副经理批准后处理	省(市)分公司(区外销售公司)	经办质检审批	2	5.1 检查油品质量检验报告及有关处理意见	
5.2 油品计量验收合格后,库管凭质量合格报告、计量报告、收货通知单办理入库,并签发入库单,油库接卸人员按要求做好收货作业,填写收货作业台账 油库工作人员将收货通知单、验收报告、入库单连续编号,并由经办人和复核人签字,存档并送相关部门	省(市)分公司(区外销售公司)	保管计量复核	2	5.2 检查收货作业台账,检查入库单是否连续编号,是否有经办人和复核人签字	

131

续表

控制点	适用单位	不相容岗位	控制点分值	监督检查办法	流程
5.3 散装油卸油前后,油库计量人员按要求做好罐前尺和罐后尺的计量。计算实际收油数量,填写《油罐动态分户账》和《油品运输超耗(溢余)通知单》 出现运输超损耗问题,按规定填写《罐车验收及复测记录》,查清原因报省(市)分公司(区外销售公司),由相关部门提出处理意见,报分管副经理批准后处理	省(市)分公司(区外销售公司)	经办计量审批	2	5.3 检查油品计量记录及运输超损耗有关处理意见	
6. 润滑油采购付款					
6.1 内部结算:润滑油分公司供给油品销售事业部的全部产品(除汽车制造公司类直供大客户),双方须通过中国石油化工集团财务有限公司内部结算	润滑油分公司省(市)分公司(区外销售公司)		2	6.1 检查是否通过中国石油化工集团财务有限公司内部结算	
6.2 外部采购付款:外部采购油品确认到货和收到发票后,由业务经办人填写付款申请单并附采购合同、入库验收单等凭据,按规定权限审批后,交由省(市)分公司(区外销售公司)财务部门审核付款	省(市)分公司(区外销售公司)	业务部门财务部门审批	3	6.2 检查是否按规定办理付款手续	
6.3 预付款:预付货款,油品销售省(市)分公司(区外销售公司)润滑油经营管理部门根据供应商信用等级和采购合同,填制预付款申请单,按规定权限审批后,交由财务部门审核付款	省(市)分公司(区外销售公司)	业务部门财务部门审批	3	6.3 检查是否按规定办理预付款手续	
7. 市场细分					
7.1 各级油品销售润滑油经营管理部门组织专门人员对本区域市场进行调查,了解、分析市场的消费规模、客户分布和竞争状况。根据竞争态势和消费特点,细分目标市场,制订相应的市场策略和营销措施	省(市)分公司(区外销售公司)		1	7.1 检查市场策略和营销措施	
7.1.1 润滑油销售中心组织各经营部对全省市场进行调查,润滑油销售中心根据竞争态势和消费特点,细分目标市场,制订相应的市场策略和营销措施	润滑油销售中心及所属经营部			7.1.1 检查市场策略和营销措施	

续表

控制点	适用单位	不相容岗位	控制点分值	监督检查办法	流程
7.2 各级油品销售润滑油经营管理部门依据不同的区域和销售对象设立客户经理或门市部(专卖店、超市、换油中心,下同)经理,客户经理或门市部经理负责开拓和维护区域内润滑油市场的营销业务 各级零售管理部门依据各加油站的情况,设立专职或兼职加油站润滑油经营人员,负责各加油站润滑油经营业务	省(市)分公司(区外销售公司)		1	7.2 检查经营管理部门是否按区域和销售对象设立客户经理或门市部经理,检查加油站是否开展润滑油经营业务	
8. 落实经营计划					
8.1 油品销售省(市)分公司(区外销售公司)润滑油经营管理部门根据油品销售事业部年、月度经营计划,结合本地区实际情况制订月度销售计划,经分管副经理审批后下达,地市公司经营管理部门按计划分解落实到客户经理或门市部经理	省(市)分公司(区外销售公司)		2	8.1 检查销售计划是否按规定审批,是否分解落实到客户经理或门市部经理	
8.1.1 润滑油销售中心根据油品销售事业部年、月经营计划和省公司下达的销售总量(分结构),结合本地区实际情况制订本部及下属经营部年、月度销售计划(分总量和销售结构),经销售中心经理审核,报分管副经理审批后下达。润滑油经营部按计划分解落实到客户经理	润滑油销售中心及所属经营部			8.1.1 检查销售计划是否按规定审批	
8.2 油品销售省(市)分公司(区外销售公司)各级零售管理部门根据油品销售事业部下达的年、月度加油站润滑油经营计划,结合各站实际情况制订月度润滑油销售计划,经部门负责人批准后,分解落实并下达到各加油站	省(市)分公司(区外销售公司)		2	8.2 检查销售计划是否按规定审批,是否分解落实到加油站	
8.2.1 省公司下达年度加油站润滑油零售计划给零管处,零管处结合各站实际情况制订市公司年、月度润滑油销售计划并下达各市公司零管部,零管部分解到加油站	省(市)分公司			8.2.1 检查销售计划是否按规定下达各市公司	
9. 销售及客户管理					
9.1 油品销售地市公司客户经理或门市部经理在授权范围内与客户达成购销意向,报地市公司润滑油经营管理部门作为与客户签订合同的依据。超出授权范围的,将客户需求及时报地市公司部门负责人审批	省(市)分公司(区外销售公司)		1	9.1 检查客户经理或门市部经理与客户达成签订合同的依据	

续表

控制点	适用单位	不相容岗位	控制点分值	监督检查办法	流程
9.2 合同签订人按规定权限依照经法律事务部审定的销售合同标准文本与客户签订销售合同。合同文本修改比照本流程控制点4.2	省（市）分公司（区外销售公司）润滑油分公司		2	9.2 检查销售合同	
9.3 油品销售地市公司客户经理或门市部经理应走访客户，了解客户意见和需求，填写区域市场客户档案更新表，报部门负责人。部门负责人安排专人负责档案维护，及时对区域市场客户档案进行调整、充实和更新，至少每半年编写市场消费、竞争分析报告，报省（市）分公司（区外销售公司）润滑油经营管理部门负责人	省（市）分公司（区外销售公司）		1	9.3 检查走访客户记录和客户档案，及相关分析报告	
9.3.1 润滑油销售中心及所属经营部客户经理应走访客户，了解客户意见和需求。业务部门安排专人负责档案维护，及时对区域市场客户档案进行调整、充实和更新。润滑油销售中心及所属经营部至少每半年编写市场消费、竞争分析报告，于7月25日和次年1月25日前报省公司业务处	润滑油销售中心及所属经营部			9.3.1 检查走访客户记录和客户档案，及相关分析报告	
10. 信用核定和控制					
10.1 润滑油分公司、省（市）分公司（区外销售公司）信用管理领导小组（经理任组长）负责制订相应的信用政策和信用总体规模，根据客户的资金等状况，评定客户信用等级，拟订客户信用限额和时限	润滑油分公司省（市）分公司（区外销售公司）		3	10.1 检查信用政策以及客户信用等级评定情况	
10.2 各级润滑油经营管理部门（客户经理）在核定的信用额度和时限内按规定权限办理信用销售业务，对超出信用规定的，须报润滑油分公司、省（市）分公司（区外销售公司）信用管理领导小组审批。合同签订人应同时签订《货款回笼责任书》，并与绩效考核挂钩	润滑油分公司省（市）分公司（区外销售公司）		3	10.2 检查是否按规定办理信用审核、审批，是否签订《货款回笼责任书》	
11. 价格制订					
11.1 润滑油分公司OEM用户及直供用户以外的产品销售价格，按财务部下达的价格文件执行；在价格领导小组规定的浮动比率内，OEM及直供用户的价格由各营销中心确定，报润滑油分公司市场营销部门备案；超过浮动比率的，报分公司价格领导小组审批	润滑油分公司	经办审批	4	11.1 检查销售价格及浮动比率是否按规定审批	

续表

控制点	适用单位	不相容岗位	控制点分值	监督检查办法	流程
11.2 油品销售省(市)分公司(区外销售公司)润滑油经营管理部门结合市场制订本区域润滑油销售最低限价,经部门负责人审核,报经理(价格领导小组)审批后并报油品销售事业部 对于特殊用户,由省(市)分公司(区外销售公司)润滑油经营管理部门会同润滑油分公司直接报价	省(市)分公司(区外销售公司)	经办审批	4	11.2 检查销售价格是否按规定审批及执行	
11.3 油品销售地市公司客户经理或门市部经理执行规定价格,根据客户情况,低于最低限价销售的,须上报地市公司润滑油经营管理部门,由地市公司上报省(市)分公司(区外销售公司)价格领导小组审批	省(市)分公司(区外销售公司)	经办审批	2	11.3 检查客户经理或门市部经理是否按规定价格执行	
11.4 油品销售省(市)分公司(区外销售公司)润滑油经营管理部门负责对销售价格进行监控,每季度对价格的执行情况进行检查,形成书面记录,每月负责收集市场价格信息。相关资料上报油品销售事业部	省(市)分公司(区外销售公司)	经办检查	2	11.4 检查价格检查书面记录	
11.4.1 润滑油销售中心负责监督、检查全省销售价格执行情况,对违反价格管理的行为做出处理;润滑油经营部负责检查、监督下属经营网点和经销商等价格执行情况,对违反价格管理的行为做出处理,每季度对价格检查情况形成书面报告,于季度次月15日前报省公司业务处。润滑油销售中心及所属经营部每月负责收集市场价格信息,19日前上报省公司业务处。价格执行情况检查报告和市场价格信息由省公司业务处上报油品销售事业部	润滑油销售中心及所属经营部	经办检查		11.4.1 检查价格检查书面记录	
12. 开票与收款					
12.1 现款销售:润滑油分公司销售中心开票人员、各级油品销售营业部开票人员,根据业务人员的销售单、收款凭证,复核无误后开具销售发票或提货通知单并加盖印章	润滑油分公司省(市)分公司(区外销售公司)	业务部门财务部门开票收款	2	12.1 检查开票、收款等手续是否齐备	

续表

控制点	适用单位	不相容岗位	控制点分值	监督检查办法	流程
12.2 信用销售:油品销售地市公司客户经理或门市部经理根据销售合同填写信用销售审批单,经部门负责人审批后,填写《开票通知单》交开票人员,开票人员确认客户欠款金额不超过规定的信用额度,开具销售发票或提货通知单并加盖印章 依据润滑油分公司信用管理领导小组制订的信用政策,各销售中心在规定额度和时限内,须经信用管理人员审核;超过信用额度报信用管理领导小组审批	省(市)分公司(区外销售公司)润滑油分公司	开票审核审批	3	12.2 检查信用销售是否按规定办理	
12.2.1 信用销售:根据签订的销售合同,业务跟单员在销售额度范围内对客户开订单进行处理,应收款核算岗位人员审核客户赊销货款在不超赊销额度的情况下方可开具提货单与销售发票;超出赊销额度按规定权限上报审批	省(市)分公司润滑油分公司	开票审核审批		12.2.1 检查信用销售是否按规定办理	
12.3 油品销售地市公司的送货上门业务,由客户经理或门市部经理填写送货收款审批单,经地市公司润滑油经营管理部门负责人审批同意后开具提货通知单或销售发票,组织安排运力给予配送。配送人员负责将所收油款当天内(最迟不超过第二天上午)解缴银行,将银行回单及时送交地市公司财务部门	省(市)分公司(区外销售公司)	财务部门业务部门开票收款审批	2	12.3 检查开票、收款等手续是否齐备	
12.3.1 润滑油销售中心及所属经营部的送货上门业务,由客户经理填写送货收款审批单,经业务部门负责人审批同意后开具提货通知单或销售发票,组织安排运力给予配送。配送人员负责将所收油款当天内(最迟不超过第二天上午)解缴银行,将银行回单及时送交同级财务部门	润滑油销售中心及所属经营部	财务部门业务部门开票收款审批		12.3.1 检查开票、收款等手续是否齐备	
12.4 油品销售的代保管业务:开具发票的客户,应在开票之日10天内提货。各级业务部门对于逾期未提的油品应根据合同有关条款收取代保管费,计入代保管台账,并每月检查、分析客户代保管情况	省(市)分公司(区外销售公司)	保管检查	2	12.4 检查代保管台账,及是否按规定收取代保管费	

续表

控制点	适用单位	不相容岗位	控制点分值	监督检查办法	流程
12.5 各级油品销售润滑油营业部门开票人员如因操作失误或其他原因需要更改销售订单,必须由开票人员填制销售订单更改审批单,经部门负责人审批后方可更改,严禁开票人员自行更改	省(市)分公司(区外销售公司)	开票审批	2	12.5 检查更改销售订单是否按规定审批	
12.6 润滑油分公司各销售中心每日对销售开单情况进行汇总,复核无误后填写收款记录,报财务部门。根据销售情况,至少每月编制分对象的销售报表,由部门负责人审核后报上级润滑油经营管理部门	润滑油分公司	业务部门财务部门经办审核	2	12.6 检查收款记录及销售报表是否有相关人员审核	
13. 油库发货					
13.1 润滑油分公司油品出库参见本表注	润滑油分公司		2	13.1 检查方法参见本表注	
13.2 油品销售地市公司润滑油门市部根据库存和销售情况,向所在地市公司润滑油经营管理部门提交内部移库申请单,经该部门审核确认后统一组织配送	省(市)分公司(区外销售公司)		1	13.2 检查内部移库申请单是否审核确认	
13.3 加油站根据库存和销售情况,向所在地市公司零售管理部门提出月度进货申请表,经该部门审核确认后,转润滑油经营管理部门统一组织配送	省(市)分公司(区外销售公司)		1	13.3 检查月度进货申请表是否审核确认	
13.4 门市部与加油站的接卸验收工作由承运人员和验收人员共同负责,承运人员交货后将验收人员签字的送货单交润滑油经营管理部门汇总留存	省(市)分公司(区外销售公司)	经办验收	1	13.4 检查送货单签字是否齐全	
13.5 油品销售地市公司配送业务,由客户经理填写运输申请单报地市公司润滑油经营管理部门,由部门调度人员根据申请单确定送货计划,并通知客户经理和驾驶人员。交货时需征求客户意见,填写用户意见卡;交货后将客户签字的送货单和意见卡交地市公司润滑油经营管理部门留存	省(市)分公司(区外销售公司)	经办验收(客户)	2	13.5 检查送货单签字是否齐全	
13.6 油品销售油库发货人员根据润滑油经营管理部门开具并盖有印章的提货通知单安排客户或运输部门提货,并将提货通知单留存	省(市)分公司(区外销售公司)	开票保管	2	13.6 检查提货通知单手续是否齐全	

续表

控制点	适用单位	不相容岗位	控制点分值	监督检查办法	流程
13.7 散装油灌装前，油品销售发货人员应检查罐车（油桶）的清洁度、是否专车（桶）专用，以确保出库油品质量。油库发油以油库计量表发货量为准，确保实发数与应提数量一致。质量部门定期检查油库发货计量表的精确度。发货前发货人员应检查油品的品种、规格、数量、有无破损等，确保与发货要求无误	省（市）分公司（区外销售公司）		2	13.7 检查散装油出库是否按规定办理	
13.8 油品销售油库发货人员每日交班前整理提货通知单，汇总发货数量，编制日发货报表和代保管账，交库记账人员。油库记账人员复核日发货量、提货通知单累计数量以及代保管台账，检查是否平衡，发现差异及时查找原因并进行调整。同时编制商品进出库存台账，对商品的账存数和实存数进行及时登记，定期汇总与核对	省（市）分公司（区外销售公司）	保管记账	2	13.8 检查日发货报表和代保管台账是否经油库记账人员复核签字	
14. 财务记账					
14.1 各级财务部门审核相关原始凭证，进行账务处理，由不相容岗位稽核	省（市）分公司（区外销售公司）润滑油分公司	记账稽核	2	14.1 检查是否按规定进行账务处理	
14.2 润滑油分公司各销售中心和油品销售省（市）分公司（区外销售公司）应每月核对往来款项，并分别与外部供应商及客户等核对往来款项，做好对账记录	省（市）分公司（区外销售公司）润滑油分公司	业务部门财务部门	2	14.2 检查对账记录	
15. 库存盘点					
15.1 润滑油分公司库存盘点参见本表注	润滑油分公司		2	15.1 检查方法参见本表注	
15.2 各级油品销售润滑油经营管理部门记账人员每日与业务人员对账，每月与财务人员对账。油库每月末与业务、财务部门核对提货通知单、代保管台账和销售发票等，发现差异及时查找原因	省（市）分公司（区外销售公司）	业务部门财务部门	2	15.2 检查对账记录	
15.3 油品销售地市公司润滑油经营管理部门每月末对润滑油库存进行统一盘点，库存数量及损溢分析报告经省（市）分公司润滑油经营管理部门负责人审核，按规定权限审批后核销损溢	省（市）分公司（区外销售公司）	保管审核	2	15.3 检查盘点记录，损溢是否按规定处理	

续表

控制点	适用单位	不相容岗位	控制点分值	监督检查办法	流程
15.4 油品销售地市公司零售管理部门每月末对加油站润滑油库存进行统一盘点,库存数量及损溢分析报告经省(市)分公司零售管理部门负责人审核,按规定权限审批后核销损溢,并交省(市)分公司润滑油经营管理部门	省(市)分公司(区外销售公司)	经办审核	2	15.4 检查盘点记录,损溢是否按规定处理	
16. 分析与考核					
16.1 润滑油分公司、各级油品销售润滑油经营管理部门每月进行经营活动分析,掌握市场和客户动态,总结销售工作得失,提出有针对性的销售策略,改进和完善客户服务的流程。绩效考核部门依据考核办法进行奖惩	润滑油分公司省(市)分公司(区外销售公司)		3	16.1 检查分析材料及考核奖惩情况	

注：

存货管理业务流程

业务流程	执行部门	控制说明
1. 存货入库	财务部门采购部门	库房对购入存货的数量、质量进行检查,根据客户所提供的销售清单与实务一一核对无误后,验收入库,开具入库单。入库单共一式三联,库房、财务、客户各存一联。入库单要由采购经办人员、库房管理人员等有关责任人签字
2. 登记存货账簿、表	财务部门	1. 库房管理人员根据存货入库单,建立库房管理账簿,分类记录存货的数量及金额 2. 财务部门审核采购发票、相关负责人签字、入库单等相关凭证是否真实、准确,经审核无误后编制记账凭证,并按照存货分类登记财务账表
3. 严格执行库房管理工作规定	财务部门	1. 库房管理人员制定存货储备定额,合理控制存货总量 2. 库房管理人员根据存货收发结存情况,每月按期编制存货进销存报表 3. 库房管理人员根据收发凭据及时登记存货的变动情况,日清月结,汇总编制材料耗用表,准确反映各单位材料消耗情况
4. 存货出库	财务部门	1. 一般存货领用:领料单位领料应经公司指定的人员批准。库房根据领料单位的申请开具出库单,并经库房管理人员、领用人签字。出库单一式三联,库房、领用单位、财务部门各存一联 2. 销售商品出库:市场部开具产品销售单及有关单据,销售单一式五联,财务、库管、门卫、客房各存一联。库房依据销售单,办理发货,登记存货账簿,编制报表
5. 存货盘点	财务部门	1. 分类盘点:库房根据存货品种按月分类盘点,并将清查结果与财务部门的账表数核对 2. 全面盘点:半年进行,由财务部门组织负责实物盘点,填写盘点表,并与实物账册、财务账册核对
6. 存货核算	采购部门财务部门	1. 财务部门按照规定的存货计价方法,正确核算存货的实际成本,编制存货管理报表,由财务部门负责人审核签字 2. 对在途存货、发票未到的,应月末暂估入账

课后习题

1. 简述业务员的基本素质。
2. 简述润滑油销售的业务流程。

9 其他产品的销售管理

> **学习目标**
> - 了解新产品的营销管理
> - 掌握新产品配件投放与退回管理
> - 了解市场沟通制度

9.1 新产品的营销管理

每一个品牌的成功,都闪耀着商业智慧。从它的上市策划开始,每一个阶段都有很多可圈可点之处。的确,上市阶段就有优秀的表现,会为这一品牌的成功奠定坚实的基础,并为市场的进一步投入和快速的市场复制提供最有力的增资理由。也有一些品牌在上市阶段并不成功,或者说不是很成功,通过实事求是的分析和检讨,找到了策略调整的正确方法并进行有效执行,最后成功的例子。但是,无论如何,上市阶段的成功是非常重要的。

① 产品的"第一次营销"执行十分重要,否则将被迫进行"第二次营销"。产品营销有所谓"第一次营销"和"第二次营销"的说法。第一次营销指的是在产品上市之前,就产品的概念、消费者对该产品的需求、产品的定位、产品的工业化等进行了详实的研究,并根据这些发现进行产品的设计。就是说,优秀的"第一次营销"在产品成为成品之前就已经进行了市场定位,比如它应该卖给谁,它应该有什么样的差异化竞争优势去吸引消费者并争夺竞争品牌的市场份额或者创造新的市场,对于这样的问题,已经有了明确的答案。反过来,经常碰到这样的问题:产品已经生产出来了,想个办法把它卖出去。这些产品在上市之前往往没有经过"第一次营销",大多是根据经验或者一拍脑袋感觉不错就生产出来,这个时候就需要进行"第二次营销"。

"第二次营销"通常会使营销经理感觉到产品存在先天的不足。在有些情况下,产品可以根据"第二次营销"的策略调整方向进行修改;但是更多的情况下,限于国家的法律法规,不能够进行大的调整,只能进行一些修修补补。以保健食品和药品为例,国内很多的产品都存在这些问题。因此,"第二次营销"往往只能从产品的名字、包装、概念、产品组合、价格等方面进行一些改善工作,而无法进行比如功能或者目标消费人群的重新定位(通常功能会确定这个产品应该卖给谁)。

成功的"第一次营销"会使新产品上市的胜算大出很多,否则必须进行"第二次营销",而"第二次营销"显然会受到很多方面的条件限制。

美国宝洁生产的 CCM 钙曾经进行过"第一次营销",这里不对它的成功与否进行评价,仅是列举它对产品在中国市场的前景判断的结论。在 CCM 钙销售可以做多大的问题上,它这样描述:"广州市城市人口补钙率为 6.7%,人均消费额为 400 元/年,广州市场的钙产品市场规模是 1200 万人×6.7%×400 元/年,即 3.216 亿元,而广州市实际销售额为 3.8 亿元；理论补钙人口与实际补钙人口存在很大差距，原中国卫生部推荐钙最低摄入量为800mg/天，而中国人均摄入量不足400mg/天，因此接近100%的中国人需要补钙，中国钙市场前景广阔。"在市场可以做多久的问题上，它的结论是"钙市场存在多久，就可以做多久"。它定义的目标是，在第一个财政年度市场份额达到8%，此后的三个财政年度市场份额将分别增加到17%、32%和30%。

进行过"第一次营销"的新产品其产生过程大多数有这样一些阶段：产品创意、概念开发、初期可行性筛选、概念测试、产品开发、产品测试、试销，最后作出是否推向市场的决策。

② 产品上市前的具体准备工作。一个产品上市之前，要做很多的准备工作。准备越充分，成功的可能性越大。

对于一个保健食品、化妆品或者OTC药品的营销运作而言，上市前的准备主要有：前期市场需求的定量和定性研究；产品概念的开发和测试；产品实体如内外包装、剂型、装量、内部结构等的设计；市场定位和沟通策略；广告创意及执行；各种宣传品的制作；拟开发市场的调查研究；促销活动的企划以及执行；销售团队的组建等。

这里有一个建议：为了确保新产品上市的全面成功，需要在某些区域试销，以便测试市场。即使是对一些实力雄厚的公司而言，这样做也是十分必要的。事实上，业界有很多上市产品失败的例子。既有小公司，也有很多大公司。

③ 市场和销售部门应该为产品的上市确立基本的策略。在产品上市之初，营销部门要进行详细的市场规划，并且确定一些基本的上市策略，以便在上市过程中严格遵循。这些策略往往包含以下部分内容。

明确的目标消费者定位在营销过程中必须得到体现，做到所有环节的投入都是围绕目标消费者展开。

建立与品牌相称并且方便进行市场营运的办公和分销机构。

消费者沟通、通路及消费者促销必须有明确的计划和思路，并能够产生实际的促销作用以提高购买率。它表现在媒体广告支持是否有销售力、终端的陈列展示、陈列的质量和数量、赠品的策划和配送、促销人员的知识态度和技巧、分销覆盖水平、促销的落实等的预先策划。

对零售商的管理要有科学的方法，包括价格、进货量、陈列量和位置、促销进入、结算、合作的方法、联合的促销办法等。

高素质的销售管理团队不能够仅仅局限于生产商和制造商，而且要保证分销商拥有高效率的销售执行团队，因此这些人员不仅要考虑他们过去的就业经历和基本素质，而且要进行培训，统一文化，统一执行，统一销售和市场运作的工作流程。

详细的市场调研策略和内容纲要。

消费者市场和购买者市场的分别界定并进行双方面的沟通和销售促进。

与分销商紧密合作，发展战略合作伙伴关系，在产品运作中做到"双赢"，才能使生意变得长久。

市场保护策略，如地区专销代码、防伪、价格控制、监督等。

9.2 新产品配件投放、退回管理办法

针对新产品配件，特制订此管理办法，常用三包配件不适合本办法。

1) 新产品配件投放原则

新产品配件的投放应根据市场情况，中心库、驻外中心随时申请新产品配件信用额度，客户服务中心审批，备品公司执行，货款自投放之日起一年内结清，享受配件返利。若因市场原因或技术原因，一年内没有使用或以后不能使用、不再使用的配件，可以退货，当年办完退货程序，若因保管不善有破损或因破损不能使用，不能退换。每个驻外中心或项目选择中心库或维修站，作为新产品配件投放的基地，并要求其具备良好的补货机制，配件投放到位后，如再发生加急调拨，则需承担1~5倍运费及因配件迟到引起的用户损失赔偿费用。根据服务站经济实力及服务量的大小，确定新产品配件投放的信用金额。不等同配件销售所给信用金额。

2) 新产品配件调拨程序

第一种情况，服务站根据当地市场提出新产品配件投放申请与理由说明。驻外中心审核，客户服务中心审批。所有运输费用由工程机械生产制造公司承担。备品公司开票。

第二种情况，客户服务中心根据市场推广及市场需求，有计划、有目的地向全国或区域市场投放新产品配件，由客户服务中心列出投放明细，指定服务站，定向投放，备品公司开票。

服务站根据新产品配件投放申请，向备品公司提交配件订单，客户服务中心专人负责汇总实际向服务站投放的新产品配件清单，建立台账。

3) 新产品配件返利及回购政策

新产品配件投放，年底统一结算返利，金额较大或超过该服务站半年服务费用金额，要及时付款。驻外中心、客户服务中心负责监控存在的风险。需退回的新产品配件应于开票之日起一年内返回总部，由备品公司进行减账、返利等账务处理。

4) 新产品配件退回规定、流程

由服务站提出申请，驻外中心现场查看审核并报总部审批后，返工程机械生产制造公司。

新产品配件退回后的处理如下。

① 外协件处理。新产品配件从市场退回后，不能直接作配件销售或装机使用，退还给供应商，执行原采购价格，不加管理费用、服务费用等，采购时间在两年以内的，按照原采购价100%退回，超过两年的，按照采购价每年25%递减，若退回的配件为橡胶件，按照采购价每年5%递减退回供应商。

若市场退回新产品配件，是供应商的产品质量或自身技术缺陷原因，按照配件销售价索赔供应商，不再加运输费等。

② 自制件。退回新产品配件因技术更改可以作为配件销售的，不能装机的，退还备品公司销售。退回新产品配件，先由质量部负责检验，可作装机的，送车间装机，由分厂财务与备品公司冲账；不能装机的，按质量故障与分厂办理索赔后由再制造公司接受。

③ 新产品配件退回条件。因技术更改，不能继续使用的；因产品质量原因，不能使用的；因市场原因，产品在当地没有销售，投放的新产品配件，不能使用。

9.3 专属技术产品管理办法

专属技术产品是指工程机械生产制造公司国Ⅲ发动机所特有的技术产品、诊断设备、相关软件等。专属技术产品管理的目的是进一步增强国Ⅲ发动机优势,拉大与竞争对手的差距,保证工程机械生产制造公司国Ⅲ核心技术不被竞争对手利用。

1) 管理办法

① 专属技术产品只能在工程机械生产制造公司渠道内销售,诊断设备要建立销售档案并进行管理。

② 专属技术产品只能在工程机械生产制造公司渠道内和工程机械生产制造公司国Ⅲ客户中使用。

③ 大客户可由客户服务中心指定特约维修服务中心对其进行产品安装和服务。

④ 渠道内特约维修服务中心利用专属技术设备为客户解决问题、或为客户提供专属技术产品时,必须严格按照工程机械生产制造公司的标准收费,严禁渠道内特约维修服务中心利用设备垄断欺诈或压迫客户、强制收费或高额收费等。

2) 考核

① 客户服务中心和各驻外中心负责对专属技术产品的使用情况进行监督和考核。

② 发现违规销售、使用和安装工程机械生产制造公司专属技术产品的特约维修服务中心进行3万~5万元罚款,并取消国Ⅲ服务站资格。

③ 对工程机械生产制造公司人员违规销售、使用和安装工程机械生产制造公司专属技术产品的,对责任人按照企业有关制度进行处罚。

④ 对利用专属技术产品牟取暴利的特约维修服务中心、中心库,一经查实,处以所收取费用的5~10倍罚款。

9.4 市场沟通制度

市场沟通制度目的是及时了解产品质量、服务政策、销售政策、市场情况、竞争对手情况。为加强与各主机厂本部、主机厂驻外办事处、经销商、特约维修服务中心进行及时有效的沟通,及时发现问题、解决问题,使沟通制度化、长期化,特制订本制度。

1) 沟通制度的实施细则

① 客户服务中心每年年初制订出年度与主机厂及其办事处和经销商的沟通走访计划,报营销总公司领导批准后按计划实施,每季度和月度初根据实际工作需要,制订出本季度和月度对主机厂及其办事处和经销商的详细沟通走访计划,报营销总公司有关领导批准后实施。

② 驻外维修服务中心每年年初制订出所辖区域内对主机厂办事处、经销商和核心站的沟通走访计划,报客户服务中心批准备案后实施。每季度和月度初根据辖区内实际工作需要,制订出本季度和月度对主机厂办事处和经销商的详细沟通走访计划,报客户服务中心批准后实施。

③ 各驻外维修服务中心有关人员按计划实施走访沟通后,按月度、季度、年度写出走访沟通报告报客户服务中心。客户服务中心相关走访人员按计划实施走访沟通后,按月度、季度、年度写出走访沟通报告报客户服务中心相关领导。

④ 客户服务中心根据自己的走访情况,结合各驻外维修服务中心走访报告,按月度、季度、年度写出综合性走访沟通报告,报营销总公司相关领导和市场管理部。

⑤ 每月、季没有接受到驻外中心沟通的经销商、核心站可向客户服务中心投诉。

2) 沟通制度的考核

① 客户服务中心按时收集主机厂、主机厂办事处、经销商和核心站的投诉，根据投诉情况，结合各驻外维修服务中心的走访情况，对各驻外维修服务中心进行考核。

② 客户服务中心按时考核各驻外维修服务中心走访沟通计划的提报、沟通走访计划的实施和报告的完成情况。按照计划的提交和实施情况、报告提交的及时性和完整性进行$-500\sim+500$元的双向考核。

③ 市场管理部按时考核客户服务中心走访沟通计划的提报、沟通走访的实施和报告的完成情况。按照计划的提交和实施情况、报告提交的及时性和完整性进行$-1000\sim+1000$元的双向考核。

9.5 用户培训基地管理

为了更好地搞好市场服务，加大用户培训力度，实现工程机械生产制造公司"5P服务工程"的服务理念，工程机械生产制造公司根据市场布局，在全国范围内有选择性地建立用户培训基地，加强培训基地的管理。用户培训基地与工程机械生产制造公司的关系，属于协作关系，各自独立承担民事责任，根据协议书和本《管理办法》规定内容，享有权利和承担义务。用于培训的对象为区域内特约维修服务中心服务人员、管理人员、用户等。

1) 用户培训基地建立程序

(1) 特约维修服务中心申请　申请建立培训基地的特约维修服务中心所具备的条件：

① 主观上具有建立工程机械生产制造公司用户培训中心的愿望并自愿申请建立。

② 能够按照工程机械生产制造公司的有关要求、规定开展培训工作。

③ 在地区内最具有综合实力的国Ⅲ特约维修服务中心，包括硬件和软件两方面。

a. 硬件方面：具备必需的培训场地、培训教室（教室内要有音响、投影设备）、吊装清洗设备、维修工具、国Ⅲ检测设备。

b. 软件方面：有较高的企业管理水平、具有丰富工程机械生产制造公司柴油机维修经验和理论知识的培训人员（培训人员必须经过工程机械生产制造公司专门培训，具备培训师资格，经考核合格后持证上岗，每年复审一次）、能够在当地媒体或户外广告方面投入资金进行宣传。

满足以上条件的特约维修服务中心可以提出书面申请。申请资料有《建立工程机械生产制造公司用户培训基地申请表》、《企业简介》（包括上述软硬件设施）、营业执照、税务登记复印件，有关行业证书证明，培训员资格证书、个人简介、劳动合同复印件等。

(2) 工程机械生产制造公司驻外维修服务中心推荐　维修服务中心根据本辖区内具体情况，选择推荐能够满足建立培训基地条件的单位（必须是特约维修服务中心），并以电子文档方式写出考察、推荐报告。同时在申请单位的《建立工程机械生产制造公司用户培训基地申请表》上面签署意见。

(3) 客户服务中心审批　客户服务中心接到各维修服务中心提供的考察、推荐报告后，根据总体布局、市场需要，确定建立用户培训基地的单位。审批完毕，由客户服务中心与建立培训基地单位签订协议并颁发培训基地牌匾。

2) 双方的权利与义务

工程机械生产制造公司的权利：

① 有权根据市场需要，确定在培训基地举办培训班的计划与实施方案。

② 有权在培训基地单独或合作举办用户培训班。

③ 有权对培训基地的日常培训行使检查、监督权。

④ 有权对培训基地所属单位在日常培训过程中，发生的损害工程机械生产制造公司利益和声誉的行为进行处罚直至提起诉讼。

⑤ 有权对培训基地所属单位在日常培训及管理中，发生的违反工程机械生产制造公司所制定的有关规定的行为，进行经济处罚（经济处罚直接从该单位服务费用中扣除）。

⑥ 有权对发生违规行为或培训工作不积极、没有完成年度培训工作的培训基地予以撤销培训基地处理。培训基地撤销后，双方签订的协议同时终止，由所属工程机械生产制造公司维修服务中心负责在两周内收回教学机、翻转架、专用工具等投放设备。

⑦ 有权根据企业实际情况，终止培训基地的合作。培训基地撤销后，按前条规定处理。

工程机械生产制造公司的义务：

① 向被批准建立用户培训基地单位提供教学用发动机、培训用翻转架一件、专用维修工具一套（以上物资产权属工程机械生产制造公司）。

② 在培训过程中，提供培训技术上的支持。

③ 与培训基地单位合作协商制定培训方案及培训内容。

建立培训基地单位的权利：

① 有权在与工程机械生产制造公司合作举办培训班的空余时间，使用教学设备对本单位人员进行柴油机培训。

② 有权在与工程机械生产制造公司合作举办培训班的空余时间，使用教学设备对社会用户进行柴油机培训，但不能收取培训师资费用。

③ 建立培训基地单位由于经营状况不良、企业改制等特殊情况而没有能力继续开展培训工作的，可以在30天前向工程机械生产制造公司提出撤销培训基地申请，经审批后执行。

建立培训基地单位的义务：

① 按照工程机械生产制造公司提出的环境形象要求进行统一规划、制作。

② 积极配合所属工程机械生产制造公司维修服务中心开展用户培训活动。

③ 在培训活动中，提供场地设施、一般接待服务。

④ 培训基地撤销后，应积极协助所属工程机械生产制造公司维修服务中心在两周内返回投放的全部教学设备。

3) 培训基地管理

每个建成用户培训基地的特约维修服务中心均应制定相应的培训基地管理制度，做到专人专管、责任到人。

每个用户培训基地制订出培训年度计划、季度计划，举办每期用户培训班前，报客户服务中心审批，方可执行和结算培训费用。要求对国Ⅲ新车客户必须进行使用、保养培训，否则工程机械生产制造公司客户服务中心将对培训基地进行考核。

工程机械生产制造公司维修服务中心不定期对辖区内用户培训基地的管理工作进行检查，对于检查过程中发现的不符合项，应限期进行整改。

每个培训基地在年终要写出《培训基地年度培训工作总结》（详细说明年度内培训期数、培训人员名单、培训方面的经验感受等内容），经所属工程机械生产制造公司维修服务中心审核后，报客户服务中心备案，作为下一年度是否续签协议的依据之一。

4）培训基地的费用核算

各用户培训基地在对用户进行培训后，达到培训要求的人员，由培训基地填写《工程机械生产制造公司用户培训基地培训人员登记表》一式三份（培训基地留存一份、所属工程机械生产制造公司维修服务中心留存一份、工程机械生产制造公司客户服务中心留存一份）。其中两份交寄所属工程机械生产制造公司维修服务中心，由服务中心核实汇总后，返回客户服务中心，按照每名培训人员100元的标准办理费用核算。培训人员履历表应翔实填写，寄送客户服务中心，如有违规行为按照弄虚作假的处罚规定给予处罚。

课后习题

1. 专属技术产品管理办法有哪些？
2. 工程机械生产制造公司的权利与义务有哪些？

附　　件

附件 1
××产品售后服务承诺书

　　××公司对在国内市场销售的产品实行厂家与代理商双重保修制，并由本公司实行终身售后服务。请您放心购买和使用，我们承诺有我公司生产产品的省、区必有我公司的售后服务点。我公司的售后服务人员 24 小时手机开机随时准备为您提供服务，具体如下：

　　一、安装

　　1. 一旦用户选用了××公司制造的桩工机械产品，客户提货时本公司的专业技术人员将与客户一同到达安装现场，负责该设备的安装、调试及对客户的操作人员进行技术培训。

　　2. 整机安装包括所有的调试、调整、试运行，直到设备符合合同有关条款的规定。时间为 3～5 天（视客户所购设备种类而定）。在此期间，客户将负责提供必要的起重运输设备，并按本公司提供的技术资料预先做好场地平整和其他必要的准备。

　　二、售后服务

　　1. 设备交付客户后，本公司负责对客户进行首次培训，并向客户提出使用保养建议。

　　2. 在首次安装、调试结束后，本公司将继续对客户提供技术服务和技术支持，时间一般不少于一个星期。

　　3. 在设备安装调试完成并经客户验收合格后，本公司的技术人员将不定期到客户的施工现场了解设备的使用情况并进行相关售后服务，帮助客户正确使用设备及解决使用过程中出现的问题。

　　4. 在设备保修期间，如发生系统故障，本公司将在接到客户的正式书面通知后 24 小时内派专人赶到设备使用现场。24 小时解决问题。

　　5. 超出保修期后，只要本公司的设备出现问题，不论问题大小，只要客户有要求，本公司也将一如既往地为客户服务好，对客户所需的备品备件一律按出厂价提供。

　　本公司产品质量保证期：电气元件为三个月，液压元件和结构件为六个月，易损件不保修，人为损坏和故意损坏不保修。设备交付客户之日即售后服务开始之时，产品无偿保修时间为六个月（保修件清单见附表）。

　　三、服务质量

　　1. 每台设备都建立设备档案，专人负责。

　　2. 及时、如实、正确地解答客户的问题。

　　3. 现场维修时认真负责，尽量为客户及早解决问题，节省开支。

　　4. 根据需要和可能，及时向客户提出使用建议。

　　5. 保修期内和保修期外服务标准一致。

　　附表：

易损件	灯泡、灯管、按钮、常用油封、垫圈、钢丝绳及易损易碎物品等
电气元件	电机、电缆、接触器、开关、铜集电环总成及控制电线等
液压件	油管、阀、液压马达、油缸、油泵及各种接头等
结构件	主机身、吊机体、长短船及压桩力柱等

卖售人：　　　　　　　　　　　　买受人：
代　表：　　　　　　　　　　　　代　表：
签约日期：　　年　月　日　　　　签约日期：　　年　月　日

附件 2

关于对整机退换非正常责任追偿的管理办法

为完善三包换机流程，加强服务站及办事处对三包换机的重视程度，提高维修站自身维修技术水平，现对整机退换非正常责任的追偿做出相关规定：

1. 因维修不当造成换机的。

对维修站按发动机单机零销价格的 30% 进行扣款，并扣除上次维修的费用及发动机运费。

2. 对错判或误判造成换机的。

扣除该维修站本次换机的所有服务费用及发动机运费，对办事处相关责任人员予以扣分处罚并纳入年底考核。

3. 对弄虚作假造成换机的。

按整机零销价格进行扣款，同时扣除换机的所有服务费及发动机运费。并对该维修站予以暂停服务或降级的处罚。办事处主任原岗诫勉。相关责任人予以 1000 元以上罚款并纳入年底考核。

4. 对于因丢失起因件而造成整机无法索赔的。

扣除本次换机的所有服务费及发动机运费。

5. 因维修站及办事处工作失误，发动机型号调拨错误无法更换的。

由维修站或办事处相关人员承担因发动机调错所产生的所有运费，如因发动机调错导致用户索赔或其他经济损失的，全部由维修站及办事处相关人员承担，并给予维修站降级处理，对办事处主任及相关人员第一次罚款 500 元，第二次罚款 1000 元。

附件 3

工程机械生产制造公司发动机售后服务"三包"故障件托管协议

协议签订地：

甲方：工程机械生产制造公司　　乙方：

工程机械生产制造公司为了有效规范售后服务故障件的管理，保障售后服务"三包"故障件（以下简称故障件）返回的及时性，经对乙方实地考察，通过双方充分协商达成如下协议：

第一条　乙方同意根据《工程机械生产制造公司故障件中心库管理办法》以及《特约维修服务中心管理手册》中三包故障件管理规定的相关内容为甲方接收、鉴定、仓储管理工程机械生产制造公司____中心辖区的工程机械生产制造公司产品售后服务故障件。并负责分类包装运输返回工程机械生产制造公司客户服务中心。库房室内面积不小于_____平方米，室外四周密闭（单位院内），库房门前水泥场地面积不小于_____平方米。

第二条　乙方为甲方仓储管理故障件还应具备以下设备条件：办公室不少于一间；办公电话两部（其中一部与传真机绑定）；传真机一部；计算机两台（网络畅通）；2吨行车一台，2吨叉车一台。

第三条　乙方为甲方入库存放的故障件所有权、处置权属于工程机械生产制造公司。

第四条　乙方对入库故障件的管理应符合《工程机械生产制造公司故障件中心库管理办法》以及《特约维修服务中心管理手册》的要求。

第五条　乙方确认，乙方为甲方仓储管理（包括运输）故障件期间，因故障件丢失、毁损无法确认所造成的全部损失由乙方承担，包括该故障件所涉及的全部服务费用、运输费用、配件费等。

第六条　甲方委托乙方为甲方管理故障件的管理费用（包括运输费），经双方协商按所返回客户服务中心的故障件金额（以故障件返回单记录并由客户服务中心确认的金额为准，下同）为基数。按照《工程机械生产制造公司故障件中心库管理办法》中规定的核算方式计算，每年度总费用分四次支付，每个季度末支付一次，每季度支付的费用总额以当季度所返回客户服务中心的故障件总金额计算。费用支付日期为次季度第一个月的二十日之前。

第七条　当甲方改进故障件中心库管理办法，或与乙方解除委托管理关系时，甲方有权对盘余库存进行资产处置。

第八条　乙方应严格遵守《特约维修服务中心管理手册》中的《工程机械生产制造公司故障件中心库管理办法》规定，按照保管故障件的性质以最适当的方式，妥善保管故障件。

第九条　乙方不得将故障件转交第三人保管，乙方不得使用或许可第三人使用故障件，对保管物不享有留置权。

第十条　经甲乙双方协商一致，可以解除本协议。乙方违反本协议第九条规定的，甲方有权单方解除协议。

第十一条　本协议生效之日起七日内，乙方向甲方支付保证金，具体金额为：____元（大写：人民币____元整）。协议期满或协议解除后，保证金除抵扣应由乙方承担的费用以及乙方应承担的违约赔偿责任外，剩余部分如数返还乙方。保证金返还时不包括利息。

第十二条　本协议有效期一年，自　年　月　日起至　年　月　日止。

第十三条　本协议项下发生的争议，由双方当事人协商解决；协商不成的，依法向协议签订地人民法院起诉。

本协议经甲乙双方签字、盖章后生效。本协议一式四份，其中甲方执三份，乙方执一份。

本协议生效后，双方对协议内容的变更或补充应采取书面形式，作为本协议的附件。附件与本协议冲突部分，以本协议为准。

甲方：（章）工程机械生产制造公司　　　　　乙方：（章）
委托代表人（签字）：　　　　　　　　　　　委托代表人（签字）：
日期：　年　月　日　　　　　　　　　　　　日期：　年　月　日

附件 4

关于对重大故障回厂鉴定的通知

编号：

为准确确定市场上所发生的重大故障的原因，确保我公司产品质量的不断改进和提高，客户服务中心将联合质量部及有关部门对回厂的重大故障件进行鉴定，此鉴定结果将作为对维修站结算服务费用和对外进行索赔的依据。为确保鉴定的准确公正，对各办事处及维修站在做处理单时作如下要求：

1. 需回厂鉴定的重大故障件，各维修服务中心要认真填写以上鉴定单，并将鉴定单随旧件一起返回。

2. 要严格按处理单填写要求认真、准确地填写好处理单上的所有内容，以备公司内相关单位核查。

3. 对故障原因难以现场确定的问题，要将故障发生的所有相关件进行详细描述。包括厂家、件号、编号、故障件损坏的详细情况等。如化瓦故障发生时，要将瓦片、曲轴、机油泵等件的所有信息进行描述。

4. 对返回旧件与处理单描述不符的将追究有关人员及单位责任。

客户服务中心
年　月　日

附件 5

服务费用查询申请书

工程机械生产制造公司客户服务中心：

因业务需要，请查询我单位自＿＿＿＿年＿＿＿＿月＿＿＿＿日到＿＿＿＿年＿＿＿＿月＿＿＿＿日产生的维修服务费用金额。

特约维修服务中心：＿＿＿＿＿＿＿＿＿
联系人：　　　　　　联系电话：
联系传真：　　　　　联系手机：
签字盖章：
年　月　日

服务费用查询结果单

＿＿＿＿＿＿＿＿＿＿＿＿：

贵单位自＿＿＿＿年＿＿＿＿月＿＿＿＿日到＿＿＿＿年＿＿＿＿月＿＿＿＿日产生的维修服务费用金额合计共＿＿＿＿＿元。

工程机械生产制造公司客户服务中心：
查询人签字：
查询人电话：
年　月　日

附 表

附表 1

×××××公司
申请建立特约维修服务中心单位情况调查表

维修服务中心： 　　　　　　　　　　　　　　　　　　　　　填报时间：

单位名称(公章)					
单位详细地址					
电话		传真		资质	
邮编		E-mail		银行账号	
开户行				税号	
企业性质				上级主管部门	
单位主要负责人		负责人手机号码		职工总数	
管理人员		专业技术人员		检验人员	
经营范围					
办公面积		厂房面积		故障件库房面积	
设备情况		设备名称和型号		设备完好情况	数量
申请单位负责人签字		维修服务中心考察意见签字		营销公司审批意见签字	

151

附表 2

发动机故障分析处理审批报告

办事处		维修站	
用户姓名		联系电话	
用户单位		柴油机编号	
机型		订货号	
整车厂家		设备用途	
购车日期		故障日期	
故障地点		使用时间	
故障现象拆检情况及故障原因分析			
责任认定			
维修站处理意见			
办事处处理意见			
客户服务中心批复			
意见			

附表 3 工程机械生产制造公司售后服务处理单
×× 有限公司

维修服务中心（站）：　　　　　　　维修预约编号：　　　　　　　维修报告单编号：

用户姓名		电话			详细地址		
购机日期		机型			维修方式	送修□　上门维修□	
整机编号					发动机编号		
报修日期		公司出发时间：月 日 点 分			服务到位时间：月 日 点 分		
服务结束时间：月 日 点 分		返回公司时间：月 日 点 分			服务总工时：小时 分		
服务起止地点：		至		往返里程	公里	往返车费	元
住宿费	元	用户是否提供食宿		是□ 否□		服务费	元
报修原因							
故障鉴定							
服务结果							
					技术服务员签名：		
用户意见	非常满意□　满意□　比较满意□　一般□　不满意□　很不满意□						
					用户签名：		
电话回访情况：						签字：	
服务主管意见：						签字：	
更换零部件	序号	零部件名称	旧件是否回收	旧件收件人确认	数量	单价	金额	是否三包
	1							
	2							
	3							
	4							
	小计							

附表 4 售后服务记录单

服务人员：　　　　　　　日期：

用户单位		联系人		电话	
地址		职务		手机	
产品记录	产品名称	数量	故障点	故障原因	
解决效果					
客户意见及建议					
				客户签名(签章)：	

附表 5

工程机械生产制造公司产品售后服务卡

制表时间：　　年　　月　　日　　　　　　　　　　　　　　　服务卡编号：

经销单位	名称		电话		邮编	
	地址		传真			
客户	名称		电话		邮编	
	地址		传真			
整车厂家			车型			
销售日期			发票号			
发动机型号			发动机编号			

顾客满意度调查		客户对机械意见					经销单位对机械意见				
项目	要素	很满意	满意	较满意	不满意	很不满意	很满意	满意	较满意	不满意	很不满意
实物质量	外观质量										
	性能										
	可靠性										
交付质量	整机完整性										
	随机备件、工具完好性										
	交货时间										
服务质量	服务及时性										
	维修质量										
	服务态度										

客户签章：	经销单位签章：
年　　月　　日	年　　月　　日
维修服务中心费用核算员	维修服务中心主任

注：1. 此卡一式四联，第一联交寄所属工程机械生产制造公司维修服务中心，核算费用后返客户服务中心存查；第二联由客户保存；第三联由经销单位存查；第四联工程机械生产制造公司维修服务中心存查。
　　2. 顾客满意度调查请客户与经销单位逐项打"√"填写。
　　3. 此卡必须经客户、经销单位和维修服务中心认真逐项填写，签章后，方可生效。

附表 6

工程机械生产制造公司工程机械发动机强保单

特约维修服务中心：　　　　　　　　　　　　　　　　　　　　　　　编号：

用户名称		联系人		电话		
		机型		机器编号		
地址		配套厂家		购买时间		
序号	作业内容	100小时	300小时	600小时	1200小时	1800小时
1	更换空滤器主滤芯					
2	更换空滤器安全滤芯					
3	更换机油滤清器					
4	更换发动机机油					
5	更换燃油粗精滤清器芯					
6	清洗燃油泵粗滤器					
7	检查调整气门间隙					
8	检查调整供油提前角					
9	检查调整怠速转速					
10	检查机油、冷却液容量					
11	检查喷油嘴开启压力					
12	向水泵润滑脂嘴加注润滑脂					
13	检查三角皮带张紧度					
14	检查机油压力、水温是否正常					
15	检查紧固各连接部分及管路管卡等					
16	检查增压器轴承间隙					
17	检查清洗增压器压气机壳					
18	对用户进行技术培训					
备注	强保时应按照保养规定要求进行。并在相应空格内画上"√"					

强 保 记 录						
强保序号	使用时间	强保时间	强保地点	强保人签字	用户签字	特约维修服务中心主任签字	维修服务中心主任签字
1							
2							
3							
4							
5							
欢迎顾客对我们的服务进行监督、指正						

附表 7

××维修报告单（叉车用）

维修点名称：　　　　　　　　　　　　　　　　业务负责人：

<table>
<tr><td rowspan="6">用户情况</td><td>名称</td><td colspan="3"></td><td>联系人</td><td></td></tr>
<tr><td>地址</td><td colspan="3"></td><td>电话</td><td></td></tr>
<tr><td>类型</td><td colspan="3">□个体；□民营；□国企；□合资</td><td>传真</td><td></td></tr>
<tr><td>机型</td><td></td><td>柴油机号</td><td></td><td>购机日期</td><td></td></tr>
<tr><td>桥号</td><td></td><td>蓄电池号</td><td></td><td>工作小时</td><td></td></tr>
<tr><td>作业对象（用√选择）</td><td colspan="5">□砂、煤、松土；□碎石、矿石；□坚实原土；
□大块石；□灰料、土壤；□其他</td></tr>
</table>

机器工作地区（工地）	省（市）　　县（市）　　属（沿海、湿热、寒冷、高原、高寒、一般）地区
现场维修（始终）时刻	月　日　时至 月　日　时　　　　累计修机时间

故障描述

故障件代号	故障件名称	故障模式	故障情况描述

故障处理结果：

　　　　　　　　　　　　　　　　　　　　　　　　　维修人员签名：
　　　　　　　　　　　　　　　　　　　　　　　　　　年　　月　　日

换件记录

序号	配件代号	配件名称	数量	旧件		新件		所属系统
				生产厂家	出厂编号	生产厂家	出厂编号	

用户意见：

　　　　　　　　　　　　　　　　　　　　　　　用户签名（盖章）：
　　　　　　　　　　　　　　　　　　　　　　　　年　　月　　日

满意		较满意		不满意		请用户对服务评价，认定其中之一打"√"
备注	用户对"换件记录"认可，并填写"用户意见"签名或盖章有效，换件记录空格不够可附纸					

附表8

××维修报告单(土方机械)

维修点名称： 业务负责人：

<table>
<tr><td rowspan="6">用户情况</td><td>名称</td><td colspan="5"></td><td>联系人</td><td></td></tr>
<tr><td>地址</td><td colspan="5"></td><td>电话</td><td></td></tr>
<tr><td>类型</td><td colspan="5" align="center">□个体;□民营;□国企;□合资</td><td>传真</td><td></td></tr>
<tr><td>机型</td><td></td><td>机号</td><td>柴油机号</td><td>购机日期</td><td colspan="2">工作小时</td></tr>
<tr><td>作业对象(用√选择)</td><td colspan="6">□砂、煤、松土;□碎石、矿石;□坚实原土;
□大块石;□灰料、土壤;□其他</td></tr>
<tr><td>机器工作地区(工地)</td><td colspan="6">省(市) 县(市) 属(沿海、湿热、寒冷、高原、高寒、一般)地区</td></tr>
<tr><td colspan="2">现场维修(始终)时刻</td><td colspan="4">月 日 时至 月 日 时</td><td colspan="3">累计修机时间</td></tr>
<tr><td colspan="9" align="center">故障描述</td></tr>
<tr><td colspan="2" align="center">故障件代号</td><td colspan="2" align="center">故障件名称</td><td colspan="2" align="center">故障模式</td><td colspan="3" align="center">故障情况描述</td></tr>
<tr><td colspan="2"></td><td colspan="2"></td><td colspan="2"></td><td colspan="3"></td></tr>
<tr><td colspan="9">故障处理结果：

维修人员签名：
　　　年　　月　　日</td></tr>
<tr><td colspan="9" align="center">换件记录</td></tr>
</table>

<table>
<tr><td rowspan="2">序号</td><td rowspan="2">配件代号</td><td rowspan="2">配件名称</td><td rowspan="2">数量</td><td colspan="2">旧件</td><td colspan="2">新件</td><td rowspan="2">所属系统</td></tr>
<tr><td>生产厂家</td><td>出厂编号</td><td>生产厂家</td><td>出厂编号</td></tr>
<tr><td></td><td></td><td></td><td></td><td></td><td></td><td></td><td></td><td></td></tr>
<tr><td></td><td></td><td></td><td></td><td></td><td></td><td></td><td></td><td></td></tr>
</table>

请用户确认以上各项并签署意见：

用户签名(盖章)：
　　　年　　月　　日

满意	较满意	不满意	请用户对服务评价,认定其中之一打"√"
备注	用户对"换件记录"认可,并填写"用户意见"签名或盖章有效,换件记录空格不够可附纸		

附表9

××换件申请单　　　　换件申请号：

用户名称								
机型		机号			购机日期			
故障发生时工作小时					维修人员			
故障情况及处理结果：								
换件记录								
序号	配件代号	配件名称	数量	生产厂家	出厂编号	所属系统	旧件返回日期	收到旧件日期

维修点处理建议：

（盖章）：

维修点经办人签名：	维修点负责人签名：	申请日期：　年　月　日

审核	服务工程师意见： 签名： 　年　月　日	备注：

结算	结算编号		费用结算	

注：1. 旧件必须在保修服务结束后一个月内返回××。
　　2. ××在收到《换件申请单》、《维修报告单》和旧件后方予办理结算。

第一联：营销部技术服务中心存档；第二联：特约维修中心存档

附表 10

××索赔申请单

索赔申请号：　　　　　　　　　　　　　索赔报告单编号：

用户名称					
机型		机号		购机日期	
故障发生时工作小时		故障处理日		维修人员	

故障情况及处理结果：

索赔明细						
序号	索赔代号	索赔名称	数量	单价	金额	备注

维修点处理意见：
（盖章）：

维修点经办人签名：	维修点负责人签名：	申请日期： 　　年　　月　　日

审核	服务工程师意见： 签名： 　　年　　月　　日	备注：

结算	结算编号		费用结算	

注：1. 旧件必须在保修服务结束后一个月内返回××。
　　2. ××在收到《换件申请单》、《维修报告单》和旧件后方予办理结算。

第一联：××国内营销部技术服务中心存档；第二联：××特约维修中心存档

附表 11

××应邀服务报告

代理商名称（章）

用户名称		联系电话		交车日期		服务日期	
机型		整机机号		发动机编号		工作时间	
是否换件	□是　　□否			服务订单号（MSC）			

设备用地址：
故障简述：
原因分析：
解决措施：

维修使用配件清单			
序号	配件名称	配件代码	数量
1			
2			
3			
4			

其他事项(备注)：

用户意见：
我确认以上维修项目已完成：　完成□　　未完成□
对此次服务表示：　　　　　　满意□　一般□　不满意□
用户单位名称：

负责人(签字)：
(盖章)
年　月　日

服务人员签字	代理商服务主管盖章	××服务代表签字	××服务部盖章

注：此表一式三联，第一联服务部，第二联代理商，第三联用户。

附表 12

××_____小时定检服务表单

尊敬的用户：为使您的机器保持良好状态，我公司服务人员将对机器全面检查保养，请您准备好更换的油料、滤芯等消耗材料，感谢您的支持！

服务单位名称：_____
服务代码：_____
表单编号：_____
服务人员姓名：_____
服务日期：_____年_____月_____日

用户姓名		地址					
		联系电话		产品型号		整机编号	
购机日期		工作时间		发动机型号		发动机号	

服务项目（请对已服务的项目在方格内打"√"）	
□1. 服务人员是否向你讲解了××磨合期使用情况，介绍了产品特点和操作、作业规范，是否按《工程机械××日常维护保养项目表》指导您进行正确维护保养	□12. 更换发动机机油及滤芯
	□13. 更换燃油滤芯
□2. 检查开关、仪表工作是否正常；线束磨损情况；启动机、发电机、蓄电池等接线是否松动，螺栓是否紧固等	□14. 检查两侧行走减速装置、回转马达的齿轮油油位
	□15. 更换水箱冷却液
□3. 检查液压油油位，不足添加	□16. 更换液压油回油滤芯、吸油滤芯、先导滤芯
□4. 检查油管、水管的有无渗漏和扭结磨损现象	□17. 更换空气滤芯
□5. 检查水箱、液压油散热器和空调散热器	□18. 检查、调整、清洗阀
□6. 检查蓄电池液和充电量	□19. 检查螺栓力矩
□7. 润滑回转支承，检查各工作装置销轴加注润滑油情况是否畅通	□20. 调整发动机气门间隙
	□21. 更换液压油、回油滤芯、吸油滤芯、先导滤芯
□8. 清理燃油箱入口，打开燃油箱放水阀，放出水及油箱底部杂质	□22. 更换回转齿圈油槽中的润滑脂
	□23. 更换回转马达减速机、行走马达减速机中的齿轮油
□9. 清理水箱、散热器表面的污染物	□24. 检查发动机和启动电机
□10. 检查履带张紧度是否合适，不合适进行调整	□25. 检查所有防震橡胶块
□11. 检查发动机风扇皮带、发电机皮带张紧度是否合适，皮带有无磨损	□26. 检查机器焊接件，看是否有裂纹或开焊或其他结构件损坏
	建议：增加对关键部位螺栓紧固的检查；收集用户对产品的建议

服务人员对整机运转状况评价：
是否更换×××公司专用油：□是　□否
是否更换×××公司纯正配件：□是　□否
更换油品种类及数量：□液压油__L，□润滑油__L，□机油__L，□齿轮油__L
签名：
年　月　日

用户对服务结果评价和建议（请用户认定其中一项打"√"）：
□满意　　□较满意　　□一般　　□不满意
用户签名（盖章）：
年　月　日

××公司服务代表审核签名：	日期：

第一联：××服务部　　第二联：代理商存档　　第三联：用户留存

附表 13

发动机常用件明细

序号	配件名称	备注
1	除水放心滤总成	国二、国三
2	传感器	国二、国三
3	火焰预热	国二、国三
4	电控单元	国二、国三
5	多楔带	国二、国三
6	发电机	国二、国三
7	飞轮齿圈	国二、国三
8	增压器	国二、国三
9	废气制动停油缸	国二、国三
10	风扇	国二、国三
11	硅油离合器	国二、国三
12	高压油管组件	国二、国三
13	共轨泵	国二、国三
14	共轨管	国二、国三
15	后油封	国二、国三
16	回油管总成	国二、国三
17	活塞	国二、国三
18	活塞环	国二、国三
19	活塞销	国二、国三
20	活塞销挡圈	国二、国三
21	机油泵总成	国二、国三
22	机油冷却器(8片)	国二、国三
23	机油冷却器芯总成(9片)	国二、国三
24	机油滤清器	国二、国三
25	机油滤清器底座组件	国二、国三
26	机油压力传感器	国二、国三
27	减振器	国二、国三
28	节温器总成	国二、国三
29	进气管垫片	国二、国三
30	精滤器	国二、国三
31	空气滤清器滤芯	国二、国三
32	空气压缩机齿轮	国二、国三
33	空压机	国二、国三
34	排气门座	国二、国三

附表 14

配件明细

总序号	序号	零部件件号	名称	总序号	序号	零部件件号	名称
1	1	61560030009	活塞	5	1	612600090352	1.5kW 发电机
	2				2	612600090353	1.5kW 发电机
	3				3	612600090147	发电机
	4				4	612600090206A	发电机
	5				5	612600090206C	发电机
	6				6		
	7				7		
	8				8		
	9				9		
	10				10		
2	1	61560115223	增压器	6	1		
	2	61560115227	增压器		2		
	3	61560113227	增压器		3		
	4	61560113223	增压器		4		
	5				5		
	6				6		
	7				7		
	8				8		
	9				9		
	10				10		
3	1	61500090030	启动机	7	1		
	2	612600090287	启动机		2		
	3				3		
	4				4		
	5				5		
	6				6		
	7				7		
	8				8		
	9				9		
	10				10		
4	1	614060135	节温器	8	1		
	2	61500060116	节温器		2		
	3	615G00060016	节温器		3		
	4				4		
	5				5		
	6				6		
	7				7		
	8				8		
	9				9		
	10				10		

附表 15.1

工程机械生产制造公司零销发动机三包服务期限规定

序号		产品型号	三包期限	备注
一、油机整机				
1		公路车用柴油机	1年或6万公里	以实际销售日期为准，以销售发票、保修卡、或计时器为依据 三包年限或公里数（小时）。这两种期限以先期到达者为限
2		工程车用柴油机	0.5年或3万公里	
3		客车用柴油机	1年或10万公里	
4		装载机用柴油机	0.5年或1500小时	
5		船用柴油机	1年	
6		其他用柴油机	0.5年或1500小时	
二、零部件				
1	基础件	机体、曲轴、机座、连杆	1年或10万公里（属于本身原始制造缺陷，如有砂眼等）	
2	重要件	汽缸盖;飞轮;飞轮壳;正时齿轮室;连杆螺栓;活塞;活塞环;活塞销;连杆瓦;主轴瓦;凸轮轴瓦;凸轮轴;缸套;气门;气门弹簧;气门座;气门导管;气门罩;挺柱;挺杆;摇臂及轴;WEVB系统;各种齿轮、齿轮轴;张紧轮;齿圈;机油泵;进排气管;油底壳;前后支架;皮带轮;法兰;高压油泵;喷油器本体;油泵支架;联轴器;空压机;各类盖板、垫板;水泵;机油散热器;风扇支架;硅油离合器;限压阀;减振器;曲轴平衡机构;后油封;缸垫;各类金属油管、水管、管接头;转向泵;节温器;油气分离器;ECLJ;共轨管;高压油管;EGR系统;空滤器本体;柴滤器本体;机滤座;止推片;集滤器;油尺管组件;冷却油嘴等	随以上柴油机整机的三包期限	
3	一般件	前油封;其他各类油封;增压器;进气管垫;排气管垫;增压器垫;气门罩垫;橡胶软管;喷油器回油管;输油管;怠速提升装置;离合器压盘;机油尺;风扇;防水、防油胶圈;碗型塞;气动停油缸	按柴油机整机三包期的减半执行	
4	电气件	启动机;发电机;仪表;各类传感器;加速踏板;线束电磁阀;火焰预热装置;省油开关;共轨行;空调压缩机	按柴油机整机三包期的减半执行	
5	易损件	皮带;护风圈;喷油嘴;柱塞偶件;其他垫片;各类编制软管;卡箍	5000公里;或强保期内	

注：1. 如果公路用汽车发动机里程表损坏，则按照每天325公里计算三包期。

2. 如果工地用车发动机里程表损坏，则按照每天300公里计算三包期。

3. 如果船用发动机计时器损坏，则按照每天15小时计算三包期。

4. 其他按小时计算的各类用途柴油机如计时器损坏，则按照每天10小时计算三包期。

附表 15.2

动力卡车用柴油机三包服务期限规定

序号	产品型号		三包期限	备注
一、柴油机整机				
1	公路车用柴油机		1 年或 6 万公里	
2	工程车用柴油机		0.5 年或 3 万公里	
二、柴油机零部件				
1	基础件	机体、曲轴、连杆	2 年或 20 万公里（属于本身原始制造缺陷,如有砂眼等）	以实际销售日期为准,以销售发票、保修卡,或计时器为依据三包年限或公里数(小时)。这两种期限以先期到达者为限
2	重要件	汽缸盖；飞轮；飞轮壳；正时齿轮室；连杆螺栓；活塞；活塞环；活塞销；连杆瓦；主轴瓦；凸轮轴瓦；凸轮轴；缸套；气门；气门弹簧；气门座；气门导管；气门罩；挺柱；推杆；摇臂及轴；WEVB 系统；各种齿轮、齿轮轴；张紧轮；齿圈；机油泵；进排气管；油底壳；前后支架；皮带轮、法兰；高压油泵；喷油器本体；油泵支架；联轴器；空压机；各类盖板、垫板；水泵；机油散热器；风扇支架；硅油离合器；限压阀；减振器；曲轴平衡机构；后油封；缸垫；各类金属油管、水管、管接头；转向泵；节温器；油气分离器；ECLJ；共轨管；高压油管；EGR 系统；空滤器本体；柴滤器本体；机滤座；止推片；集滤器；油尺管组件；冷却油嘴等	随以上柴油机整机的三包期限	
3	一般件	前油封；其他各类油封；增压器；进气管垫；排气管垫；增压器垫；气门罩垫；橡胶软管；喷油器回油管；输油泵；怠速提升装置；离合器压盘；机油尺；风扇；防水、防油胶圈；碗型塞；气动停油缸	公路用车 6 个月或 3 万公里,工程用车 3 个月或 1.5 万公里	
4	电气件	启动机；发电机；仪表；各类传感器；加速踏板；线束电磁阀；火焰预热装置；省油开关；共轨行；空调压缩机	公路用车 6 个月或 3 万公里。工程用车 3 个月或 1.5 万公里	
5	易损件	皮带；护风圈；喷油嘴；柱塞偶件；其他垫片；各类编制软管；卡箍	5000 公里；或强保期内	

注：1. 如果公路用汽车发动机里程表损坏,则按照每天 325 公里计算三包期。
2. 如果工地用车发动机里程表损坏,则按照每天 300 公里计算三包期。
3. 公路车,包括运输用卡车、汽车吊、水泥搅拌车,工程车包括自卸车等。
4. 主机厂有明确规定的,按照主机厂的整车三包期限执行。

附表 15.3

动力客车用柴油机三包服务期限规定

序号	产品型号		三包期限	备注
一、柴油机整机				
1	客车用柴油机		2年或20万公里	
二、柴油机零部件				
1	基础件	机体、曲轴、连杆	2年或20万公里(属于本身原始制造缺陷,如有砂眼等)	以实际销售日期为准,以销售发票、保修卡、或计时器为依据 三包年限或公里数(小时)。这两种期限以先期到达者为限
2	重要件	汽缸盖;飞轮;飞轮壳;正时齿轮室;连杆螺栓;活塞;活塞环;活塞销;连杆瓦;主轴瓦;凸轮轴瓦;凸轮轴;缸套;气门;气门弹簧;气门座;气门导管;气门罩;挺柱;挺杆;摇臂及轴;WEVB系统;各种齿轮、齿轮轴;张紧轮;齿圈;机油泵;进排气管;油底壳;前后支架;皮带轮、法兰;高压油泵;喷油器本体;油泵支架;联轴器;空压机;各类盖板、水泵;机油散热器;风扇支架;硅油离合器;限压阀;减振器;曲轴平衡机构;后油封;各类金属油管、水管、管接头;转向泵;节温器;油气分离器;缸垫;ECU;共轨管;高压油管;EGR系统;柴滤器本体;机滤座;消声器;止推片;集滤器;油尺管组件;冷却油嘴等	随以上柴油机整机的三包期限	
3	一般件	前油封其他各类油封;增压器;进气管垫;排气管垫;增压器垫;垫板;气门罩垫;橡胶软管;喷油器回油管;输油泵;怠速提升装置;机油尺;风扇;防水、防油胶圈;碗形塞;气动停油缸	6个月或5万公里	
4	电气件	启动机;发电机;仪表;各类传感器;加速踏板;火焰预热装置;省油开关	6个月或5万公里	
5	易损件	皮带;护风圈;喷油嘴;柱塞偶件;其他垫片;各类编制软管;卡箍	1个月或1万公里	

注:1. 主机厂有明确规定,按照主机厂的整车三包期限执行;工程机械生产制造公司与客户有协议的按协议执行。
2. 如果汽车发动机里程表损坏,客运旅游客车按照每天400公里、公交客车每天按200公里计算三包期。

附表 15.4

工程机械用柴油机三包服务期限规定

序号	产品型号		三包期限	备注
一、柴油机整机				
1	工程机械用柴油机		6个月或1500小时（有条件1年或2000小时）	
二、柴油机零部件				
1	基础件	机体、曲轴、连杆	2年或3000小时（属于本身原始制造缺陷,如有砂眼等）	以实际销售日期为准,以销售发票、保修卡,或计时器为依据；三包年限或公里数(小时这两种期),限以先限期到达者为限
2	重要件	汽缸盖;飞轮;飞轮壳;正时齿轮室;连杆螺栓;活塞;活塞环;活塞销;连杆瓦;主轴瓦;凸轮轴瓦;凸轮轴;缸套;气门;气门弹簧;气门座;气门导管;气门罩;挺柱;挺杆;摇臂及轴;WEVB系统;各种齿轮、齿轮轴;张紧轮;齿圈;机油泵;进排气管;油底壳;前后支架;皮带轮、法兰;水箱;高压油泵;喷油器本体;油泵支架;联轴器;空压机;各类盖板、垫板;水泵;机油散热器;风扇支架;硅油离合器;限压阀;减振器;曲轴平衡机构;后油封及座;缸垫;各类金属油管、水管、管接头;节温器;油气分离器;ECU;共轨管;高压油管;空滤器本体;柴滤器本体;机滤座;消声器;中冷器;热交换器;止推片;集滤器;油尺管组件;冷却油嘴等	随以上柴油机整机的三包期限	
3	一般件	前油封其他各类油封;增压器;进气管垫、排气管垫;增压器垫;气门罩垫;橡胶软管;喷油器回油管;输油泵;怠速提升装置;机油尺;风扇;防水、防油胶圈;碗形塞	3个月或750小时（有条件6个月或1000小时）	
4	电气件	启动机;发电机;仪表;各类传感器;加速踏板;线束;电磁阀;火焰预热装置	3个月或750小时（有条件6个月或1000小时）	
5	易损件	皮带;护风圈;喷油嘴;柱塞偶件;其他垫片;各类编制软管;卡箍;油门软轴	1个月	

注：1. 如果工程机械计时器损坏,则按照每天10小时计算三包期。

2. 工程机械用车包括装载机、推土机、压路机、挖掘机、夹木机、平地机、拖泵、石油机械等。

3. "有条件三包"是指该三包范围仅限于强制保养5次以上,三包期内机油、三滤等配件从工程机械生产制造公司购买的用户;未达到要求的按照半年或1500小时执行。

附表 15.5

船电用柴油机三包服务期限规定

序号		产品型号	三包期限	备注
一、柴油机整机				
1		船用、发电机组用及其他动力设施用柴油机	1年	
二、柴油机零部件				
1	基础件	机体、曲轴、机座、连杆	2年(属于本身原始制造缺陷,如有砂眼等)	以实际销售日期为准,以销售发票、保修卡或计时器为依据;三包年限或公里数(小时这两种期),限以先限期到达者为限
2	重要件	汽缸盖、飞轮、飞轮壳、正时齿轮室;连杆螺栓、活塞、活塞环、活塞销、连杆瓦、主轴瓦、凸轮轴瓦、凸轮轴、缸套、气门、气门弹簧;气门座、气门导管、气门罩、挺柱、挺杆、摇臂及轴、各种齿轮、齿轮轴、张紧轮、齿圈、机油泵、进排气管、油底壳、前后支架、皮带轮、法兰;水箱、高压油泵、喷油器本体、油泵支架;联轴器、空压机、各类盖板、垫板、水泵;机油散热器、风扇支架、硅油离合器、限压阀、减振器、曲轴平衡机构、后油封及座、缸垫、各类金属油管、水管、管接头、转向泵、节温器、油气分离器;ECU、共轨管、高压油管、空滤器本体;柴滤器本体、机滤器本体、消声器、分配盘、启动阀、中冷器、热交换器、风瓶、止推片、集滤器;油尺管组件、冷却油嘴、齿轮箱、气启动机	随以上柴油机整机的三包期限	
3	一般件	前油封其他各类油封;增压器;进气管垫、排气管垫;增压器垫;气门罩垫;橡胶软管;喷油器回油管;输油泵;怠速提升装置;机油尺;风扇;防水、防油胶圈;碗形塞;气启动机	6个月或750小时	
4	电气件	启动机;发电机;仪表;各类传感器;电调;速踏板;线束;电磁阀;火焰预热装置	6个月或750小时	
5	易损件	皮带;护风圈;各类编制软管;喷油嘴;柱塞偶件;其他垫片卡箍;计时器	1个月	

注:1. 如果船电用发动机计时器损坏,则按照每天15小时计算三包期。
2. 保修期的起始计算时间,可按照从新机调试之日算起,但调试日期距购买日期不能超过1年。

附表 15.6

气体机燃气电控专用系统三包服务期限规定

序号		产品型号	三包期限	备注
一、气体发动机整机			按同类型柴油机整机三包期限,如客车用气体机三包期限同客车用柴油机三包期限,卡车用气体机三包期限同卡车用柴油机三包期限	
二、车用气体发动机燃气电控专用系统零部件				
1	重要件	减压器(CNG);稳压器(LNG);蒸发调压器(LPG);ECM电控单元;点火模块;废气控制阀;燃料控制阀;热交换器;燃气系统节温器;电子节气门;信号发生器总成;混合器;喉管;喷射管;支架;接管;进气弯管;垫块;盖板;气管接头;水管接头;防爆阀;点火ECU;零阀;一级阀等	按同类型柴油机重要件三包期执行	以实际销售日期为准,以销售发票、保修卡,或计时器为依据;三包年限或公里数(小时),这两种到期限以先期达为限
2	一般件	三元催化器;燃气气管;增压器水管;其他水管;平衡管;电气控制箱;指针等	按同类型柴油机重要件三包期执行	
3	电气件	点火线圈;高压线;火花塞;线束;电子脚踏板;各类传感器等	按同类型柴油机重要件三包期执行	
4	易损件	继电器;保险片;垫片;卡箍;O形圈;管夹;螺栓;螺堵;螺钉等	按同类型柴油机重要件三包期执行	

注:1. 主机厂有明确规定的,按照主机厂的整车三包期限执行;工程机械生产制造公司(包括气体机公司)与客户有协议的,按协议执行。

2. 如果里程表损坏,按照同类型柴油机计算里程方法进行计算,如公路用汽车按照每天325公里计算三包期。

附表 16

临时借调人员申请表

维修服务中心（项目）：　　　　　　　　　　　　　　　　编号：

配套厂家					
借用人员所属特约维修服务中心名称					
借用时间				借用人数	
借用人员资料	姓名	年龄	文化程度	从事柴油机维修年限	备注

借用事由：

相关专业销售公司审批意见：

总经理签字：

客户服务中心审批意见：

备注及费用核算情况：

签字：

注：配套厂由于服务人员力量不足而需要临时从特约维修服务中心借调人员，填写此申请表，经客户服务中心经理批准后将此表连同借用人员《工作日志》一起，附在处理单上予以核算费用。

附表 17

临时借调服务人员工作日志

维修服务中心（项目）：

配套厂家		借调人员所属特约维修服务中心		借调人员姓名	
日期		工作内容（有发动机编号的必须填写）			经办人签字
月	日				

维修服务中心(项目)意见：

核算人员签字：
中心主任签字：

注：凡是临时借调人员帮助驻场服务的均要求填写此表，借调工作结束后将此表连同《临时借调人员申请表》、《售后服务处理单》第四联（按照《管理手册》规定核算费用）订在一起返回客户服务中心备查。上述表格缺一不可，如有缺项将不予核算兑现服务费用。

附表 18

故障件返回评估报告单

接收时间： 年 月 日　　　　　　　　　　　　　　编号：

返件单位		数量	
考核项目	考核方法	评分标准	评分
返回率	实返数/应返数(返回单)	满分 10 分	
	100%	10 分	
	低于 100%，≥80%	8 分	
	80% 以下	6 分	
及时率	费用结算 20 天内发出	满分 10 分	
	迟返 3 天以内	9 分	
	迟返 10 天内	6 分	
	迟返 30 天以内	4 分	
	超过 30 天	0 分	
包装完好情况	装车整齐、完好、无破损	满分 10 分	
	有破损，无丢失	6 分	
	破损，丢失	0 分	
单据和标签	单项一次不符合该项评分全部扣除	满分 20 分	
	单据内容的规范、完整性	8 分	
	标签拴挂和记录单装订规范性	5 分	
	单据与完全实物符合	7 分	
错判误判	无错判、误判	满分 20 分	
	轻微错判、误判	12 分	
	一般错判、误判	10 分	
	严重错判、误判	6 分	
恶意索赔	无恶意索赔	满分 30 分	
	恶意索赔配件金额≤1000 元	20 分	
	恶意索赔配件金额≥1000 元	0 分	
综合评估			
	返回质量系数(中心库费用核算用)		

鉴定部审核：　　　　　　　　　　　　　　鉴定人：

附表 19

工程机械生产制造公司申请建立故障件中心库单位情况调查表

维修服务中心： 　　　　　　　　　　　　　　　　　　　填报时间：

单位名称(公章)					
单位详细地址					
电话		传真		资质	
邮编		E-mail		银行账号	
开户行				税号	
企业性质				上级主管部门	
单位主要负责人		现有职工总数		工程技术人员	
管理人员		专业修理人员		检验鉴定人员	
经营范围					
办公面积		厂房面积		故障件库房面积	
设备情况	设备名称和型号			数量	设备完好情况
申请单位负责人签字		维修服务中心考察意见签字		营销公司审批意见签字	

注：此表一式两份，报客户服务中心一份，维修服务中心存一份。

附表 20

故障件运输确认单

编号：_____中心　　　　　　　　　　___年___月

托运单位			承运单位		
托运人		电话	司机		电话	
发货时间		预计到货	运输方式		车号	
运输路线			是否转运		里程/km	
运输票号			重量/t		费用	
单据			特殊件			
包装情况						
返回清单号						

注：1. 驻外人员返回报销时必须执单据原件，并签字确认。

2. "包装情况"填写包装种类和数量，"单据栏"填写处理单和返回单的发运和装箱情况，"特殊件栏"填写是否有鉴定件或其他特殊件，并注明装箱情况。

3. 编号示例：办事处名称＋4位数年份＋2位数月份＋3位数全年发货流水号。

4. 必须在托运前将此单如实、完整填写并以传真与邮件的方式送达鉴定部，到货后补发的视为无效，不予办理相关业务。

附表 21

_____故障件中心库_____年_____月_____日故障件返回单明细

序号	故障件所属维修站	中心库接收日期	旧件返回单号	故障件合计金额	鉴定部接收日期	不合格件金额	客服中心确认金额	备注
1								
2								
3								
4								
5								
6								
7								
8								
9								
10								
11								
12								
13								
14								
15								
16								
17								
18								
19								
20								
21								
22								
23								

鉴定部接收： 办事处审核： 中心库签章：

附表 22

故障件中心库管理三包故障件中心库
____年第____季度管理费结算通知单

中心库名称：　　　　　　　　　　编号：　　　　　　　　年　月　日

三包故障件返回时间		数量		合计
三包故障件入库时间		数量		合计
三包故障件金额/元	中心库上报故障件金额			合计
	鉴定部审核故障件金额			合计
应结算管理费				
考核扣款金额/元				
实际结算管理费用/元				

附表 23

旧件返回单

特约维修服务中心：　　　　　　　　　　　　　　　　　　维修服务中心：　　　　　　　　　　　　　　　　　　报表时间：

项目	零件名称	新件名称	单位	数量	单价	新件金额	旧件厂家	旧件件号	旧件编号	处理单编号	旧件数量	返回数量	备注
1													
2													
3													
4													
5													
6													
7													
8													
				合计金额/元							第　页		
特约维修服务中心：				维修服务中心：							配件分部：		
寄送时间： 签章：				收到时间： 签章：							寄送时间： 签章：		
备注				备注							备注		

附表 24　　　____维修站____年____月服务费用统计报表（社会服务）

报表单位：　　　　　　　　　　　　　　　　　报表日期：

项目	服务登记号	服务时间	服务地点	有效天数/天	有效里程/公里	有效工时/时	出差补助/元	乘车补助/元	工时补助/元	电话费/元	其他有效费用/元	新件费/元	补助合计/元	费用合计/元
1														
2														
3														
4														
5														
6														
7														
8														
9														
10														
11														
总　合　计														

中心主任审核：　　　　　　　　中心核算员：　　　　　　　　该站共____页，第____页

附表 25

维修费结算必须附：①维修费业务联系书一份 ②转款协议一式四份

维修费业务联系书				
特约维修服务中心全称				
开户银行				
开户账号				
特约维修服务中心性质确认（打"√"确认）	□社会服务	□自销自包	□客车服务	□船电服务
维修费发生时间		维修费总金额/元		
支付现金金额/元【不高于总额的50%】				
其余购买工程机械生产制造公司配件或专用油	转入"工程机械生产制造公司备品资源有限公司"购买配件金额			
	转入"××××油品有限公司"购买专用油金额			
	单位名称（公章）： 日期：　年　月　日			

◆备注：若单位名称及账号变更，请单独出具正式公函（原件），并经所属中心主任签字后寄回总部

转 款 协 议

甲方：工程机械生产制造公司

乙方：【请认真打"√"予以确认】

□工程机械生产制造公司备品资源有限公司　　□××××油品有限公司

丙方：_____（特约维修服务中心）

丁方：　　（片区中心库）【从总部直接购件或油的维修站不用填写丁方】

经过甲乙丙（丁）各方友好协商确定如下事宜：

一、丙方同意把甲方所欠丙方维修费用（大写金额）_____。由甲方转至丙方在乙方的"配件/专用油"往来账户。

二、□丙方同意乙方把此笔维修费用转付至丁方在乙方的"配件/专用油"往来账户；【从总部直接购件或油的维修站请在□内打"×"】

三、经甲乙丙（丁）商定，此转款协议作为各方财务记账依据。

　　　甲方（财务专用章或公章）　　　　乙方（财务专用章或公章）
　　　　　年　月　日　　　　　　　　　　年　月　日
　　　丙方（财务专用章或公章）　　　　丁方（财务专用章或公章）
　　　　　年　月　日　　　　　　　　　　年　月　日

◆备注：1. 特约维修服务中心结算维修费时，必须认真填写此协议一式四份，并加盖财务专用章或公章后，随维修费发票一起送交办事处寄回总部。

2. 本协议一式四份，各方盖章后即刻生效。

附表 26

维修服务中心_____维修站

维修单编号		故障机(件)编号	
故障机型号及订货号		故障件名称及件号	
故障机运行时间/里程		故障件生产厂家及代码	
		故障发生日期	

问题描述及相关件情况：

办事处意见：

质量部鉴定意见：
签批(日期)：

营销总公司处理意见：
签批(日期)：

办事处及维修站对处理意见反馈：
处理人(日期)：

注：本单一式四联，质量部、客户服务中心鉴定员、客户服务中心索赔员、所属办事处各执一联。

附表 27.1

WD615/618/WD12 系列柴油机三包维修工时定额表

序号	维修项目	工时	备注
1	换曲轴	160	含发动机吊装
2	换汽缸体	210	含发动机吊装
3	换汽缸套	工程机械 32	每增加一个加 8 工时
		汽车 30	每增加一个加 8 工时
4	换汽缸盖	20	每增加一个加 4 工时
5	换连杆	工程机械 30	每增加一个加 6 工时
		汽车 28	每增加一个加 6 工时
6	换连杆瓦	工程机械 30	每增加一个加 6 工时
		汽车 28	每增加一个加 6 工时
7	换飞轮齿圈（换飞轮）	工程机械 50	含发动机吊装
		汽车 40	含发动机吊装
8	换飞轮壳	工程机械 58	含发动机吊装
		汽车 44	含发动机吊装
9	换后驱力箱体组件	60	
10	换后驱力飞轮	60	
11	换后驱力油封	4	
12	换前油封或前油封座	8	
13	换轴油封	4	
14	换后油封	46	含发动机吊装
15	换机油泵	汽车 10 工程机械 20	
16	换高压油泵	8	
17	换油泵支架	8	
18	换输油泵	2	
19	调整供油提前角	3	
20	换喷油器	2（包括拆试）	每增加一个加 1 工时
21	换空压机总成	6	WD615 系列 10 个
22	换空压机齿轮盖	3	
23	换传动轴总成部件	12	
24	换增压器总成	6	
25	换增压器进油管或回油管	4	
26	换发电机	2	
27	换启动机总成	4	
28	换节温器	2	

续表

序号	维修项目	工时	备注
29	换水泵及水泵垫	8	
30	换连接片	4	
31	换水管接头或接头垫	2	
32	换进气管垫	4	
33	换排气管垫	2	
34	换排气管	4	
35	换进气管	6	
36	换凸轮轴	70	含发动机吊装
37	换凸轮轴套	76	含发动机吊装，每增加一个加2工时
38	换进气门或排气门	工程机械22/缸	每增加一缸加2工时
		汽车20/缸	每增加一缸加2工时
39	换气门推杆	4	每增加一缸加1工时
40	换气门挺柱	工程机械24/缸	每增加一缸加2工时
		汽车22/缸	每增加一缸加2工时
41	换气门弹簧或弹簧座、气门帽	4	每增加一缸加1工时
42	调整气门间隙	2	
43	换气门油封	4	每增加一缸加1工时
44	换摇臂或摇臂座	3	每增加一缸加1工时
45	换摇臂罩或罩垫	1	每增加一缸加1工时，整车不超过4个
46	换中间齿轮或中间齿轮轴	30	
47	换机油泵传动齿轮	6	
48	换凸轮轴正时齿轮	5	
49	拆、换正时齿轮室	30	
50	换发动机支架	6	
51	换曲轴正时齿轮	58	
52	换机油冷却器总成或机冷器垫	8	
53	换机油冷却器盖或机冷盖垫	4	
54	换活塞或活塞销	工程机械32/缸	每增加一个加6工时
		汽车30/缸	每增加一个加6工时
55	换活塞环	工程机械28/缸	每增加一个加6工时
		汽车26/缸	每增加一个加6工时
56	换汽缸垫	工程机械10/缸	每增加一缸加2工时
		汽车8/缸	每增加一缸加2工时
57	换油泵传动齿轮	5	
58	换机油泵惰轮	12	

续表

序号	维修项目	工时	备注
59	换出水管	4	
60	换喷油器回油软管	2	
61	换联轴器总成	6	
62	换高压油管	4	每增加一根增加1工时
63	换低压燃油管	1	
64	换各类胶管或机油管	1	
65	换风扇	6	
66	换风扇支架	8	
67	换水箱	10	
68	换张紧轮总成	2	
69	换减振器	4	
70	换曲轴皮带轮	2	
71	换皮带	1	
72	换消声器	2	
73	更换或清洗油气分离器	2	
74	换空滤器总成	3	
75	换柴滤器或柴油粗滤器总成	2	
76	换机滤器总成	2	
77	换主油道限压阀	汽车7 工程机械3	
78	换油底壳或油底垫	汽车6 工程机械2	
79	换机油压力传感器	2	
80	换水温传感器	1	
81	换停油缸或电磁阀类件	1	
82	换火焰预热装置	1	
83	换碗形塞	3	更换全部碗形塞18工时
84	换转向泵	2	
85	P型泵或波许泵调试（试验台）	22	含拆装（要将发票复印件附在处理单上）
86	客车用发动机强保	5	不含材料费
87	更换WEVB	4	
88	更换整机	60	含拆检、发动机吊装
89	单独吊装	20	

注：核算费用时，相关维修工序只计算最终工时不累加关联工时，如：更换汽缸盖时，只计算换汽缸盖工时，而不能再加上更换进、排气管垫工时；单次维修累计工时不能超出210（含发动机吊装）。

附表 27.2

160 系列柴油机三包维修工时定额表

序号	维修项目	工时	备注
1	换曲轴	130	含发动机吊装
2	换机座	150	含发动机吊装
3	换机体	170	含发动机吊装
4	换缸套	16	每增加一个加 6 工时
5	换曲轴正时齿轮	14	若传动齿轮同时更换共计 18 工时
6	换中间齿轮	14	
7	换凸轮轴齿轮	12	
8	换后尾、后油封	老款 10	
		R 新款 15	
9	换飞轮	16	
10	换前盖	12	
11	换机油泵	6	
12	换分配盘	2	
13	换启动阀	2	
14	换机油冷却器	5	
15	换活塞(环、销)	12	每增加一个加 6 工时
16	换连杆	12	每增加一个加 6 工时
17	换汽缸盖	6	每增加一个加 4 工时
18	换冷气阀	4	每增加一个加 4 工时
19	换连杆瓦	6	每增加一个加 4 工时
20	调压缩余隙	4	每增加一个加 2 工时
21	调气门间隙	2	

续表

序号	维修项目	工时	备注
22	调供油提前角	2	
23	调机油压力	2	
24	换出水管	2	
25	换中冷器	4	
26	换进、排气管	3	
27	换进、排气阀座	10	每增加一缸加10工时
28	换气门	5	若气门、阀座同时更换,按换阀座计算
29	换凸轮轴	16	
30	换推杆	2	每增加一个加1工时
31	换高压油泵	4	
32	换输油泵	2	
33	换连接盘、调节盘	4	
34	调同轴度(油泵)	2	
35	换增压器	6	
36	换风瓶阀	3	
37	换连接器	2	船机
38	调整电机与柴油机同轴度	3	
39	换传动轴	6	
40	换水泵	3	
41	更换整机	60	含拆检、发动机吊装
42	单独吊装	20	

注:核算费用时,相关维修工序只计算最终工时,如:更换汽缸盖时,只计算换汽缸盖工时,而不能再加上更换进、排气管垫工时;单次维修累计工时不能超出170。

附表 27.3

170 系列柴油机三包维修工时定额表

序号	维修项目	工时	备注
1	换曲轴	6170 机 20	含发动机吊装
2	换机体	6170 机 20	含发动机吊装
3	换缸套	25	每增加一个加 15 工时
4	换连接器	6	船机
5	换中间大小齿轮	20	
6	换凸轮轴齿轮	20	
7	换齿轮室	40	
8	换前油封	6	
9	换活塞(环、销)	16	每增加一个加 6 工时
10	换连杆	16	每增加一个加 6 工时
11	换连杆瓦	8	每增加一个加 6 工时
12	换机油冷却器芯子	4	
13	换缸盖	6	每增加一个加 6 工时
14	换后油封	6170 机 20	
		8170 机 22	
15	换阀座	14	每增加一缸加 14 工时
16	换气门	8	每增加一缸加 4 工时
17	换摇臂	2	
18	换推杆	2	
19	换挺柱	2	
20	换高压油泵	6170 机 5	
		8170 机 6	

续表

序号	维修项目	工时	备注
21	换喷油器	2	每增加一个加1工时
22	换传动轴	5	
23	换输油泵	2	
24	调供油提前角	2	
25	调气门间隙	3	
26	换水泵	3	
27	换增压器	5	
28	换机油滤清器	2	
29	换中冷器	5	
30	换进、排气管垫	3/台	
31	换启动机	2	
32	换汽缸盖垫	3	每增加一个加2工时
33	换机油泵	4	
34	换热交换器	3	
35	换排气管	6170机 6	
		8170机 7	
36	换进气管	6170机 6	
		8170机 7	
37	换飞轮齿圈	6170机 30	
		8170机 32	
38	换汽缸盖	10	每增加一个加6工时
39	更换整机	6170机 65	含拆检、发动机吊装
		8170机 70	含拆检、发动机吊装
40	单独吊装	20	

注：核算费用时，相关维修工序只计算最终工时，如：更换汽缸盖时，只计算换汽缸盖工时，而不能再加上更换进、排气管垫工时；单次维修累计工时不能超出200。

附表 27.4

WP10 系列柴油机三包维修工时定额表

序号	维修项目	工时	备注
1	换电控单元	6	
2	换共轨管	6	
3	换传感器线束	4	
4	换排气制动蝶阀	2	
5	换进气加热装置	2	
6	换转速传感器	2	
7	换凸轮轴传感器	2	
8	换加速踏板传感器	2	
9	换水温传感器	2	
10	换进气压力传感器	2	
11	换机油压力传感器	3	
12	加装或更换多功率开关	3	
13	加装或更换省油恒温扇	6	
14	加装或更换除水放心滤	4	
15	换油量计量单元	2	
16	换曲轴	160	含发动机吊装
17	换汽缸体	210	含发动机吊装
18	换汽缸套	30	每增加一个加 8 工时
19	换汽缸盖	20	每增加一个加 4 工时
20	换连杆	28	每增加一个加 6 工时
21	换连杆瓦	28	每增加一付加 6 工时
22	换飞轮齿圈(换飞轮)	40	含发动机吊装
23	换飞轮壳	44	含发动机吊装
24	换后取力箱体组件	60	

续表

序号	维修项目	工时	备注
25	换后取力飞轮	60	
26	换后取力油封	4	
27	换前油封或前油封座	8	
28	换后油封	46	含发动机吊装
29	换机油泵	10	
30	换高压油泵	8	
31	换输油泵	2	
32	换喷油器	2(包括拆试)	每增加一个加1工时
33	换空压机总成	6	
34	换齿轮盖	3	
35	换增压器总成	6	
36	换增压器进油管或回油管	4	
37	换发电机	2	
38	换启动机总成	4	
39	换节温器	2	
40	换水泵及水泵垫	8	
41	换水管接头或接头垫	2	
42	换进气管垫	4	
43	换排气管垫	2	
44	换排气管	4	
45	换进气管	6	
46	换凸轮轴	70	含发动机吊装
47	换凸轮轴套	76	含发动机吊装，每增加一个加2工时
48	换进气门或排气门	20/缸	每增加一缸加2工时
49	换气门推杆	4	每增加一缸加1工时

189

续表

序号	维修项目	工时	备注
50	换气门挺柱	22/缸	每增加一个加2工时
51	换气门弹簧或弹簧座、气门帽	4	每增加一缸加1工时
52	调整气门间隙	2	
53	换气门油封	4	每增加一缸加1工时
54	换摇臂或摇臂座	3	每增加一个加1工时
55	换摇臂罩或罩垫	1	每增加一缸加1工时,整车不超过4个
56	换中间齿轮或中间齿轮轴	30	
57	换机油泵传动齿轮	6	
58	换凸轮轴正时齿轮	5	
59	拆、换正时齿轮室	30	
60	换发动机支架	6	
61	换曲轴正时齿轮（换法兰）	58	
62	换机油冷却器总成或机冷器垫	8	
63	换机油冷却器盖或机冷盖垫	4	
64	换活塞或活塞销	30/缸	每增加一个加6工时
65	换活塞环	26/缸	每增加一缸加6工时
66	换汽缸垫	8/缸	每增加一个加2工时
67	换油泵传动齿轮	5	
68	换机油泵惰轮	12	
69	换出水管	4	
70	换喷油器回油软管	2	
71	换高压油管（泵到轨）	2	
72	换高压油管	4	每增加一根增加1工时
73	换低压燃油管	1	
74	换各类胶管或机油管	1	

续表

序号	维修项目	工时	备注
75	换风扇	4	
76	换硅油离合器	6	
77	换风扇支架	8	
78	换水箱	10	
79	换张紧轮总成	2	
80	换减振器	4	
81	换曲轴皮带轮	2	
82	换皮带	1	
83	换消声器	9	
84	更换或清洗油气分离器	2	
85	换空滤器总成	3	
86	换柴滤器或柴油粗滤器总成	2	
87	换机滤器总成	2	
88	换主油道限压阀	7	
89	换油底壳或油底垫	6	
90	换停油缸或电磁阀类件	1	
91	换火焰预热装置	1	
92	换碗形塞	3	更换全部碗形塞18工时
93	换转向泵	2	
94	发动机强保	5	不含材料费
95	更换 WEVB	4	每增加一缸加1工时
96	换 EGR 冷却器总成	4	
97	换 EGR 水管	2	
98	换 EGR 气管	2	
99	换 EGR 密封垫	1	
100	更换发动机	60	含拆检、发动机吊装
101	单独吊装发动机	20	

注：核算费时，相关维修工序只计算最终工时不累加关联工时，如：更换汽缸盖时，只计算换汽缸盖工时，而不能再加上换进、排气管垫工时；单次维修累计工时不能超出210（含发动机吊装）。

附表 27.5

WP12 系列柴油机三包维修工时定额表

序号	维修项目	二气门工时	四气门工时	备注
1	换电控单元	6	4	
2	换共轨管	6	6	
3	换传感器线束	4	4	
4	换排气制动蝶阀	2	2	
5	换进气加热装置	2	2	
6	换转速传感器	2	2	
7	换凸轮轴传感器	2	2	
8	换加速踏板传感器	2	2	
9	换水温传感器	2	2	
10	换进气压力传感器	2	2	
11	换机油压力传感器	3	3	
12	加装或更换多功率开关	3	3	
13	加装或更换省油恒温扇	6	6	
14	加装或更换除水放心滤	4	4	
15	换油量计量单元	2	2	
16	换曲轴	160	160	含发动机吊装
17	换汽缸体	210	210	含发动机吊装
18	换汽缸套	30	30	每增加一个加8工时
19	换汽缸盖	20	20	每增加一个加4工时
20	换连杆	28	28	每增加一个加6工时
21	换连杆瓦	28	28	每增加一副加6工时
22	换飞轮齿圈(换飞轮)	40	40	含发动机吊装
23	换飞轮壳	60	60	含发动机吊装
24	换后取力齿轮轴	60	60	含发动机吊装

续表

序号	维修项目	二气门工时	四气门工时	备注
25	换后取力壳体	60	60	含发动机吊装
26	换后取力油封	4	4	
27	换前油封或前油封座	8	8	
28	换后油封	46	46	含发动机吊装
29	换机油泵	10	10	
30	换高压油泵	8	8	
31	换输油泵	2	2	
32	换喷油器	2	3	二气门每增加一个加1工时 四气门每增加一个加2工时
33	换空压机总成	6	6	
34	换齿轮盖	3	3	
35	换增压器总成	6	6	
36	换增压器进油管或回油管	4	4	
37	换发电机	2	2	
38	换启动机总成	4	4	
39	换节温器	2	2	
40	换水泵及水泵垫	8	8	
41	换水管接头或接头垫	2	2	
42	换进气管垫	4	4	
43	换排气管垫	2	2	
44	换排气管	4	4	
45	换进气管	6	6	
46	换凸轮轴	70	70	含发动机吊装
47	换凸轮轴套	76	76	含发动机吊装、每增加一个加2工时
48	换进气门或排气门	20/缸	22/缸	每增加一缸加2工时
49	换气门推杆	4	4	每增加一缸加1工时
50	换气门挺柱	22/缸	22/缸	每增加一个加2工时

193

附表 27.6

WP7 发动机三包维修工时定额表

序号	维修项目	工时	备注
1	换电控单元	4	
2	换共轨管	6	
3	换传感器线束	4	
4	换喷油器	2	每增加一个加 1 工时
5	换高压油泵	6	
6	换曲轴传感器	2	
7	换凸轮轴传感器	2	
8	换加速踏板传感器	2	
9	换水温传感器	2	
10	换进气压力传感器	2	
11	换机油压力传感器	3	
12	加装或更换多功率开关	3	
13	加装或更换省油恒温扇	6	
14	加装或更换除水放心滤	4	
15	换曲轴	160	含发动机吊装
16	换汽缸体	210	含发动机吊装
17	换汽缸套	30	每增加一个加 2 工时
18	换汽缸盖	20	
19	换连杆	28	每增加一个加 2 工时
20	换连杆瓦	28	每增加一个加 2 工时
21	换飞轮齿圈(换飞轮)	35	含发动机吊装
22	换飞轮壳	44	含发动机吊装
23	换前油封或前油封座	8	
24	换后油封	40	含发动机吊装
25	换机油泵	14	

续表

序号	维修项目	工时	备注
26	换高压油泵	4	
27	换输油泵	2	
28	换空压机总成	4	
29	换增压器总成	6	
30	换增压器进油管或回油管	4	
31	换发电机	2	
32	换启动机总成	4	
33	换节温器	2	
34	换水泵	8	
35	换水管接头或接头垫	2	
36	换进气管垫	2	
37	换排气管垫	4	
38	换排气管	4	
39	换进气管	2	
40	换凸轮轴	74	含发动机吊装
41	换凸轮轴套	80	含发动机吊装
42	换进气门或排气门	30	每增加一个加1工时
43	换气门推杆	4	
44	换气门挺柱	22	每增加一缸加1工时,含发动机吊装
45	换气门弹簧或弹簧座、气门桥	4	每增加1缸加1工时
46	调整气门间隙	4	
47	换气门油封	6	每增加1缸加2工时
48	换摇臂或摇臂座	6	每增加1缸加1工时
49	换摇臂罩或罩垫	4	
50	换中间惰轮	50	含发动机吊装
51	换凸轮轴齿轮	50	含发动机吊装

195

续表

序号	维修项目	工时	备注
52	换发动机支架	6	
53	换机油冷却器总成或垫	8	
54	换活塞或活塞销	32	每增加1缸加6工时
55	换活塞环	30	
56	换汽缸垫	26	
57	换出水管	2	
58	换喷油器回油管	2	
59	换高压油管	2	每增加1根加1工时
60	换低压然油管	2	
61	换各类胶管或机油管	2	
62	换张紧轮总成	2	
63	换减振器总成	3	
64	换曲轴皮带轮	2	
65	换皮带	2	
66	更换油气分离器	2	
67	换柴滤器或柴油粗滤器总成	2	
68	换机滤器总成	1	
69	换主油道限压阀	8	
70	换油底壳或油底垫	6	
71	换机油压力传感器	1	
72	换水温传感器	1	
73	换火焰预热装置	1	
74	换碗形塞	3	更换全部碗形塞18工时
75	换转向泵	2	
76	发动机强保	5	不含材料费
77	单独吊装	20	

注：核算费用时，相关维修工序只计算最终工时不累加关联工时，如：更换汽缸盖时，只计算换汽缸盖工时，而不能再加上更换进、排气管垫工时；单次维修累计工时不能超出210（含发动机吊装）。

附表 27.7

226B 系列柴油机三包维修工时定额表

序号	维修项目	工时	备注
1	换曲轴	100	四缸发动机工时减半、含吊装
2	换汽缸体	120	四缸发动机工时减半、含吊装
3	换汽缸套	30	每增加一个加 6 工时
4	换汽缸盖	6	每增加一个加 3 工时
5	换连杆	20	每增加一个加 4 工时
6	换连杆瓦	10	每增加一副加 4 工时
7	换飞轮齿圈	30	含吊装发动机
8	换飞轮壳	30	含吊装发动机
9	换前油封或前油封座	8	
10	换轴油封	4	
11	换后油封	35	含吊装发动机
12	换机油泵	26	拆齿轮室和油底壳
13	换高压油泵	6	四缸机 4 工时
14	换油泵支架	2	
15	换输油泵	2	
16	调整供油提前角	2	
17	换喷油器	2（包括拆试）	每增加一个加 1 工时
18	换空压机总成	6	
19	换空压机盖	3	
20	换传动轴总成部件	8	
21	换增压器总成	6	
22	增压器进油管或回油	4	
23	换发电机	2	
24	换启动机总成	4	
25	换节温器	2	
26	换水泵及水泵垫	6	
27	换连接片	4	
28	换水管接头或接头垫	3	
29	进气管垫或排气管	4	
30	换排气管	4	
31	换进气管	5	
32	换凸轮轴	22	
33	换凸轮轴套	24	

续表

序号	维修项目	工时	备注
34	换进气门或排气门	18/缸	每增加一缸加2工时
35	换气门推杆	3	每增加一缸加1工时
36	换气门挺柱	24	
37	换气门弹簧或弹簧座	4	每增加一个加1工时
38	调整气门间隙	2	
39	换摇臂或摇臂座	3	每增加一个加1工时
40	换摇臂罩或罩垫	1	每增加一个加1工时,整车不超过3工时
41	中间齿轮或中间齿轮	16	拆齿轮室
42	换机油泵传动齿轮	6	
43	换凸轮轴正时齿轮	5	
44	拆、换正时齿轮室	15	
45	换曲轴正时齿轮	30	
46	油冷却器总成或机冷	5	
47	油冷却器盖或机冷	4	
48	换活塞或活塞销	20	每增加一个加6工时
49	换油塞环	20	每增加一个加6工时
50	换汽缸垫	8	每增加一个加2工时
51	换出水管	6	
52	换喷油器回油软管	2	
53	换高压油管一根	2	每增加一根加1工时
54	换高压油管一套	7	
55	换低压燃油管	1	
56	换各类胶管或机油管	1	
57	换风扇	6	
58	换风扇支架	8	
59	换水箱	8	
60	换张紧轮总成	2	
61	换减振器	4	
62	换曲轴皮带轮	2	
63	换皮带	1	
64	换消声器	2	
65	换或清洗油气分离	2	
66	换空滤器总成	3	

续表

序号	维修项目	工时	备注
67	滤器或柴油粗滤器	2	
68	换机滤器总成	2	
69	换主油道限压阀	1	
70	换油底壳或油底垫		汽车6 工程机械12
71	换机油压力传感器	2	
72	换水温传感器	1	
73	停油缸或电磁阀类	1	
74	换火焰预热装置	1	
75	换碗形塞	3	更换全部碗形塞18工时
76	换转向泵	2	
77	泵或波许泵调试(试验)	18	不含材料费
78	客车用发动机强保	2	
79	换中冷器	4	
80	换海淡水交换器	4	
81	换机滤座	2	
82	更换整机	40	四缸35;含拆检、吊装
	WP6系列		
1	换电控单元	2	
2	换共轨管	4	
3	换传感器线束	3	
4	换喷油器	2	每增加一缸加1工时
5	换高压油泵	5	
6	换曲轴传感器	2	
7	换凸轮轴传感器	2	
8	换加速踏板传感器	2	
9	换水温传感器	2	
10	换增压压力传感器	2	
11	换机油压力传感器	2	
12	单独吊装	15	

注：1. 核算费用时，相关维修工序只计算最终工时不累加关联工时，如：更换汽缸盖时，只计算换汽缸盖工时，而不能再加上更换进、排气管垫工时；单次维修累计工时不能超出120（含发动机吊装）。

2. 所有维修项目均已含发动机吊装。

附表 27.8

CW200 系列柴油机三包维修工定额表

序号	维修项目	CW6200 机工时	CW8200 机工时	备注
1	换曲轴	300	330	
2	换机体	365	400	
3	换缸套	25	25	每增加一个加 15 工时
4	换连接器	6	6	
5	换中间齿轮	25	25	
6	换双联齿轮	10	10	
7	换凸轮轴齿轮	8	8	
8	换后油封	22	22	
9	换活塞环(销)	16	16	每增加一个加 7 工时
10	换连杆	16	16	每增加一个加 7 工时
11	换连杆瓦	8	8	每增加一个加 6 工时
12	换缸盖	6	6	每增加一个加 6 工时
13	换前油封	6	6	
14	换阀座	14	14	每增加一个加 10 工时
15	换气门	8	8	每增加一个加 8 工时
16	换摇臂	3	3	每增加一个加 3 工时
17	换燃油泵	5	5	
18	换喷油器	3	3	
19	换传动轴	12	12	
20	换输油泵	3	3	
21	调供油提前角	2	2	
22	调气门间隙	3	3	
23	换水泵	3	3	

续表

序号	维修项目	CW6200 机工时	CW8200 机工时	备注
24	换机油泵	4	4	
25	换增压器	5	5	
26	换机油滤清器	2	2	
27	换一级中冷器	3	3	
28	换二级中冷器	8	8	
29	换排气管连接缸垫	2	2	每增加一个加1.5工时
30	换启动马达	2	2	
31	换水冷却器	2	2	
32	换油冷却器	2	2	
33	换排气管	15/台	15/台	8缸船用主机(脉冲式)20工时/台
34	换外挂中冷器进气管1	1	1	
35	换外挂中冷器进气管2	1	1	
36	换飞轮齿圈	30	30	
37	换汽缸盖板	1	1	
38	换曲轴平衡块	2	2	每增加一个加2工时
39	修焊油底壳	1	1	
40	换停车电磁阀	1	1	
41	换启动减压阀	1	1	
42	换仪表箱	1	1	
43	换燃油滤清器	1	1	
44	换缸盖与凸轮轴箱连接垫	3	3	每增加一个加3工时
45	换高压油管	2	2	
46	换启动电磁阀	1	1	
47	单独吊装	20	20	

注：核算费用时，相关维修工序只计算最终工时，如：更换汽缸盖时，只计算换汽缸盖工时。而不能再加上更换进、排气管垫工时；单次维修累计工时不能超出400。

附表 27.9

气体机燃气电控专用系统三包维修工时定额表

序号	维修项目	工时	备注
1	换高压线	1	每增加 1 个加 0.5 工时
2	换火花塞	1	每增加 1 个加 0.5 工时
3	换点火线圈	2	
4	换点火模块	3	
5	换减压器(CNG)	3	
6	换蒸发调压器(LPG)	3	
7	换稳压器(LNG)	2	
8	换电子节气门	4	
9	换废气旁通阀	2	
10	换电控单元 ECM	4	
11	换热交换器	2	
12	换燃气系统节温器	2	
13	换燃料控制阀(FMV 或 FTV)	2	
14	换燃料切断阀(CNG)	2	
15	换氧传感器	2	
16	换 MAP/MAT 传感器	1	
17	换 CAM 传感器	1	
18	换电子脚踏板	2	
19	换 PTP 传感器	1	
20	换信号发生器	3	
21	换点火线束	3	
22	换主线束	3	
23	换混合器	2	
24	换进气弯管	2	

续表

序号	维修项目	工时	备注
25	换增压器进水管	1	
26	换增压器出水管	1	
27	换燃气管	1	
28	换水管	1	
29	换水温传感器	1	
30	换三元催化器	2	
31	换点火线圈支架	2	
32	换线束支架	2	
33	换废气旁通阀支架	1	
34	换燃料控制阀支架	1	
35	换热交换器支架	2	
36	换气管接头	1	
37	换水管接头	1	
38	换各类垫块	1	
39	换各类盖板	1	
40	调整火花塞间隙	1	每增加1个加1工时,换配件时按所换配件工时算
41	调整启动困难或不启动	2	换配件时按所换配件工时算
42	调整动力不足,耗气量大	2	换配件时按所换配件工时算
43	调整点火提前角	3	换配件时按所换配件工时算
44	修理燃气电控系统电路	2	换配件时按所换配件工时算
45	修理燃气电控系统水路	2	换配件时按所换配件工时算
46	修理燃气电控系统燃气气路	2	换配件时按所换配件工时算
47	清洗混合器、电子节气门	3	换配件时按所换配件工时算
48	清洗燃料控制阀	3	换配件时按所换配件工时算

附表 28

旧件检验登记表

说明：1. 此表只针对旧件回收，由维修站、鉴定中心、工程机械生产制造公司再制造公司填写。

2. 此表一式三份，工程机械生产制造公司再制造公司、鉴定中心、维修站各一份。

3. 请填写详细、完整并对填写内容的真实性负责。灰色部分由工程机械生产制造公司再制造公司填写。

用户名称					联系人			联系电话		
鉴定中心					鉴定人			登记日期		
旧件机型					旧机订货号			旧件编号		
旧件返回日期					评估人			旧机返回控制号		
序号	名称	单位	数量	维修站填写		鉴定中心填写		检查结果（接受√/拒绝×）	备注
				能否接受（能√/否×）	是否短缺（是√/否×）	能否接受（能√/否×）	是否短缺（是√/否×）		
一	旧件的合规性								
1	汽缸体总成	件	1						
2	汽缸盖总成	件	6						
3	曲轴总成	件	1						
4	连杆总成	件	6						
5	正时齿轮室	件	1						
6	飞轮壳	件	1						
7	喷油泵总成	件	1						
8	废气涡轮增压器	件	1						
9	水冷空压机	件	1						
10	喷油器总成	件	6						
11	发电机	件	1						
12	启动机	件	1						
二	零部件完整性								
1	前油封座	件	1						
2	空压机齿轮盖	件	1						
3	加油短管组件	件	1						
4	油气分离器	件	1						
5	皮带轮	件	1						
6	减振器	件	1						
7	飞轮及齿圈	件	1						
8	气门推杆总成	件	12						

续表

序号	名称	单位	数量	维修站填写		鉴定中心填写		检查结果（接受√/拒绝×）	备注
				能否接受（能√/否×）	是否短缺（是√/否×）	能否接受（能√/否×）	是否短缺（是√/否×）		
二	零部件完整性								
9	气门挺柱	件	12						
10	张紧轮总成	件	1						
11	机油冷却器芯总成	件	1						
12	凸轮轴	件	1						
13	波许喷油泵托架	件	1						
14	机油泵总成	件	1						
15	前排气歧管	件	1						
16	后排气歧管	件	1						
17	进油管	件	1						
18	传动轴总成	件	1						
19	油底壳托块	件	12						
20	夹紧块（长方形）	件	5						
21	吊环夹紧块	件	2						
22	吊环螺钉	件	2						
23	夹紧块（长条形）	件	2						
24	夹紧块（圆柱形）	件	5						
25	紧固压板	件	6						
26	油底壳总成	件	1						
27	机油冷却器盖总成	件	1						
28	凸轮轴齿轴盖	件	1						
29	进气管总成	件	1						
30	出水管总成	件	1						
31	机油滤清器座组件	件	1						
32	汽缸盖罩	件	6						
33	水泵总成	件	1						
34	连接弯管	件	1						

日期：_____ 工程机械生产制造公司再制造公司业务经理签字：_____

日期：_____ 鉴定中心负责人签字、盖章：_____

日期：_____ 维修站业务经理签字：_____

附表 29

费用扣款通知单

鉴定中心：　　　　　　　　　　　　　　　　　　　　　　　编号：

鉴定中心代码		联系人		联系电话	
旧机编号				旧机返回数量	
旧机返回日期		旧机检查登记表编号		评估人	
检查项目		扣除费用/元			
旧机合规性费用扣除				备注	
零部件完整性费用扣除					
费用扣除合计					
应付费合计/元		实际付费合计/元			

参 考 文 献

[1] 张国和. 徐工筑路机械有限公司售后服务系统的设计与开发 [D]. 南京：南京理工大学，2011.
[2] 张磊，陈亚红. 工程机械售后服务管理 [J]. 湖南农机，2011，(9).
[3] 王福春. 沃尔沃工程机械代理商 LA 公司售后服务管理研究 [D]. 哈尔滨：哈尔滨工业大学，2008.
[4] 刘爱荣. 基于客户价值的工程机械售后服务管理 [J]. 建筑机械，2012，(5).
[5] 郝雷，吕鲁建. 浅谈工程机械代理商的售后服务 [J]. 科技情报开发与经济，2006，16 (15).
[6] 李战峰. 中国工程机械售后服务现状及其分析（上篇）[J]. 建设机械技术与管理，2003，16 (12).
[7] 李战峰. 中国工程机械售后服务现状及其分析（下篇）[J]. 建设机械技术与管理，2004，17 (1).
[8] 刘志鹏. 工程机械售后服务的再定位 [J]. 今日工程机械，2011，(21).
[9] 王影. 工程机械售后服务供应链管理 [J]. 筑路机械与施工机械化，2009，26 (1).
[10] 龚晨. 浅谈工程机械售后服务现状 [J]. 建筑机械，2005，(4).
[11] RajSivalingam [美]. 综合维修是维修改革的最好办法 [J]. 设备管理与维修，2003，(7).
[12] 易新乾. 工程机械状态监测与故障诊断技术 [J]. 工程机械与维修，2005，(3).
[13] 刘淑霞. 工程机械故障诊断技术的发展 [J]. 工程机械与维修，2001，(4).
[14] 黄宗益等. 工程机械技术发展展望 [J]. 建筑机械化. 2003，(1).
[15] 田少民. 工程机械的状态监测与故障诊断技术 [J]. 工程机械，2001，(1).